心理畫中話

心理諮商師的自我成長故事

嚴文華、付小東——等著

PERSON PROJECTIVE DRAWING

繁體版序言：**生命的不同季節**

這已經是一年多來我在臺灣出版的第四本繁體版書。這讓我在心理上離臺灣的讀者更近了。

感謝繁體版編輯細心地調整或注釋了大陸和臺灣不同的話語系統，如把「小學」改成「國小」，把「高中」改為「國中」等等，並增加了一些注釋，以讓臺灣讀者理解起來更容易。但即使如此，我仍然不知道，那些沒有來過大陸的或對大陸不瞭解的臺灣讀者，是否能夠理解書中作者們想表達的觀點、情緒和感受。也許我應該做一個時代背景的介紹。

在第一篇中出現了圖畫的那些作畫者，他們的年齡跨度較大，從25歲到45歲，有的是仍然在學校讀書的大學生，有的是已有豐富工作經驗、為人妻母、為人夫、為人父的中年人。他們的成長經歷不同，但目前都在上海，都面臨著相同的社會現狀：社會變化非常快，生活節奏非常快，壓力和挑戰非常大。他們的圖畫中多多少少反映出這個特點。

在第二篇中出現的 11 位作者，年齡集中在 70 和 80 年代。他們當中的一些人經歷了文化大革命末期，在與父母的關係中較少感受到溫情——這不是他們父母的錯，而是那個時代的特點，那就是一個缺乏溫情的時代。他們在隨後的歲月中不得不自學這些缺失的東西。而 80 年代出生的人，隨著中國的改革開放學習解放思想，體驗到自由和多樣性，更強烈地尋找自我。

我還想說明的是，本書的文字有三種視角：一是作畫者或當事人的，二是其所在諮詢小組的組員的，三是我的。為了更原生態地還原現場情境，在書中我們引用了作畫者本人對圖畫的描述，也引用了一些團隊成員的回饋；為了增加心理學的色彩和提高分析的深度，在第二篇的 11

個故事中我用到點評、回饋等多種方式。在書中我們用不同的字體對這三種視角作了區分，希望在轉換時不要引起讀者的迷惑。

與簡體版相比，對繁體版所作的修訂主要有以下方面：一是修訂了文字或語法不當之處，並針對繁體版讀者增加了個別注釋；二是在分析部分增加了一些力度；三是對第二篇部分作者的近況進行了介紹，增加最多的部分是「從佛學到心理學」的一文。

修訂繁體版清樣時，正是上海桃紅柳綠、春暖花開的時節。這已經是我一年裡經歷的第二個春天了。1月去雲南時，那裡的桃花紅豔、菜花金黃，早已是春色宜人。上海還未入夏，但我3月已經在美國的佛羅里達州體驗了夏天的感覺，當陽光無遮攔地照在身上時，簡直可以穿透皮膚。儘管同樣一輪太陽照著地球，但不同地區的人卻經歷著不同的季節。而旅行則會讓我們穿行在不同的季節中。這是多麼奇妙的事情。每個人的生命故事都是獨立而孤獨的，但當這些故事形成文字後，就形成可以讓自己和他人穿行的風景。這是多麼奇妙的事情。而讀此書的你，跨越時空和這些人交會，這是多麼奇妙的事情。你正處在怎樣的大自然季節裡？正進入自己生命的哪個季節？當你進入本書這些人的故事時，你又會被誰的故事觸動，停留在哪一片風景中？

嚴文華

2013 年 4 月於春天的上海

緣起

　　2009 年的年底，我們照常舉辦心理諮詢師小組每月一次例行的公益學習活動，這次的主題是回顧已走過的一年，制訂新一年的學習主題和計畫。在回顧中，大家不約而同談到的一個主題就是個人成長，如數家珍般地講到自己在家庭關係、職業選擇、工作關係、情感婚姻、自我意識等方面的成長，講到自己在克服心理困惑方面、身心疾病方面的努力。聽著聽著，我被他們的講述打動，當即萌生想法，想請大家把這些成長記錄下來，用來幫助更多的人。這個想法得到中國上海社會科學院出版社編輯陸崢的大力支持。

　　等到真的動起筆來，大家才發現這是個高難度任務。每個人都很忙，因為忙碌，有一些人沒辦法參與。另外，作者中沒有一個專業文字工作者，因為表達的艱澀，或感覺得到但表達不出來，有一些人退出。除了時間和文字的難度，還有其他的難度：要把自己的成長用心理學的理論整理出來，還需要心理學的功底和勇氣。

　　又有一些人退出，因為還沒做好準備面對自己的內心深處，或是因為無法用心理學的東西來整理自己的心路歷程。最後提交並經過我們反覆修改的文稿，都呈現在這本書裡。這中間的溝通、磨合、修整和回饋，自然是花了大量的時間和精力。這部分工作是由我、付小東和陸崢來做的。

本書架構

本書的第一篇是關於個人短期內在成長團體中的經歷，提到了 26 人的成長。這部分透過比對團體開始時和團體結束時成員們所畫的兩張圖畫（共有 52 幅圖畫），非常直觀地呈現了他們各自的成長。

第二篇是關於那些獲得心理諮詢師證書或從事心理學工作的個人，講述他們如何在生活和工作中修練自己，用心理學幫助自己。這 11 個人的成長，每一個故事都配有作者的成長圖畫（共有 18 幅）。讀了這些成長故事，再來看那些圖畫，也許你會對圖畫本身理解得更深刻。

每一個故事都是先呈現作者自己所寫的文字，後面會有嚴文華的評論。其中有兩個故事「春天的綠一支」和「留下真情從頭說」由嚴文華在正文中附加了評論。這些評論可以幫助讀者更好地從心理學的角度來理解這些心理諮詢師的成長。那些對心理諮詢技術感興趣的人、對自我成長感興趣的人，可以留意這些評論。另外，在這些成長故事中付小東還附上了一些相關的心理學名詞或知識介紹，方便讀者瞭解更專業的背景和知識。

這 11 個故事的共同點都在談論瞭解自我、接納自己和接納別人，我們也相應地把這 11 個故事分為這三類。

在瞭解自我、擁有明確的自我意識部分，你可以讀到這樣一些成長故事：

研修過佛學、讀過醫學院、管理過寺院、本想終身侍佛但最終還俗的心理諮詢師清涼月，以佛學為道，以心理學和醫學為術，在自我修行的過程中幫助信眾和來訪者。他傳奇般的人生經歷、深刻的觀照反省，以及字裡行間流露出的禪意，將會讓你看到心理學可以成為幫助每個人

的工具。

　　諮詢師麗君，在遠離家鄉、工作壓力巨大之時，擔心迷失自我。在心裡那座灰色城堡將要囚禁自己時，透過學習心理學，她開始覺醒，一塊塊地拆掉那些灰色的磚，並開始建立自己的能量庫。目前，麗君正走在自我覺醒的道路上。

　　大學畢業生小郭，從家鄉來到都市，卻發現家裡人把他當城裡人、城裡人把他當外地人，從而沒有了歸屬感。透過心理學的學習，他擁有了一個心理諮詢師的團隊，找到了自己新的身份感。

　　曾經非常自卑的心理諮詢師阮喆，面臨過很大心理壓力，但早在高中時就開始體會心理學的力量，並透過心理諮詢師的學習打通自己的能量通道，讓自己成為一泓溫泉，在冬日裡讓人們感受到溫暖和舒適。

　　在接納自我部分，你會讀到以下成長故事：

　　出生在邊陲小鎮上的模範學生秋，曾把別人的快樂當作自己的快樂，但在 14 歲時遭遇父親去世，在 29 歲時遭遇失戀，兩次重大的人生危機直接挑戰著她的價值觀。她剖析了自己成長的各個階段，從童年、中學直至為人妻、為人母，生動而細膩地描述了心理學怎樣幫助她找回自己、接納自我。

　　在各方面都非常出眾的女孩五月，卻因體重問題躲避著愛情，直至出現神經性嘔吐。透過心理學的學習，尤其是意象對話的訓練，變得不僅勇於去愛，而且體重自然下降。看來，心理學永遠是最好的美容劑和減肥藥。

　　剛剛結束了 16 個月婚姻的晴天娃娃，會用旖旎的文筆，向你揭示她內心對重回單身的擔憂、沮喪、頹廢、希望與自我調節。

　　剛剛獲得心理諮詢師證書的林娟，開始變得非常忙碌起來：她去學古箏，她去學踢踏舞，她帶孩子去旅遊，她關注著同事……那些埋藏在

心底的對生活的熱情、對他人的關愛，透過心理諮詢的學習甦醒過來，讓她可以綻放熱情地生活和工作。

在接納他人部分，你會讀到以下成長故事：

曾患有多年抑鬱的毛鴨，將向你講述她怎樣從父母婚姻的受害者，成長為一個勇於尋找自己幸福的女性，那些曾經在她的家族中一代又一代人身上上演的婚姻悲劇，在她身上戛然而止。她的先生也提筆寫下一段文字，把毛鴨比作一塊美玉。

魯克父母的婚姻極不幸福，兄弟姐妹的婚姻也不幸福，他一直不敢邁入婚姻的殿堂。透過學習心理諮詢，他回身看原生家庭，雖然依舊不能接受父親的行為，但開始接納他，並開始渴望自己的家。

有著17年教齡的嚴文華，一直本著嚴師出高徒的信念，追求完美，嚴格要求自己和他人，以為這是教師唯一的樣子，卻在心理諮詢的教授指導實習過程中，變得更加接納自己的不完美，從而也接納了別人的不完美。她仍然是一個嚴格的老師，但是變得更加溫暖。

這11個人，是當前心理諮詢師群體中的小小縮影。他們當中目前只有一個人在從事專職心理學工作，其他人都在從事其他工作，但我們能夠看到：心理學在他們身上發揮很大的作用，他們的生活品質發生了變化，有一些人的人生道路發生了變化。那些圖畫應該是最直接的見證。我不知道透過走進他們的生命故事，你的人生會發生怎樣的變化，但我相信生命與生命碰觸時，會有奇妙的事情發生。

下面，就讓我們一同走進這些心理諮詢師的故事裡……

嚴文華

目錄

第一篇

70 天裡能走多遠

——透過圖畫看個人成長

一、用圖畫記錄個人成長

　　如果我問：「70 天裡一個人可以成長多少？可以走多遠？」人們的回答可能會五花八門。我見證的是一個人可以在這兩個多月裡跨越萬水千山，自我飛速成長。而這一切發生的條件包括學習心理諮詢的知識和技術，擁有一個自我成長的團隊，在老師的帶領下，在團隊的信任和鼓勵中踏步前進。之所以界定為70天，因為我們的心理諮詢實習課程通常在兩個多月裡完成。

　　對一個諮詢小組來說，必須先建立團隊。做為一個真正意義上的團隊，團隊成員的深入瞭解、信任氛圍的建立，任何時候都不能忽略。只有擁有一個相互信任的團隊，組員才有可能在自我成長的同時，被團隊帶著走得更遠、飛得更高。信任的前提是相互瞭解。而第一次相互瞭解的深度，將為今後團隊成員相互開放的程度奠定重要基礎。所以在開始帶實習的第一節課上，我選擇的活動是以畫相識：請大家畫出一件事物代表自己。然後介紹畫，介紹自己，以及為什麼用這幅畫代表自己，或自己為什麼來學習心理諮詢。

　　第一幅圖畫呈現出的是組員們願意讓別人認識的自己，社會自我的成分佔的更多。第一幅圖畫出現頻率最多的事物是植物，包括樹木、花朵和小草；其次是動物，包括天上飛的鳥、水中游的魚、地上的各種獸；再次是大自然的景物，最後是靜物，包括書、書架、檯燈等。這些事物被用來代表組員們身上的某些特質。從呈現出的事物形象，可以觀察到這個群體可能的互動模式和張力結構。

　　從總體上看，那些畫動物的人更強調生命的活動力，而畫靜物的人用事物的靜止狀態來代表自己。從整體上看，如果一個群體畫出的有生機的事

物更多，而靜物較少，那麼這個群體的氛圍將是有生命力的、充滿生機的、不僵硬的、追求新鮮感的。

而在最後一節課，我會再次讓大家用圖畫畫出自己。透過兩幅圖畫的比對，可以清楚地看到兩個月中他們的成長點是什麼。這些圖畫，成為他們成長的見證。而我每帶一個心理諮詢實習小組，在教授其面接技術的同時，我都能成為他們成長的見證者和陪伴者。

呈現在這裡的，是我帶過的兩組學員們在持續 70 天的學習前後所畫的圖畫。從他們的圖畫中可以讀到一些成長軌跡。下面我會根據他們第一幅圖畫中呈現出的圖畫，分成動物群、大自然群、植物群和靜物群四個類別介紹，其中植物群中又可以分為樹和花兩個群族，先呈現樹的圖畫，接下來是花兒的圖畫。

下面讓我們對每一幅圖畫進行解讀。

二、水裡的魚——動物主題

 豬豬的眼睛睜開了

第一幅畫

阿華：「我畫了一隻豬，一隻超人豬，簡稱超豬。這隻超豬像超人一樣幫助別人，讓別人快樂。豬生性懶散，很像我。我選了藍色紙，因為這隻豬就穿了藍色衣服，我就不用塗色了，可以偷懶。」

「我讀心理學，自己也不知道為什麼。選心理學做第二專業（第二選科）時，別人都在選，並且讓我也選。當時我不太想讀。但到最後一天時，在最後一剎那，我繳了錢。透過讀心理學，我對別人的瞭解在加深，有些大徹大悟，不，有些小徹小悟。我覺得讀心理諮詢可能更有意思，所以就來了。」

這是一隻單純的豬豬。

第二幅畫

「我的畫題目叫『無題』。我們全體實習小組的組員一起去探險。組員們在一條船上互幫互助，很溫暖。大海代表心理學的深邃，需要我們來探索。我們乘風破浪。樹上有一棵果樹，是橘子樹，代表求學過程中的生機。

大海裡還有魚，魚代表心理學的概念，牠們會浮出海面。還有海豚形成的彩虹。」

「還有，畫完這幅畫後，我的第一幅畫發生了改變。」他把第一幅畫舉起來，所有的人瞪大眼睛看著他的超人豬：豬還是那隻豬，沒有什麼變化呀！看到大家的表情，阿華得意地笑起來：「沒發現嗎？豬的眼睛睜開了！」他用手指頭捅了捅豬豬的眼睛，兩個小洞露出來了。大家忍俊不禁，笑了起來。只有他才會這麼「行為主義」。

多好的象徵啊，「眼睛睜開了」！心理學的學習不僅會使我們睜開另外一雙眼睛看世界，也會有另外一雙眼睛看自己。阿華其實是在說：以前很多時間是在麻木中過日子，不敏銳，不感覺，不探索。這其實也是很多當下城市人的生活狀態。而他終於清醒了，開始新的人生旅程，開始新的探索。

在他的圖畫中，大海的顏色是深藍的，代表著他對心理學或未來的人生道路還未掌握，只瞭解了皮毛和基本概念，所以那些魚還不能潛入到深海自由游動。他把果樹搬到船上，代表著他有強烈的不安全感。橘子樹既代表他的生命之樹，也代表我們在學習時做的放鬆訓練《橘子樹》，是一種放鬆的心境。畫這幅畫時，阿華不僅要結束心理學的學習，還要結束大學四年的學習，踏入社會開始工作。所以這幅畫正是他在人生新階段開始之前的寫照：啟航遠行，而未來充滿不確定性。只是他已確定，他深愛著這片大海，儘管他有著游移、戀舊和擔憂。

 從蒼鷹到啟航

第一幅畫

　　饒軍：「我畫了一隻老鷹。這代表了我的心情。父母本來要我考大學，但我去當兵，後來從部隊去讀了軍校。我當了16年的通信兵，5年前轉業。我想做得更好，這也是父母嘮叨的結果。在部隊時很艱苦，學習機會很少。轉業後發現機會很多。我本來想到師範大學來學歷史，但後來被告知沒有這個專業，於是就報了心理學自考。目前上了一個月的心理諮詢，感覺不論是在工作中還是在家裡，自己的想法都在改變，有所成長。我希望自己像雄鷹一樣成長。其實我在家是最小的兒子，本來不具有鷹的個性，但我畫了一隻鷹。在鷹的下面是崇山峻嶺，我是在這樣的地方當兵的。畢淑敏也曾經在我們那裡當過兵，後來成了作家，也學了心理諮詢。我們有共同的經歷，所以我覺得她很親切。」

　　我的回應是：「誰說小兒子就不能像雄鷹一樣？不要給自己設限。如果你把畢淑敏設為目標，你要相信自己完全可以做到。」

　　饒軍在後來的手記裡提到：

　　文華老師很厲害！我細細想了想，無意識中我是把畢淑敏當作自己奮鬥或崇拜的目標。相同的一段經歷，相同的從軍地點，相同的部隊時光等等，讓我在畢淑敏成長的經歷中努力去尋找相同之處。潛意識中我認為自己的成就也會和她相同。這就有點像是要在一棵樹上找兩片相同的樹葉。

「我的這幅畫名叫『啟航』。在作畫之前我想了很久。這是我的職業習慣。這麼多年來，我兩到三年換一個工作單位或地方，每到一個地方，我都把自己當作新手，重新開始。就像啟航一樣，似乎永遠也走不到終點。回想這幾個月以來的成長，我察覺到我一直在向前走。團體對我的接納，讓我感受到無比親切。我的整個實習過程可以算是「虎頭、豹尾、豬肚」，因為做志願者，我期間很多次都沒有來。但我一有空就會在 MSN 群裡關注大家的手記，有很強的歸屬感。」

饒軍的這幅畫讓大家感嘆於他的藝術造詣隨著他的諮詢技術一同進步。幾個月前，他還只是畫蒼鷹的水準，但現在，已經達到隨心所欲地創作的地步。饒軍趕緊擺手：「哪裡有空學畫畫？這只是我隨手塗鴉出來的。」

當一個心靈自由時，那些富有美感的、有創意的圖畫就很容易形成。

不論是蒼鷹還是輪船，代表的都是天高海闊的自由，代表的都是更高、更遠。可以看到饒軍有非常強烈的成就動機。在第二幅圖畫中，除了這個強烈動機外，還增加了和諧共生、溫暖支持的感覺。從那些飛在天空的鳥、躍出海面的魚、掛在天空的紅日中可以看出。

 從受人喜愛的熊貓到和愛在一起

第一幅畫

心雁：「我畫了熊貓，還有一顆火熱的愛心。熊貓受到大家的喜愛，和自己喜愛的東西在一起。我也想分享自己身上難得的東西，也具有國寶的價值，做一隻快樂的熊貓，去感染別人。我選用了橙色，是因為橙色代表了生命力頑強。這隻熊貓張開雙臂，也是一種歡迎。」

她一直笑笑地在說，那種笑是有感染力的。「愛」是她的主題：愛別人，被別人愛，和自己的愛在一起，她是一個充滿活力和愛的人。

第二幅畫

「我的畫題目叫『和愛在一起』。這幅畫記錄了我們團隊裡所有的人，還有我印象深刻的事件：三個人坐在那裡，是我、老公和清涼月在一起深入溝通，我的收穫特別多；還有一次是我、萬林和秋同學一起做小組練習；上星期我和阿飛一起訓練，他做了很好的共感和傾聽。那紅色的電話，代表蜜蜂同學不停地通知大家，為小組付出很多很多。那個紅色的大拇指是給小宇準備的，他那次大組演練做得超級棒。還有上理論課時和我坐一起的同學，一排四個座位；還有豆豆帶大家跳舞。還有嚴老師上次請來的中學生做小模特兒，讓我們練習，她們的水準真高……」

當被問及第一幅畫和現在的區別時，心雁說：「那隻熊貓其實很孤單……和大家在一起，心靈相通。那些力量一直到我的心裡。我希望我們永遠在一起……」她的嗓子哽咽起來。她有很多的留戀。

　　從心雁的第二幅畫中，可以看到畫面滿滿的，似乎要滿溢出來。她似乎想把每一個人、每一個細節都記錄下來。在團隊中，她最大的成長就是感受到愛，擁有愛。這是她這麼多年來一直想要得到而沒有得到的。所以，她格外珍惜這個團隊，對與團隊分別有非常大的焦慮。那些滿和溢，都在訴說著她的焦慮。今後她會知道：愛不是用焦慮能夠留住的。只要流動起來，愛就不會消失。

魚缸中的魚

第一幅畫

　　這是一條水缸裡的魚。魚缸是一個小的生態系統，魚需要在自己的空間裡游下去。雖然和大海比起來魚缸很小，但大海裡有自由的同時也有鯊魚。魚缸具有兩面性，在牽絆魚的同時，也在保護著魚。做

為被束縛類的主題，可以有多種表達形式，如養在花盆中的樹、關在籠中的鳥。作畫者為什麼用魚和魚缸的比喻呢？

徐步雲：「因為我練過游泳，而且和群居比起來，我更喜歡獨居。」和籠中鳥的比喻不同，缸中魚仍然可以有一定的自由度，至少是游的自由，而籠中鳥沒有飛的自由。另外，就是作畫者自己提到的群居和獨處之分。

第二幅畫

這是以時間軸表達自我成長的圖畫：在九月份開始實習時，有一個大大的自我和小小的心，隨著時間的推移，到實習結束時，已有一個小小的自我和大大的心。它表達出作畫者的成長：更客觀、更準確地定位自我，並且開始用心地感受這個世界。和之前那條在魚缸中麻木生活的魚相比，現在的圖畫中透出更多的自由。原來，用心感受，就可以跳出自我束縛的框架，就可以安心地在「魚缸」之外生活。

可以和讀者分享的是，在畫出這幅畫半年之後，作畫者已飄洋過海，去楓葉之國開始他的留學生涯。那條魚安心地跳出了魚缸。雖然說他留學的計畫早就決定了，但這兩個月的成長讓他可以更安心、更安然地去國外。

本色不改小老鼠

第一幅畫

　　Lee：「我畫了一隻小老鼠，因為我屬老鼠，老鼠靈活、敏銳、可愛。快快樂樂地生活。」這是一隻正在玩耍的老鼠，旁邊還有花兒。

第二幅畫

　　「我還是畫了一隻小老鼠，但旁邊有大樹和小草。這兩個月我增長了見識，內心更強大了。」

　　作畫者對自我形象有清楚的界定，沒有嘗試去打破它，在學習過程中一直保持著自己的本色。但細微之處在於她的內心變得強大。第一幅圖畫中的花兒變成了第二幅畫中的大樹，這本身就是一個有意義的信號。在第二幅畫中，老鼠與大樹的關係非常微妙，有距離，但並不遙遠，和睦相處，相互

支援，畫面中透著溫暖和喜悅，代表著作畫者和自己的發展處於良性互動中。而在第一幅畫中，老鼠更大，花兒更小，花兒只像是一個裝飾，而不是老鼠的陪伴者。讓內心變得強大並不是讓自己在形體上變得更大，而是更正確地定位自己。

♥ 兔子與大海

（一）個人圖畫：

第一幅畫

「我畫了一隻兔子，因為我的生肖是兔子，而且牠代表了我的母性性格：溫順、敏銳，還有怯懦。綠草地代表著我心靈的世界，安寧地面對生活和工作。

我之所以來學心理諮詢，是因為我嚮往心理學，想往心理學方面發展。我以前學過中文，學過心理學。我對心理學感興趣，因為我想解決自己的一個心結。」

整個圖畫中兔子看起來並不安

寧。兔子身上確實有機敏，但那種機敏更多是緊張的敏感，一有風吹草動就會受驚嚇。而諮詢中的敏銳，是有定力、安定的敏銳。這兩者之間可以轉化，只是有一段路要走。

第二幅畫

「我的圖畫名字叫『藍天、白雲、大海』。藍色是我最喜歡的顏色。藍天、白雲和大海是我的憧憬。我覺得和小組同學每一次碰面都有成長，團隊的凝聚力更強，走得更遠。我看到過大家的淚水，為大家把真實案例帶進小組而感動。諮詢師和來訪者一同成長。來訪者是真正的老師。」

「我的第一幅畫是一隻兔子，臉上充滿焦慮、無奈和無助。我現在有很大的進步。」

James 最大的進步在於被觸動，開始觸摸真實的自己。當他幾個月前描述自己所畫的兔子時，只提及「溫順、敏銳，還有怯懦」，但現在他已勇於面對自己的焦慮和無助了。當他有這種勇氣時，他的那些衝突就開始顯現——在此之前，他的衝突一直被他強壓著。

在第二幅畫中表現出劇烈的衝突：黑與紅的衝突、大海的翻騰、天空的不安、雲朵的焦躁。這些都代表他內心的衝突。目前這種狀況離他憧憬的藍天、白雲和大海相去甚遠，但他畢竟邁出了第一步。勇於面對之後才會有接納和轉化。

（二）個人手記

下面選錄 James 的兩篇手記，做為參考。

在將來的某一天（James）

課程快要結束了，接下來就面臨著心理諮詢師的大考。現在回想起這段時間的點點滴滴，還是深有感慨的。而其中最大的收穫，就是來自心理諮詢的實踐環節。應該說，碰到嚴文華這樣一位指導老師，對我來說還是很幸運的。我以前看過不少精神分析方面的書籍，很喜歡這一流派；覺得他們對人的內心世界、對潛意識的分析真是透徹精闢、入木三分。但有的時候，精神分析的方法真像是一柄雙刃劍，要想用得遊刃有餘，至少是要花數載苦功的。

而我的指導老師，偏重於人本主義取向；這給了我一個啟發，給我指了另外一條心理諮詢的途徑：從羅傑斯的「來訪者中心療法」入手，從建立與來訪者良好的諮訪關係起步，然後整合進入其他如精神分析、行為主義、格式塔、認知主義等心理學流派的方法和精髓。在最後一節實習課的總結之中，我表示了對老師和同學們的感謝，特別是我講到對與我練習的學員們的感激。在扮演來訪者的學員中，他們所講的大部分案例其實就是發生在他們自己身上的事情。

「防禦機制」為精神分析學派用語，最早由佛洛德提出，是指個人在精神受干擾時用以避開干擾，保持心理平衡的心理機制。在最精細的理論劃分中，防禦機制已達 100 餘種。

防禦機制不是蓄意使用的，它們是無意識的或至少是部分無意識的。防禦機制本身不是病理的，相反，它們在維持正常心理健康狀態上起著重要的作用。「我們小組經常有學員講得淚流滿面的情況出現，這經常會觸動我

的內心世界，使我深切體會到「諮詢師和來訪者一起成長」的含意。而我自己則提煉出另外一句話，叫做「其實來訪者才是諮詢師真正的老師」。

如果說有遺憾的話，那就是我並沒有在小組成員面前揭露出自己內心世界的情感，這一點，老師和同學們都有體會，他們感覺到我始終帶著一張掩飾自己的面具；而與此相比照的是，一個個學員勇於揭示出內心深處的創傷或隱痛。而我確實是將自己包裹得嚴嚴實實，隱藏在厚厚的盔甲之後，帶著強烈的防禦心理……我深知這些對我的成長有著羈絆和阻礙的作用……期待也許真能在將來的某一天，我會敞開自己的心懷……而我知道，唯有如此，我才能在心理諮詢和心理學的道路上走得更遠，更遠……

我如何成為一名心理諮詢師（James）

我曾猜想，真正意義上的心理學大師，絕大多數是本身產生過心理問題的。佛洛德年幼時曾經產生過神經症狀；榮格性格內向孤僻，一度有過精神分裂症狀體驗；阿德勒自小身體屢弱，自卑感強烈；艾里克森是個私生子，這使得他從小自我認同非常混亂；凱倫‧霍尼幼年備受壓抑，曾患有抑鬱症，據說成人後一度自殺；沙利文母親患有抑鬱症，造成小沙利文童年期孤獨隔絕；森田正馬青少年時代是一個不折不扣的神經質症患者。

而我現在要講述的，是我自己如何成長為一名心理諮詢師的經歷。

我於二十世紀七十年代中葉出生在一個農村家庭，自小性格內向靦腆，不喜與人交往；但自覺聰明穎悟，學業成績一直很優秀。在國中階段，考試成績一直是年級第一名，直到以優異成績考上一所高中。

或許不幸就從高一時開始，我患得了強迫性思維障礙，即強迫症。高中三年本來就學業負擔沉重，壓力重重，加上強迫症的折磨，使我體會到深深的痛苦：這三年來的每一天都是一種折磨。在後來的回憶中，我感覺這種疾病改變了我的一生，也改變了我的人格，即已經滲透到骨子裡面了，在人

格的深層次中，產生了極大影響。雖然最終我是從強迫症中走了出來，自我癒合了，但人生歷程只有一次，而且是單程的，不可改變，更不能逆轉。

儘管如此，我還是考上了一所大學，但只讀了一年，就再也不能堅持下去了。這四年（高中三年，加上大學一年）的強迫症經歷，使我陷入了理想破滅、生活茫然無目標的狀態之中。從大學休學後，我面臨著多方面的壓力和痛苦：強迫症本身帶來的折磨；家人親戚的不理解與指責；鄉鄰帶有多種感情色彩的目光：不解、困惑、同情、譏諷、幸災樂禍……

生活的壓力接踵而來，將來怎樣生存下去？人生理想破滅，將來的路如何走下去？是不是還能鳳凰涅槃、浴火重生？這樣的理想看來是比較遙遠的了。而當前問題是怎樣才能在這個社會上立足……經過了六年的工作生涯，我體會到工作之艱辛，生活之不易。四年強迫症帶來的痛苦，加上六年從其中走出來的恢復期，整整十年，人生最寶貴的青春時光，就這樣被耗費掉了！真是令人心痛啊！若非如此，我想自己應該能成為某個領域的棟樑之才。

之後，自學考試心理學專業的開設就像一道曙光，讓我看到了一線希望，加上已經逐步走出了強迫症的陰影，我開始了自學進修考試的艱難歷程，並最終拿到了本科（大學）文憑和學士學位。

在進修考試的過程中，我尋找一切機會，去充實心理學領域的知識，深化心理學理論。同時，長期跟隨幾位著名心理學教授、博導（博士研究生導師），旁聽他們的課程，每每與名教授們討論心得，並怡然自得。

那一期的心理諮詢師班共一百多人，在上課時，我常常在公開發言的機會中與知名的心理學專家討論。抑或是年輕氣盛，壓抑得太久；或者是厚積薄發，使得我鋒芒畢露，在與諸位教授的思想衝撞中，每每擦出智慧的火花。我常語驚四座，給人留下深刻印象；然褒貶之聲皆有之。

儘管我耗費了數年心血在心理學中，但是要從事心理學或心理諮詢這一領域的工作絕非易事；畢竟這個行業在中國剛剛起步。於是我只好先在某

著名高校（大學）謀得了一份工作，幸得這裡的心理研究中心主任賞識，介紹到一家心理諮詢公司，於是開始了在醫院、社區、監獄等部門的心理諮詢工作，開始真正累積個案，處理來訪者棘手的心理問題，初步「踏入」心理學或心理諮詢這扇「門」，開始了我的新職業生涯。

回想當年，佛洛德不屈不撓，開創了精神分析心理學；榮格沉寂七年，另創分析心理學一派；阿德勒因其童年自卑經歷，創「自卑與追求卓越」之理論；艾里克森提出了自我統一性理論；凱倫・霍尼講述了「神經症與人格之成長」；沙利文提出客體關係理論；森田正馬因自身神經質症體驗，創立了富有東方禪宗色彩的森田療法。諸位大師都真正做到了鳳凰涅槃，化繭成蝶。

其實歷史與現實是相通的，司馬遷有語云：「古者富貴而名磨滅，不可勝數；唯倜儻非常之人稱焉。昔文王拘而演《周易》；仲尼厄而作《春秋》；屈原放逐，乃賦《離騷》；左秋失明，厥有《國語》；孫子臏腳，兵法修列；不韋遷蜀，世傳《呂覽》；韓非囚秦，作《說難》、《孤憤》；《詩》三百篇，大抵聖賢發憤之所為作也。」此語恰焉。我願藉助自己的成長經歷，與諸位分享此箴言。

（三）老師回應

我們一直生活在一定的防禦機制中，這本身並沒有什麼問題。只是，有時我們想要有變化，想要有新的起點，可能需要觸動防禦機制。關鍵看你願意在哪個層面改變。

思考作業：

參考防禦機制相關材料，你是否感覺到自己在平時生活中都使用了哪些防禦機制？你想在這裡仔細分析一下它們是如何出現、如何融入在你生活之中嗎？你想對之進行分析，進而改變或改善嗎？

三、無人之舟——大自然主題

 尋找本源的我

第一幅畫

胖妮說：「這幅畫畫面很雜，代表著我對什麼都感興趣。我正在騎車，很踏實的感覺。岔路是平坦的。路的盡頭是一頭猛獸，是頭大象。其實我想畫狼，但不會畫。我是個熱愛大自然的人。」

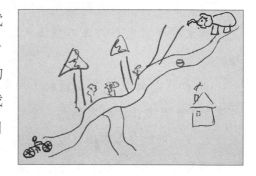

第二幅畫

「過去兩個月我像在照一面大鏡子，而這面鏡子就由諮詢小組中的各位鑄成。以前照鏡子時只看到我一個人，而現在看到各式各樣的人。我比以前更包容了。」

非常好玩的兩幅畫。第一幅畫，作畫者在尋找自我，她很擔心這樣的結果是釋放出自己內心的野獸，有巨大能量，但同時也有攻擊性和傷害性。這條路走了兩個月後，她發現釋放出來的不是野獸、不是惡魔，而是她透過別人看到的自己，她對自己更瞭解了。

在尋找自我的過程中，她的能量也在散發出來。在練習中，她曾推動

著整個團隊向前走，向團隊展示了可以用自己的心去推動諮詢，而不是機械地為運用技術而做諮詢。她的實踐讓這一點更加明確：沒有技巧，僅憑感覺去做，是危險的；而沒有愛，只憑技巧去做，是乾枯的，來訪者和諮詢師的心田都會乾枯。而在學習技巧的基礎上讓自己的愛表達出來，則可以產生巨大的效能。

❤ 憂鬱的大海

第一幅畫

素梅說：「我的心情就像海平面，看上去是平靜的，但實際是起伏的。它分別代表著快樂和不快樂。而陽光代表著溫暖。我知道對抑鬱症患者來說，有曬太陽治療的方法。我覺得自己就有些抑鬱。海平面代表著自己。海水是那種淺藍色的，是淺水。」

第二幅畫

「這是一幅美麗的圖案。經過心理學的學習，我獲得了知識、朋友和老師，自己變化很大，少了一份浮躁，多了寧靜和寬容，自己把心打開了，

所有的分享讓我的心裡很溫暖。」

　　大海本來是非常有能量的代表，但在第一幅畫中，大海代表著作畫者

不能掌控的情緒，藍色的水域則和抑鬱情緒聯繫在一起。這代表了作畫者情緒的低落，以及情緒超越她的控制。而第二幅畫中，其情緒變得和諧、可以掌控。這是非常可喜的變化。只是從樹的形狀來看，內心還需要更多的整合。

♥ 潛能與現實的橋樑

第一幅畫

　　Treya 說：「畫面是大海和太陽。畫面上都是水，可以是溪流，可以是大海。而太陽則是那些支持我、為我吶喊的人。那些水一直流下去，可快、可慢，會經過很多地方。水具有多樣化，既平靜，又可以翻騰。」

第二幅畫

　　「我獲得了勇氣。在這兩個月期間，我在工作上遇到了很多挫折和困

難，每次都特別盼望週末，因為會有開心的課程，有大家對我的肯定，我自己也會覺得很快樂。這些讓我增加了應對困難的勇氣。」

第一幅畫呈現的畫面本來就很有能量、很溫暖，這代表著作畫者的潛能。而第二幅畫，則代表著在潛能和現實能力之間的行動力，一座把潛能發揮出來的橋樑。那些水代表著作畫者的能量，她缺乏的不是能量，而是行動。兩幅畫中她都提到了外在支持對她的重要性：在第一幅畫中是太陽，第二幅畫中是大家對她的認可和關注——畫中人的動作像是在表演，旁邊一定會有觀眾。

從無人之舟到眼睛

第一幅畫

袁敏：「我畫了一艘帆船，它正在啟航，也代表著我新的開始。非常自由的感覺，風和日麗，海鷗在天上飛，隨便風兒把船吹到哪裡。我躺在船裡釣魚。」

作畫者目前在讀研，他所作的圖畫有

以下象徵：啟航和新的開始，渴望自由，渴望在休閒中有所收穫。但這種新的啟航是沒有目標的，所以這些表面的自由和新的開始背後，隱含著不安。

第二幅畫

「我的畫題目叫『成長的瞬間』。在實習的過程中，我記不清有多少這樣的瞬間：我感受到驚喜，或者對某一點突然有感悟。我清楚地記得第一次大組演練時是 James 上臺做的，我當時根本不知該怎樣進行諮詢面接。慢慢地，一次又一次地練習提問、傾聽，練習語氣、語態，我入門了，有成長了。」

　　和第一幅畫相比，作畫者最大的進步在於參與到小組自我成長的進程中。在第一幅畫中，他畫了浩瀚大海上一艘悠閒小舟上的垂釣者，但那位垂釣者並沒有出現在圖畫中，沒有投入其中，總是和情境保持一定距離。在第二幅畫中，作畫者仍然是保持一定距離──眼睛更多是用來觀察而不是用來行動，但與他過去的行為相比，已是一種參與了。也許他害怕深度捲入會對自己有威脅，或者他還沒有學會怎樣全心捲入，但從第二幅畫中，可以看到他已經走在這條道路上了。

（一）個人圖畫

第一幅畫

「我是一月出生的，屬於魔羯座，所以我畫了魔羯星座。這個星座的特點是具有神秘性和幻想性。星座是山羊頭和魚尾。山羊頭代表撒旦，而六角星在猶太教中代表遠離邪惡，代表和平。我畫了13顆星，代表13個使徒。我覺得自己就是那第13個使徒。但也有可能是惡的，也有可能是善的。如果是善的，就會成為甘地。如果是惡的，就會成為希特勒。這可能和我的家庭有關。我母親是學佛的，她非常執著，一直信奉淨空法師，她教我唯心的東西。我父親非常現實，他喜歡歷史、喜歡毛澤東，他教我唯物的方面。我覺得這是兩大陣營，我一直處在矛盾當中。我大學學了管理學，後來學了經濟學，現在來學心理諮詢，我想透過這些豐富度，來建構出一個體系。我特別渴望一個正義的人來灌輸正義的思想給我，不然我會瘋掉。我的成長非常像榮格，我曾經受過一次電擊，電擊後我改變了很多。」（參見34頁「個人手記」）

我的回應是：「父母給你的，全部都是愛。它們不應該成為拉扯你的力量，不應該成為分裂你的兩大陣營。單純的知識也不能幫助你建構出一個體系。這個世界上不會有正義的人來向你灌輸正義的思想。你得自己去判斷。」

第二幅畫

「我的這幅畫名叫『星空與巨人』。畫的下面有五座房子，代表著三十而立、四十而不惑、五十而知天命、六十而耳順、七十而從心所欲不逾矩。學習心理學的過程是漫長的，需要用一生去探索。年齡、閱歷越豐富，人格會越飽滿。在夜空中有九顆星，還有一個巨人，手持吉他。這是我的愛好。在巨人的腦子裡，迴響著 Starry Night 這首歌的旋律。」

星空的第一幅畫也畫了星星。在兩幅畫中，那些神秘的、宗教的、走進一個人內心的事物總是吸引著他，而且他的思維方式也和別人不同。兩幅畫的區別在於：在第一幅畫中，他只呈現有限的自我，而在第二幅畫中，他展示了更真實的自我。這代表著他擁有了更大的面對自己的勇氣。

（二）個人手記

在星空的一篇手記裡，他勇敢地揭示了自己曾經的一段成長經歷：

2008 年的元宵節前夕，記得應該是 2 月 18 日。因為一月份畢業以來一直找不到工作的緣故，我意識到自己得了非常複雜的心理疾病，主要病症是感覺壓力非常之大，對未來是否能找到工作有高度的焦慮感，同時我感覺

自己帶有一定的偏執型障礙，認為自己將來能找到的工作都有陰暗面。比如，做銷售需要陪客人花天酒地，做會計需要幫老闆做假帳來偷稅、漏稅等等。病症持續時間一個月。

當我和家人意識到這點後，經過家庭會議討論，我決定來華東師範大學心理諮詢中心做一次心理諮詢。當時，接待我的人是一位女老師，由於我只帶了 200 元（人民幣），當時只能做一個小時的諮詢。可能是這位老師與我比較投緣，也意識到我有急切的想要尋求幫助的願望，她用了許多方法來鼓勵我。現在想來有理性情緒療法的技術，如讓我站起來挺起胸膛，暗示自己要有信心；要客觀全面地看待自己的專業，不能以偏概全；要在現實生活中尋找榜樣的力量，向那些優秀的人物學習；要對自我有一個清醒的認識，諸如此類。

當時，我將她告訴我的方法，記在了一個本子上。由於記得很多，我當時也有點混亂了，走出心理諮詢中心的那一刻，我的頭有點暈，迷離著回到了家，繼續找工作。

幸運的是在三月初，我找到了一份銷售工作，當時我欣喜若狂。

但是這一狂喜卻使我的病情又加重了一步，因為我把這次找工作的成功歸因於心理學救了我（其實應是自己救了自己）。我開始邊工作邊看一些心理學論壇，並且為了探尋自我，我做了一個網站上的 MBIT 測試，測試結果顯示我適合做銷售，更適合做心理諮詢師。這時，我產生了這樣一種感覺，是老天命中註定要我與心理學結下不解之緣，甚至產生了是老天要我下凡到人間去拯救蒼生的幻覺。這種幻覺使我妄想自己是偉人投胎，自己一定是一個不凡之人。

在這種妄想的幻覺下，我開始不停地在 Google 上搜索自己的名字，認為自己已經分身成不同的我，在世間行事。一會兒自己是公司的老闆，一會兒自己是著書立說的學者，一會兒自己又是普通的大學生。正當我沉浸在自

己的妄想世界中，父親推開房門，叫我吃飯，我一下子大腦激靈了一下，感覺自己的大腦被電擊（這就是我在前文所說過的大腦電擊事件），之後，我便木訥地坐在了地上，兩眼發呆。父母一看不對，在喚醒我之後，便送我去了零陵路上的精神衛生中心。

一位醫生在聽了父母的講述之後，診斷我是妄想型精神分裂症，需要吃藥。就這樣，我吃了一個月的藥，症狀有所好轉，但是我認為自己沒有病，就算有病，應該不是精神分裂症（有人可能認為我是自我辯解），現在看來，應該是歇斯底里症，一種特殊的急性神經症罷了。

因此，當時我非常抗拒吃藥，因為這些藥物直接作用於我的大腦，出現了嗜睡、注意力不集中、思維反應緩慢的可怕副作用。幸好，我的父母也很能體諒我，他們同意我減輕藥量，並且與我聊天，讓我訴說心中壓抑的不快，傾聽我的煩惱，耐心地開導我。又經過了一個月父母的照顧與自我的調養，我走出了這一陰影，開始了新的生活。我十分感激我的父母，沒有他們就真的沒有我了。

從我的經歷可以看出，父母的關懷對於治療精神疾病有巨大的作用，甚至在一定程度上大於藥物的作用。因為，父母的愛是最純潔無私的，就像是一灣清泉，滋潤著兒女乾涸的心靈。而這也是我想學習心理諮詢的目的。我堅信無論是父母對兒女的愛、兒女對父母的愛、夫妻之間的愛、情侶之間的愛、朋友之間的愛，甚至是人與人之間的大愛都是治療每一個受傷心靈的良藥，而這一良藥不應該是苦口的，它是流動著而又甘甜的。而我也希望有朝一日自己是開出這一良藥的大夫，將自己的愛與關注、知識與經驗分享給我的每一位來訪者，讓他們脫離痛苦，自立自強，走向幸福的彼岸。

毛鴨在手記裡給了他回應：

星空小弟，佩服你開誠佈公的勇氣。從你現在的狀態看，你確實癒後

良好。很贊同你的觀點，因為當年沒有我先生的支持，我也不可能從產後抑鬱的狀態下走出來，其實我當時已經嚴重到天天都想跳樓的地步了。真的感謝生命中有這麼多愛我們的人的支持和陪伴，是他們的愛成就了我們的今天。現在我對自己沒有太多的奢望，只想積極而充實地活下去，做些力所能及的事，讓愛我的每一個人都放心和安心，就像陶子在手記裡寫過的一句話：簡單的人值得簡單的幸福。

（三）老師評論

信任總是會帶來更深的信任。有足夠安全感的時候，人們才會願意分享，才會勇於分享。

這些年我的一個感慨是：心理疾病並不遙遠，它就在我們身邊，或者就在我們身上；心理疾病並不可怕，那些當事人和我們一樣生活著、努力著；那些有心理疾病的當事人，在生活中每前進一步，都要付出比常人更多的艱辛與努力。而社會文化所強調的常態、正常，又會誤導很多人，使得一些其實正常的人被貼上病人的標籤或被服藥⋯⋯

我覺得自己能在忙碌中堅持做教授指導工作，除了非常熱愛心理諮詢之外，重要的是想讓心理諮詢能真正幫助自己和他人。

而星空同學，比我走得更遠。他從自己的經歷中悟到「人與人之間的大愛才是治療每一個受傷心靈的良藥，而這一良藥不應該是苦口的，它是流動著而又甘甜的」，這是至理名言。愛是最終的、最重要的治癒力量。

讓我更感動的是星空同學的大願：「而我也希望有朝一日自己是開出這一良藥的大夫，將自己的愛與關注、知識與經驗分享給我的每一位來訪者，讓他們脫離痛苦，自立自強，走向幸福的彼岸。」希望他能成就自己的夢想！

四、蒲公英的成長──植物主題

從榕樹上冉冉升起的熱氣球

第一幅畫

Oliver：「榕樹是頂天立地的樹。我喜歡這種樹，所以畫了這棵樹。」

這是一棵典型的「庇護類」大樹，它的葉冠非常大，可以提供很多陰涼，可以遮風避雨。畫這種畫的作者，通常都有很強的助人意識，能夠滋養別人，在團隊中具有很強的奉獻精神。

第二幅畫

「我畫了一個熱氣球，一個正在上升的熱氣球。它並不追求高度，而是在上升的過程中體驗到一些東西。在自我上升的過程中，它有依託，那些熱量和能量來自大家。」

這幅畫裡畫了一個巨大的熱氣球。和前一幅畫相比，它強調了上升，強調了依託。「上升」本身是一個很好的隱喻，表明作畫者感受到自己的成

長。而且作畫者做為一名「滋養者」，感
受到了來自團隊的滋養，所以有了很好的
依託。這對滋養者來說是非常重要的，有
付出，同時也得到了營養。兩幅畫都表現
出作畫者健康而強大的內心，既腳踏實地，
又不斷上升。第一幅畫的主題是成長和庇
護，第二幅畫的主題是溫暖和上升。作畫
者的巨大能量應該用來幫助他人。

♥ 從松樹到春華秋實

 第一幅畫

　　文文：「我很簡單，先畫了一棵松樹，覺得有些單薄，又加了一些小草。
發現時間還很多，就又畫了一個太陽。我覺得公司裡的 HR（人力資源）職能
部門（人事部門）也很像太陽，要為各個部門提供服務。我之所以選擇綠色，
是因為綠色是環保的，同時也很養眼。畫面中的松樹代表我自己，我覺得它
很堅毅，即使在冬天裡也是翠綠的，充滿著生機，不像花兒會凋謝。」

　　「我是公司裡做 HR 的，經常要
用語言和員工交流。我發現，當員工
離職時，被問及原因時，很少有員工
會表達出自己的真實想法。我渴望學
習心理學，本來想應用在工作中。我
對心理學很好奇，覺得它很神秘，像
巫師一樣，可以看穿別人的心靈。但

學習一個月發現不是這樣。」

那棵松樹是歪的，有組員問到箇中緣由，她笑了，說是做事不仔細，所以畫歪了。

第二幅畫

「春天是播種的季節，秋天是收穫的季節，可以用『春華秋實』這個成語來形容。在畫第一幅畫時，我畫了松樹，代表著生命力旺盛。現在第二幅畫還是畫的樹，但更加充實、飽滿。我是帶著探究心理學的好奇來學習心理學的。透過這幾個月的學習，我學到了不少東西，受到的啟發很大，就像我畫的這棵大樹，結滿了果實。我畫的太陽象徵著心理學。一方面，大樹從太陽中汲取著能量。另一方面，大樹從大地汲取著能量，就像那次在草地上做活動一樣，我們汲取著陽光和大地的能量。那棵大樹代表著我，我汲取著營養，開花結果。小鳥代表著需要幫助的人。牠們吃到樹上的果子，因為牠們帶著渴求的心，尋求幫助。我很高興能夠幫到牠們。我希望能走得更遠，能夠幫到更多的人。」

這段話說得多麼好！如同在實習期間分享過的放鬆訓練〈春天的種子〉一樣，所有的種子都同時汲取著大地、陽光和雨露的營養。一方面，根深深地紮進土裡，另一方面，枝葉伸向天空，獲取陽光。和第一幅畫相比，第二幅畫確實更加飽滿，更有收穫感、愉悅感和生命力，並且第一幅畫的不穩定

感在第二幅畫中也不復存在。

此外，最大的變化是作畫者逐漸變得感性。進入小組時，文文是典型的理智型人，從來都是有板有眼、一絲不苟。這本來沒有什麼問題，但當練習共感時，她就感受到了困難，因為她無法與來訪者產生情緒上的共感。甚至有一次在全組面前做演練，當來訪者泣不成聲時，她的回應竟然是：「你不要激動！」可以看到，由於她無法面對自己的情緒，所以她無法感受到對方的情緒，即使感受到了，也不願意或無力做情緒上的共感。要想成為一個具有共感能力的人，只有她自己讓感性的那部分站出來說話才可以。

在第一幅圖畫中，我們看到的都是邏輯的線條，而在第二幅圖畫中，我們看到了熱情、分享和互動，太陽與大地和大樹的互動，小鳥與果樹的互動。她的生命確實更加充實和飽滿了。

讓人擔憂的生命之樹

第一幅畫

Christine Han：「這是一棵樹。樹梢上有分叉。本來在背面畫了一棵樹，我塗掉了再畫的。代表我自己簡單而又複雜。我希望能再長寬一點，不再像株草。它本來是棵大樹。」

第二幅畫

「以前我是很單一、狹隘的，而現在學會多個角度看問題。因為自己是屬虎的，所以畫

了一隻老虎。那個老虎代表自己。」

可以看到，這位學員有巨大的進步。第一幅圖畫中反映出來的主題是生命力脆弱，那種讓人擔憂的脆弱，以及內心深處對生命的失望，甚至絕望，完全沒有自信。而第二幅圖畫則多了生機和掌控力，世界呈現了多樣化。這是非常了不起的一步。只是太陽、月亮等形狀的同時出現，代表著她內在的矛盾和衝突。她仍然需要在內心中做進一步的融合。

💜 枝繁葉茂的大樹

第一幅畫

張豔：「這可以是任何一棵樹。樹紮根於大地，枝繁葉茂，代表著充實和內心的強大。我希望能夠更粗壯、更茂盛。」

可以看出作畫者對生命意義的探索。那棵樹代表著作畫者的成長，代表著她經歷過很多的變化，才有今日的充實。另外，這其實是作畫者當時的修正

作品。她的原始圖畫是較小的樹冠，讓她不舒服。在修正作品中的樹顯然更粗壯。

第二幅畫

「這是一艘大海中航行的小船，其實就是我。它經歷著成功的喜悅，也經歷了沮喪和失敗。海水就代表著大家。小船向著太陽航行。」

樹木和大海同樣都代表著生命力，但大海有更多能量，更多流動。這幅畫要比第一幅畫有更多的博大、和諧、互動和生命力。海裡有魚，海空有鳥，海面有船，船上有旗，天空裡有太陽，非常愉悅而和諧的場景。如果一個人的內心呈現這種美景，他（她）本人一定也是一個美麗的風景。這幅畫的作畫者就是這樣。我們在圖畫中呈現的就是我們的心。

 蒲公英成長為小樹

第一幅畫

栗子：「我畫了三件事物。雲代表著我的情緒多變，小草代表著我的渺小，而蒲公英代表著我渴望自由，希望隨風到很多地方。」

「我學心理諮詢的動機是因為我不太會調適自己的情緒，希望會有所改變。」

在整個介紹活動中，每個人都是笑笑的，她沒有笑過，眉頭一直緊皺著。她的緊張度非常高，整個人是僵硬的、繃緊的。幾個小時的圖畫和分享活動中，她沒有跟身邊的人說過一句話，也沒有提過一個問題。但我知道

她在用她的方式參與著：她一直在聽著；輪到她介紹自己時，她雖然很緊張，但還是完成了介紹。在她的圖畫中，這三樣事物都代表她自己，而且並不衝突，完全可以做整合。問題的焦點在於她的渺小感、她的自卑感、她的被割裂感、她的不穩定感、她的不被重視感。

粟子在她的手記裡有這樣的記錄：

第一次實習，其實不太知道實習大概是怎樣的，抱著看一看外加點好奇的心態來，實習是以圖畫來介紹自己開始的。當我介紹完後，老師給了我回應，心裡感覺觸動了一下，眼眶有點濕潤，但我盡力克制住了。沒想到第一次見面就能被讀懂，覺得很難得，平時披個外表的軀殼裡，沒人知道都有些什麼。

第二幅畫

「我給自己的畫取名為『收穫與成長』。在畫第一幅圖畫時，我畫了

一朵蒲公英，那時覺得自己情緒不夠穩定，想要紮根。這次畫了一棵樹。其實樹幹沒有這麼粗，只是一棵小樹。彩色的樹葉代表著我的收穫，有知識，有感動，有友誼。這棵小樹還有很多向上成長的空間。第一幅畫中也有雲，那時的雲用各種顏色畫的，代表我多變的情緒，而在這幅畫中，是一朵自由自在的雲。樹下有小草頑強地成長著。還有太陽暖暖地照著。」

她的解讀非常好。確實，她收穫了情緒的穩定、力量、自由和溫暖。第一幅畫中蒲公英的單薄和第二幅畫中的樹形成鮮明對比，其成長性、生命活力的狀態都不在同一個層級上。儘管那棵樹還有新的成長命題，如通暢、獨立和自我接納，但她在兩個月內的進步還是非常驚人的。她能在目前收穫的基礎上繼續成長。

除了圖畫中表達的成長，在團隊中她確實有很大的改變：以前她都是獨來獨往，從來都是提前到教室、一個人坐在最後排的。但有一天下午，她遲到了，是和另外一名學員一起走進的教室，兩個人坐在一起。我笑了，我知道，她已經開始和別人一起去吃午餐了。

後來，大家的活動越來越同步，就有學員建議把午餐集體訂到教室來吃。飯菜來了，大夥都熱熱鬧鬧地端飯「搶」菜，我發現栗子有些不知所措地在那裡站著。我把

一碗飯塞到她手裡。等我轉了一圈回來，發現她在遠離人群的地方端著白米飯一粒一粒地往嘴裡挑。我吆喝著把她推進了「搶」菜的人群裡，立刻有人給她騰地方、夾菜，她感動得連連擺手又搖頭，很不適應被這麼多人關照。我猜她大概第一次這樣站著、擠著，這麼親近地和別人一起吃飯。這件事情對她的象徵意義在於：第一次，她在團隊中可以找到自己的位置，以這樣自然的方式。所以，當她後來開始參與發言、主動提問時，我並不驚訝。

後來，團隊中的學員兩兩搭檔帶一個熱身活動。我有些擔心栗子所在的組，還特地詢問過她們的準備情況。我沒有想到，最後栗子居然是帶領者，雖然緊張，但她站在講臺上，而她的搭檔當她的助手，因為遊戲是栗子設計的，她花了很多時間準備。由於沒有經驗，她們的遊戲規則不是特別嚴謹，學員們善意地提出了疑問，有的還給出了解決方案。我擔心栗子無法控場，正想著是否要上場幫助她一下，只聽她說：「今天是我們帶遊戲，請大家按照我們的遊戲規則來做。」聲音不大，但透著小小的堅定。默契度非常高的團隊馬上給予回應，所有的人都照她們的指令來做。那一刻，我真為她驕傲！從在團隊當中非常不自在，到戰勝焦慮、站在臺前帶領活動，並且還能堅持自己的意見，栗子在團隊中找到了自信！她開始慢慢擁有對環境的控制感。

隨著栗子在團隊中越來越放鬆，她逐漸開始開放自己。我和栗子曾經有過一次春日午後的深談。春天的陽光照在了她身上，那些愛的陽光也照進了她的心底。她願意向別人敞開她自己，也勇於敞開她自己。在她帶淚的傾訴中，最震撼我的是她的這句話：「這麼多年別人一直認為我是個怪胎，我現在才知道，我是正常的，我只是一個病人……」她忍不住哭起來。

我的心受到強烈震撼：原來，當人們無法理解在自己身上發生了什麼時，帶給人們的第二重心理壓力會如此之大！當她得知自己的那些行為確實

是自己不可控的、只是病人的行為時，她是怎樣的如釋重負！這麼多年，她內心世界的那個舞臺上，一直上演著怎樣驚心動魄的戰鬥啊：一會兒是魔鬼出來、一會兒是天使出現、一會兒是陽光燦爛、一會兒電閃雷鳴、一會兒飄上雲端、一會兒跌落深淵……而每一種力量都拉扯著她。在那一刻，我對她肅然起敬：她應該有著怎樣強大的力量，才能背負著這樣的沉重和衝突，一步一步向前挪動啊！而這些年，她始終沒有放棄自己，始終抱有希望！

在團隊學習結束的課上，栗子對自己的成長做了總結：「以前，經常看到的是人性的醜惡和陰暗面，那些自私、冷漠，由於看得太多，我都不喜歡自己是個人……」她無法繼續，因為她已潸然淚下。「現在……我看到人性的真、善、美，我開始變得積極和樂觀……現在我接納自己是個人……」她的眼淚又流下來。教室裡一片靜寂。我們用目光輕輕地擁抱著、支持著栗子。我們知道，那是愛的眼淚。團隊是她的安全港灣，她可以安心地落淚、安心地成長。不能接納自己，世界是一個可怕的深淵；能夠接納自己，世界就是一片愛的海洋。多麼美好的成長！

 ## 從睡蓮到陽光下的大自然

第一幅畫

蜜蜂：「我畫了睡蓮，因為我要讓自己的生活豐富。因為還有時間，就畫了一間房子，房子裡是一家三口。還有時間，又在右邊畫了一座橋，在天空裡畫了雲、畫了鳥、畫了太陽。」

「我自己在市裡當公務員。你們可能都以為公務員會被磨掉稜角，但

我一直堅持，保持自我，不因上司的權威和條條框框而改變自我。我周圍有很多同事，他們的做法很無聊，我只是旁觀他們。我要讓自己的生活豐富。雖然大家都說公務員是金飯碗，沒有被炒魷魚的可能性，但我一直問自己：『如果不做這份工作了，我還能做什麼？』我什麼都不會，需要充實一下。我發現我有一個好媽媽。從小家裡就人來人往，有各種人到我家裡來。有人要結婚，會借我家房子用。有人父母來了，沒地方住，也住我家裡，一住就是一兩年。還有一個人生活非常悲慘，自己經歷老公賭博、離婚、再婚、女兒結婚前夕再婚丈夫暴斃等事情，也是一直找我媽媽傾訴。一開始是我看媽媽做勸導，後來我也參與。往往是別人哭哭啼啼來，高高興興走。雖然我媽媽在廠裡很厲害，是一個技術人員，會很嚴厲地批評人家，但在家裡，我們一說她，她馬上不出聲。我覺得受媽媽的影響，自己也能說明別人解決一些問題。我有時在 MSN 上和別人聊天，別人就會告訴我一些另外的故事，我會更深入瞭解他們。」

當問及為什麼用睡蓮代表自己時，她說：「我在工作中看到很多黑暗的現象，我覺得不應該。雖然有人一杯茶、一張報就可以過一天，但我不行，我每天都非常忙，有做不完的事情。雖然有時候是虛忙。我和他們不一樣，我不會去做那些事情。」聽到這裡，心雁忍不住為她鼓掌叫好。

一位學員問：「我曾和你有一樣的經歷，學完法律後在律師事務所做了一年，實在看不下去，就辭職了。你能夠堅持下來的動力是什麼？」

「是客觀原因，因為我不想丟掉目前的金飯碗。」她坦誠地說。

還有一位學員問：「妳遇到這些不開心的事情，會和誰說呢？」（如果做心理諮詢，這倒是一個可以被問及的問題。）

她說主要還是和媽媽說。從小就沒有學會和父親撒嬌，更習慣和媽媽交流。

這是非常有意思的一幅畫。睡蓮和蓮花屬於同一種類型，但它的特點是夜晚開放。作畫者用睡蓮比喻自己，正是她當下狀態的寫照：她需要用「睡」去應對現實，本質上她仍然是一朵出淤泥而不染的蓮花。那個「睡」字，其實代表著她的麻木、她的逃避。她的美麗只在工作之外綻放，只綻放給夜晚。但美麗和潔質仍然存在：右邊那座橋，代表著她想改變現狀，想和新的生活有聯結，就像跨越一座橋後人們會有新的路。

第二幅畫

「這幅畫的名字叫『自由的生活』。回想心理諮詢實習的過程，我想到了我自己。雖然在大家眼中，我還年輕，但我已離開大學十多年了。

這十多年來，我一直忙於工作。現在又有機會回到大學校園裡，我感覺特別親切。想到多年前讀過張曉嫻的『小黃花、綠草地』，那種悠然、那

種淡淡開心、那種淡淡擔憂（畢竟還有考試）。我想到的是我們在室外進行實習那次。躺在草地上，感覺超好。我還畫了兩個人，因為諮詢中最講究諮訪關係。我還畫了樹、畫了鳥。以前畫第一幅畫時，畫了睡蓮，感受到的是

工作壓力,現在的感覺好多了。」

這幅畫非常美,綠草地、小黃花,間雜著一些小紅花,代表著她感受到的春天氣息;天上有淡淡的雲,代表著她感受到的工作壓力。綠樹代表著她非常旺盛的生命力。和第一幅畫相比,有很多元素依然是她的主題:大地的色系依然是她的鍾愛,只不過第一幅畫的金黃色變成了土黃色。第一幅畫中的顏色是為了更好地隱藏她自己,而第二幅畫中的顏色則更踏實、更渾厚。花朵、雲朵、小鳥和太陽都出現在兩幅畫中,只不過第一幅中它們的生命力、和諧度和美感都不如第二幅畫。

在整個實習過程中,她是最操心的人之一,很像「大管家」。她操心所有的事情,從通知課程變動、考勤,到訂餐、訂水、點餐、收錢、開教室門、安排大組訓練的學員和帶熱身活動的學員、分享資料、印發課件、臨時負責拍照、準備活動道具和材料、下載音樂……她沒有一刻是閒散地坐在那兒的,總是手腳俐落地忙前忙後。那些腳踏實地、那些奉獻、那些她散發的光熱,出現在她的第二幅畫中。

從沉重的梅花到風雨魔力

第一幅畫

Bovia:「我很喜歡梅花,不是因為它的高潔。梅花是我自己唯一有耐性去種的花兒。我希望自己成為梅花。我特別喜歡梅花的堅毅,迎著寒風而綻放。它是唯一在寒風中開放的花兒。它枝條堅固,代表著剛毅。我選用白紙,因為我喜歡簡單,喜歡簡單的生活,簡單的工作。我討厭複雜。」

「我來學心理諮詢,是因為興趣。我做什麼事情都會受興趣驅使。」

當被問及畫面右邊的黑色是什麼時,她回答說:「這是梅花的根。我

想用中國畫畫法來表現它。」

　　她是讀哲學的，只有
二十四、五歲的樣子。畫出了這樣
一株滄桑的梅花，背後一定有她的
挫折和故事，而那些過往的沉重，
不僅僅是當下事件的反應，更有可
能和整個過往人生、童年經歷有關。

第二幅畫

　　「我的這幅畫題目叫『風雨有自我完善的魔力』，這句話改編自華茲
華斯的一句詩。原詩句是：『孤獨有自我完善的魔力。』我用四幅畫來表現。
在實習的這幾個月，正是我人生當中挺艱難的歲月。第一幅畫是我面臨的人
生第一道坎，是我感受到的失敗。有烏雲，有風雨，小花處於一種低落狀態，
所以那些葉子都是耷拉下來的。第二幅畫，感謝實習小組，我的狀態慢慢變
好。那一陣我不太去學校，唯一參與的集體活動，就是來參加實習。我整天
不出門，但堅持來參加實習。有時上午的心理諮詢課我都不去，但實習課我
一定參加。參加後心情會變好，而且大家會跟我交流。雖然我說的東西不

多，但實習時有些話、有些評論會
觸動我。我看到了一點曙光，小花
的葉子豎起來了。第三幅畫是看到
陽光，人走出來了。那些烏雲也變
成了白雲。小花的葉子豎起來了，
接受陽光的洗禮，有蝴蝶飛舞。第
四幅是包含了很多內容的圖畫，天

空是紅色的，因為有朝霞。我覺得充滿希望，所以有大太陽。有三朵花兒，花兒的花瓣很大，葉子也很大。有音樂的符號，還有邏輯的符號——存在和可能性的符號。還有一個菸斗，代表我喜歡看的偵探小說，還有書。所有的興趣都回來了。」

問及和第一幅畫的比較，她說：「我以前是一個害怕失敗的人，而畫第一幅畫時，正面臨自己人生最大的失敗。我畫了梅花。但這次會輕鬆很多，所以畫了雛菊。」

Bovia 的解讀中充滿著哲學氣息。所有的人都害怕失敗，但把失敗歷練為成長的動力，這需要功力。而在我們實習的這短短幾個月裡，她完成了第一次重大的歷練。「風雨有自我完善的魔力」，她有低沉、恢復、復原和成長期，螺旋式上升，非常富有哲理的一個循環。她的經歷中有一點引起我的關注：她並沒有把自己的經歷帶到實習個案練習中，但在成長性的團隊中，她仍然汲取到了她所需要的營養，完成了自我修復。可以看到一個充滿信任和支援的團隊能夠創造怎樣的魔力！

她的圖畫中有一點很有意思：當她面臨挫折時，她的世界裡只有風雨和烏雲；而當她走出低落的狀態後，她的世界變得豐富多彩了，那些興趣愛好又回來了，天空中又開始有了朝霞。其實，蝴蝶一直在飛舞，只是她的情緒狀態決定她是否會「看到」蝴蝶。那些有抑鬱情緒的來訪者就會跟第一幅畫的狀態一樣，甚至比第一幅畫更糟糕，只有孤零零的一株草或一顆石子。花兒是自我評價較高、有一定生命強度的人才會畫的。那些畫無生命的事物的來訪者，有可能生命力更弱，生命更僵化一些。

Bovia 在這幾個月裡體悟到的東西，對她一生的成長都很重要。

從向日葵到向日葵樹

第一幅畫

陶子：「我畫了向日葵，我一向喜歡向日葵。太陽是我後來補上去的。如果有足夠的時間，我還會畫彩虹。我覺得向日葵很燦爛，向著陽光。如果陰天，向日葵就會變得很糟。這跟我的狀態一樣。自己一旦鑽牛角尖，就會拔不出來，但如果有人這時剛好來找我，不論什麼事情，只要我跟外界再發生聯繫，我就會突然變好。這跟我的星座有關，我是雙魚座的，本來就會相互矛盾。高中畢業時我本來想選心理學，但同學們都認為我讀了心理學會瘋，所以我就選了廣告專業，發揮我的創意。然而心理學是我最初的夢想，所以大學時選修第二科系，現在又有機會讀心理諮詢。我知道心理學的學習是一個過程，所以希望三至五年後可以應用。」

當被問及為什麼會用綠色畫向日葵時，她說：「因為紙已經是黃色的，所以我沒有用黃色的畫筆。我選用綠色，因為我也很喜歡樹。」

當被問及是否具有向日葵女生的特質時，她說：「我在熟悉的團隊中會突出，但並不耀眼。」

這是一朵生機勃勃的向日葵，用筆乾脆、有力，也是作畫者的行事風格。

第二幅畫

「我給這幅畫取的名字是『Now！（當下）』。我還是畫的向日葵，跟我的第一幅畫一樣。區別在於透過實習向自己內心的挖掘，我發現了身邊的太陽，不像以前那樣，向日葵沒有太陽時就很無助。我把向日葵畫在了樹裡，因為有時向日葵太脆弱了。我覺得自己已變成可以保護自己或別人的有能力的樹。不管心情有多難過，只要我想到身邊的那些太陽，我就會有改變。『Now』是指我要仔細看看現在，就會看到自己的幸福。樹幹上有一顆長翅膀的愛心，愛心中間是我的手指印，它代表著『promise（承諾）』，給自己力量的承諾。」

陶子非常享受作畫的過程。她用了水彩紙和水彩筆，甚至自己的手指。畫完後，她的手上、臉上、額上都沾著顏料，介紹圖畫時，臉上紅撲撲的，眼睛亮晶晶的。她的特質還是向日葵的單純、追求光明，但更加善於吸收陽光、更有力量。能把周圍人文環境知覺為一個充滿太陽的環境，該是多麼幸運啊！有一雙善於發現光明的眼睛，才會有這樣的福氣。

 花兒結出果實

第一幅畫

季霞婷：「這是一棵向著太陽的向日葵。雖然看上去很幼稚，但它代表著每天都積極樂觀。」

從圖畫中可以看出，作畫者是一個比較遵守規則、自我約束力非常高的人。她非常看重規律、規定

和道德，希望一切都按部就班地發生，不欣賞那些不確定性。

第二幅畫

「我用蘋果代表三個不同的階段：過去是生澀的，現在是成熟的，將來是更成熟的。這其實也是我們的關係發展：隨著大家認識的時間更長，熟悉程度在加深。」

在這幅畫中，作畫者仍然在強調程序、過程，強調在每個時間段裡應該發生的事情。但她對未來有非常樂觀的預期。蘋果是果實，而向日葵是花兒，所以蘋果本身更強調了結果，強調了成長和收穫。

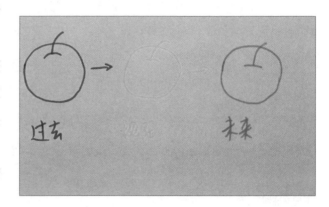

簡單的快樂到博大的快樂

第一幅畫

明明說：「我在一篇博客（部落格；網誌）中看到快樂的定義：睡得香，吃得下，笑得出。我同意。」

可以看出，作畫者自信、快樂、滿足、隨性而有控制力。

第二幅畫

「我畫了山和海。代表著海闊
天空、自我接納，看得寬廣、包容。」
一花一世界；山海一世界。雖然都是
她的世界，但可以感覺到一種成長，
她的世界更博大，她的心胸和視野也
因此而更博大。只有接納自我的人才
會接納世界。而促使她走上山巔、面
朝大海的，是她感受到的成長力量。

♥ 此花非彼花

第一幅畫

三文魚說：「這是一朵花，不是樹，樹太有
力；也不是雲，雲太輕。它是一朵自由的小花。
不論下雨還是風吹，都會紮根於泥土，有歸屬感。
我希望能體驗到幸福快樂。」

第二幅畫

「我畫了一朵花，這朵花的中間是自己，而旁邊是小組和組員。我在
中間很有安全感，我被包圍著，非常舒服、開心，愉快地被接納著。」

同樣是花朵，第一朵花沒有畫花心，第二朵花有了花心。這不是簡單
的多畫了幾筆，而是作畫者開始感受到自己和他人的關係、自己與環境的互

動。第一朵花是比較典型的「空眼人」類型，即對周圍的世界視而不見，只按自己的方式生活在自己所感受到的世界中。在別人看來，這種類型的人有一種冷漠，有一種距離，有時和周圍格格不入。只是，這種冷漠並不一定出自他們的真心。他們其實也希望得到周圍人積極的回應和互動。

這位作畫者來到團隊時，就是這種狀態：她表面上總是樂呵呵的，但在這背後，她對自己有著深深的懷疑。在從小到大的經歷中，她不是一個非常容易有安全感的人。但在這個小組中，她感受到完全被包容、被接納，

所以她非常真實地呈現自己，可以讓她安心地面對自己的弱點，安心地按自己的節奏去成長。對這位組員來說，她的成長其實是在她體驗到的安全感上。那些有厚實感的花瓣，那由笑臉組成的花蕊，是花兒的成長，更是她內心的成長。

從雜草到擁有看世界的心靈和眼睛

（一）個人圖畫

 第一幅畫

張綺雯：這是一株平凡的草。它的夢想是「堅韌不拔，永不言敗」，可以長在任何地方。

第二幅畫

張綺雯：「我把自己的畫命名為『心‧眼』。比以前更多用心去看世界，也更深刻。藍色，代表心靈，代表清澈度。」

在第一幅畫中，這位學員自認為是一株平凡的小草，儘管有夢想；而在第二幅畫中，她強調了自己的心、自己的眼睛，而不再是芸芸眾生中和別人一樣的人。她綻放了更多的生命力。多麼奇妙啊！當一個人開始傾聽自己內心時，他（她）就開始傾聽別人，反過來也一樣。所以，這位學員的成長是在心靈裡更多了反省，用第三隻眼睛看自己，也更多了容納別人的空間。這條路對她還很長，但她已經有了很好的起步。

（二）個人手記

下面摘選作畫者個人手記，供參讀。

我喪失了感覺（張綺雯）

不經意間，實習已經過了一大半了，我的心情也輾轉經歷了多次反覆。一開始，對於自己當諮詢師還是信心滿滿的，覺得拿心理諮詢師證的關鍵，取決於我能不能通過筆試。對於面試，我感覺從小到大經歷過的種種面試，從來就未曾怯場。但是隨著實習的開始，轉折點就此產生。

第一次實習後，有位同學直接來問我：「妳是不是做 HR 的啊？」我

一驚，怎麼會一下言中？「呵呵，我感覺妳的氣質很像 HR。」我被雷到了，腦袋上懸了 N 個問號，撇開我有沒有氣質不談，似乎我自己都從未想過 HR 該有什麼氣質。無獨有偶，這讓我想到我們的第一位理論課老師席居哲老師在跟我談話五分鐘後，也拋出一句：「這位同學是學理工科的吧？」我又一次瞬間變透明似的被說中了，頓時感覺很恐怖。

到底怎麼了？我的特徵真的那麼明顯嗎？不管是職場帶給我的，還是專業帶給我的，又或許根本我生來就是如此，但我隱約覺得，做為諮詢師，有太明顯的特質並不是一件好事。它似乎更應該像一股溫泉一樣，緩緩地流過來訪者的傷口，悄悄地沁入來訪者的感官，溫泉又怎麼能帶有濃郁的味道呢？難道我該重新定位自己做為諮詢師的潛質？

當這種茫然和疑慮還未消盡，我的又一個觀念受到了挑戰——原來諮詢師不用太會「說」，或者比起「說」，諮詢師更需要會「聽」。這讓以往從滔滔不絕、頭頭是道的開解朋友的煩惱中獲得心理優勢感的我一下子無所適從。「聽我說，我覺得你應該……」這個一直讓我自我感覺良好、用得得心應手的句式突然間被強制要求下崗了。諮詢師不能說太多主觀感受，要讓來訪者找到自我內心的力量來解決問題。我以為的長處變成了短處，我繳了械，卻還沒有找到新的武器……

打擊持續中，我喪失了感覺。以往，朋友愛找我分析問題，是覺得我很能理解他們，我也自豪於這點。現在想來，以前的我根本就是井底之蛙，見過的情境實在有限，朋友們的困擾也大多集中於同一類問題，這和諮詢場面大相徑庭。

「理解但不必贊同」是一門很高深的學問，尤其當來訪者的價值觀與我的相抵觸時，理解又從何談起呢？我時常想，一個好的諮詢師是否很少會有驚訝的情緒，因為驚訝來自不理解，不理解事物為何會發生，為何會那樣

發生，而當你對無論你認同與否的事都能表示理解，那顯然會覺得一切都是正常的、合理的、不值得大驚小怪的。而一個性情中人，又要如何變身成一個好的諮詢師？因為諮詢師永遠看起來是那麼理智，能夠淡然地面對黑、白、灰。我還在尋覓兩者的契合點。

坦白說，我覺得應對考試和成為一個諮詢師還是有很大不同的。課程上的演練讓我看到現在很多同學能做到「看上去很用心傾聽」，但其實卻漏聽了很多關鍵，依此類推，很多人也能夠做到「看起來很理解你的立場」，但其實並不能快樂著你的快樂，悲傷著你的悲傷。簡而言之，現在的局面，我覺得是腔調很濃，內容很缺。

不過，就如同諮詢需要訂一個合理的目標一樣，對現階段的學習所訂的目標也要合乎現實吧！畢竟冰凍三尺非一日之寒。

（三）諮詢師說的比當事人更多（嚴文華）

在我的手記裡面，真實記錄了她本人透過努力，其諮詢特質發生轉變的過程。

在練習傾聽那一天，有一名學員課間時來找我：「扮演當事人的學員說得非常簡單，我無法概括。是不是當事人一定要有真情實感諮詢師才能傾聽和回應？」

「你無法要求自己遇到怎樣的當事人。我們只能就當事人表現出來的情況傾聽和總結。」真正的傾聽不是要求對方。

「那我不會。」她有一些氣餒。

停頓了一下，我慢慢地說：「你應該多訓練一下傾聽。」我本來想再晚一些時間找她談這件事情的。

「是所有的人都應該訓練？還是我應該特別訓練？」她一下敏感地捕捉到什麼。

「傾聽是妳的短處。」我直截了當地說。

「是妳從昨天和今天我的表現中看到的嗎？」她馬上聯想到自己昨天做的示範。

「是的。今天早上妳在小組練習中扮演諮詢師。離得有點遠，我聽不清妳說了些什麼，但我觀察到，妳說的話比當事人多得多。是這樣嗎？」

「是這樣。」她有些不好意思。

「對妳來說，妳有很好的溝通能力，但妳說得比聽得多。傾聽對妳來說特別困難。這不光在諮詢中如此，在工作中也如此，在生活中也如此。」

「在談話中，只要別人一停下來，我就覺得打破沉默是我的責任，就會不停地說下去。」她解釋道。

「進入到諮詢師的角色後，就需要傾聽第一。妳可以訓練一下自己對沉默的忍耐力。」

「那我試試看。」

後來我去看她小組的訓練。觀察員認為她還可以做得更好，但她自己高興地說：「我和當事人說話的比例是五比五了！我以前是三比七的。」我豎起大拇指。這是一個很大的進步。「我不再打斷當事人了！」我再次豎起大拇指。真的很了不起，她的眼睛裡開始有當事人了！這才僅僅是第三次訓練啊！進步真大！

五、水杯的變遷——靜物主題

展開一本書，在星空下

 第一幅畫

李程：「我畫了一本書。開卷有益，所以書是打開的。可以和朋友溝通、分享。書是被動地被閱讀，有緣才會去讀這本書。書的裝幀、品質和內容都很重要，但作者的想法才是書的靈魂。我喜歡故事性雋永的書，『留一些我的思想在世界上』。」

第二幅畫

「仰望天空，內省心靈。在浩瀚的太空中，我看到星星、月亮、太空船和流星。神秘的夜空讓我著迷。」

從書本到夜空，作畫者不同的人格側面在被強調。書本的比喻中強調的是「理性」，是被教養、被灌輸、被教育的

知識；而夜空，則是人類可以自由想像和需要認識的空間，巨大而有距離，特別適合在此時的空中去看自己的非理性部分，即潛意識部分。另外，在第二幅圖畫中，可以看到作畫者更加沒有拘束、沒有邊界、沒有自我限制的狀態。確實，在實習過程當中，她的靈氣、創意、藝術氣質在一些活動中張揚出來。只是，這種張揚還不是她的常態，只有在夜晚她才允許自己思緒飛揚、才氣四溢。她可以進一步敞開自己、表現自己。

水杯到飛鳥

第一幅畫

這是裝了大半杯水的一個杯子。水是萬物繁衍之源，滿則溢。胡豔說：「我用了瓷杯來裝水，有一種潤的感覺。」在追問之下，她表示自己更願意做水的容器——那個瓷杯。

這幅畫其實是作畫者當時的第二幅畫。第一幅畫在這幅畫的背面：她對杯子的形狀不滿意，就把紙翻過來畫了第二幅。願意做杯子是一個隱喻，代表著願意接受、容納和承接，帶著一種謙虛進入到團隊中。但杯子畢竟是很有侷限性的容器，這代表著她壓抑著自己的能量，擔心「滿則溢」。

【第二幅畫】

「我畫了群山和飛鳥。本來的自我只能在淺顯處看世界，而現在可以站在一個高度去看世界，像飛鳥一樣。天高任鳥飛。」

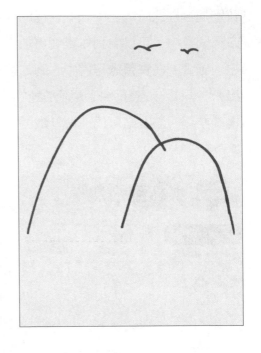

在實習當中，可以感受到她的成長是讓自己的能量自然地湧現出來。她擁有非常深刻的共感——杯子的比喻，對她是非常適合的，她確實具有容器的性質，能夠包容和接納。但在進入團隊之初，她常常壓抑自己的共感。當她讓自己的情緒和共感自然流露時，那些水就會流動起來，形成涓涓細流，滋潤來訪者的心田。

從兩幅畫中，可以看到第二幅畫的世界大很多，有群山，有飛鳥。團隊中的成長讓作畫者變得更博大，在生命的境界中更廣闊，她站得更高、看得更遠。只是她的兩幅圖畫都缺少溫暖感、流動感。這可能是她將來需要做的功課。

♥ 生命不僅僅是知識

【第一幅畫】

瓏：「我畫的是書架。我希望從書本上獲得知識。五年前我做過一份人格測試，五年後我又做了同一份測試，但結果不同，我希望能仔細解讀。

做為一名會計，我的書排列得非常整齊，可能有強迫行為，因為我買書一定要買全一套書；以前做一頁報告會看 30 到 40 遍，也帶有強迫成分。這裡畫的是放書的架子，我希望擁有更多的書，或者說更多的知識。上面可能擺放的是哲學、心理學和管理類的工具書。我希望擁有可以轉化為財富的知識。」

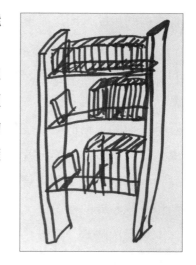

第二幅畫

「兩三個月之前，我的話很多，就像幼稚園老師對我兒子的評價一樣：他很願意幫助別人，不管別人是否願意。而我現在的話變少了，我更懂得如何調動別人的積極性。還有一個變動，幾個月之前我是光頭，現在我留了頭髮，頭髮已經長出來了。」

書架在這裡代表著作畫者人格特徵的一部分，它代表著井井有條，也代表著作畫者有計畫的人生，代表著被理性控制的知識和生活。而第二幅畫呈現自我畫像，代表著回歸真實自我，開始傾聽自我，傾聽他人。頭髮的象徵非常有意思。當人們生活中有一些變化時，常會用髮型的變化來呼應。剃光頭往往代表著「從頭開始」、「從頭再來」。在作畫者這裡，頭髮的生長是和內

心成長同步的，所以頭髮這一細節就被強調出來。

　　在第一幅中作畫者還提到了工作對其個性的影響，強化了其追求完美的傾向。這也是很多白領人士面臨的困境：職業只發展我們的某些人格特徵，並且把它推向極致，如追求完美、關注細節，但如果人們沒有發展出容忍不完美的人格特徵，沒有足夠的靈活性，在工作之外沒有機會表現出不追求完美、不關注細節，就會成為這些人格特徵的犧牲品。生命不是由完美組成的，而是由完美和接受不完美構成。在第一幅畫中，作畫者用了嚴謹的黑色和一絲不苟的橫線條、直線條，而在第二幅畫，作畫者開始用了曲線，並且用筆透出隨意。這就是一種平衡。

六、結語

通常我用水彩筆為作畫工具，請學員們畫畫。而在有一個組的結束課上，我大膽地嘗試了不同的畫具和材料，包括各種大小的紙張、水彩筆、油畫棒和水粉顏料（不透明水彩），讓大家有更多的選擇，有更多表達的自由。有了這些材料，在濃濃的團隊氛圍中，大家的作畫時間遠遠超過預計的 20 分鐘，一個小時過去了，一個小時十五分鐘過去了，還有一些人欲罷不能。剛開始作畫時還有一些竊竊私語，很快，教室裡變得非常安靜，安靜得聽得見彼此的呼吸聲。每個人都專注在自己的圖畫上，連抬頭看別人的時間都沒有。

色彩、線條和構圖不僅僅是遊戲，更是享受，更是成長。一開始大家中規中矩用筆來畫，再後來，用手指、用紙團畫。開始是那些清清淡淡的顏色，再後來，那些濃烈的色彩就鋪天蓋地了。先開始有學員把一大張紙摺了又摺，小心翼翼地在小的紙張上畫，再後來，那些小紙已經不夠他們表達了，有人換了最大的紙，酣暢淋漓地潑墨作畫……那些內在的感覺一旦被啟動，就有無限的創意湧出。一旦擁有自由的心靈，每個人都可以成為藝術家。相信讀者讀圖時，能夠感受到那些能量的流動。

在比較每個人畫的兩幅圖畫時，可以看到成長的不同類型和趨勢：有些學員仍然保持著第一幅畫中呈現的基本元素，只是發生了微妙變化，如老鼠仍是老鼠，只是內心變得更強大，花兒仍是花兒，但多了花兒的「心」。這代表著他們在強化已有的一些特質；有些學員仍在同一屬類中變換，但具體形態已發生變化，如蓮花變成了樹，向日葵花兒變成了向日葵樹，滄桑的

梅花變成了生機勃勃的小花。這種變化代表著他們生命中有某些方面在轉化；有些學員的變化非常大，用了不同的事物來代表不同階段的自己，如從蒼鷹到大海，從榕樹到熱氣球。這種變化代表著他們身上不同潛能被激發出來。

　　面朝大海，春暖花開。只有諮詢師敞開自己，才可以傾聽來訪者。所有學員的成長中，都變得更溫暖、更通順、更流動、更開放、更有安全感、更有安定感。這些不是心理諮詢中必考的內容，但沒有這些，無法做心理諮詢。在應試的壓力下，這些學員得到了真正的成長，這是一件多麼不容易的事情！只要引導得當，任何事情都可以成為成長的資源和契機。

第二篇

留下真情從頭說

——我們的故事

一、瞭解自己

從佛學到心理學（清涼月）

個人檔案與圖畫

清涼月，男，天秤座。

興趣愛好：旅行，上網，運動，看電視，交友……

讀過佛學，學過醫學，管理過寺院。本想終身侍佛，卻當了「逃兵」。日前正潛心研習心理學。優缺點突出。論性格，很急躁，做事雷厲風行，亦有追求完美之傾向。論脾氣，很倔，易衝動。論做人，從不違心做事，一向我行我素，不攀附權貴，自命清高。論做事，太過堅持原則，不懂迂迴圓融。論名利，雖不能完全放下，卻也並非追名逐利之輩。

 從單薄的太陽到庇護的大樹

第一幅畫

清涼月：「我畫了太陽，因為太陽是萬物生命之源。我希望用心理學的工具像陽光一樣普照別人。我自己是個單純的人，幾乎是個半透明人，所以我只畫了一個太陽。」

「我的經歷比較複雜：當過老師、學過醫、做過和尚。在當了18年的和尚後，2008年退出。因為當和尚也不是閒雲野鶴，不能想做什麼就做什麼，也有請假制度，我覺得不自由。」

「我最初想當和尚，是因為楚留香，覺得一襲白衣翩然而至，會武功、懂美食，很美。當然，後來出家，不單純是因為美學，另一個原因是因我出身在佛化家庭，從小受佛學影響，我自己又是脾氣暴躁，父親支持我出家。透過專業學習，我發現在各個宗教當中，佛教最高深。大家都知道西遊記中的唐僧

取經，可是誰知道唐僧還創造了一個唯實宗？在我看來，唯實宗就是一個專業的心理學學說，只是它太難懂了，所以沒有人把它和心理學聯繫起來。當然，現在有內觀等把心理學和佛學結合在一起的做法，以前沒有。在當和尚時，心理學也很重要，常有人來對我說到家裡的事情什麼的，我需要做勸導工作。所以不當和尚後，我就想來學心理學，繼續充實專業知識，另外也解決一下生存問題。」

清涼月同學後來在他的手記中寫道：

我的畫：笑臉樣擬人化的太陽，畫在整個版面的中央（之所以畫在中央，因為我決定只畫太陽，畫在中間比較協調），周圍並無其他呼應物。我當時的解釋是：地球上所有生命都離不開太陽的陽光與溫暖，太陽是一切生物的生命之源；笑著的太陽，反映此時此地的心情；周圍沒有呼應物，是自己脫離僧團回到社會上，一切對我而言都是陌生的，猶如一片空白。

我後來分析：首先，我把太陽畫在正中央，是否是自我中心的表現？太陽是一張笑著的人臉，是否是潛意識裡「面具」的投射？其次，太陽周邊沒有呼應物，是否是人際交往出了問題，自己很孤獨？

第二幅畫

清涼月：「我的第二幅畫叫『在一起』。我覺得那棵大樹就是心理學。我印象特別深刻的是那次我們在戶外的活動。我畫了 21 個人，是我們整個團隊。我還畫了很多點綴物，都是偶數，象徵著不孤單。還有一條路，代表著心理學的路。本來我想畫得更寬一些，但我覺得自己的能量還不夠。在未來的路上，我們這個團隊會在一起。和第一幅畫的太陽相比，我覺得自己畫得更豐滿了。」

確實，和第一幅畫中單薄的太陽相比，在第二幅畫中，構圖更豐富、更豐滿了。大樹右邊的樹冠更大，像是要給樹下那些手拉手的人們遮蔭避雨，是典型的滋養型、庇護型大樹。整個畫面充滿了生氣：畫面上方有兩個人坐在石凳上，畫面右下方有兩個人坐在亭子間。有路通向遠方，有河流向

遠方（在路的右邊）。近處有樹，遠處有人有林、有山有水，天空中有太陽、小鳥，是非常人間的場景。第一幅畫中的太陽，成為第二幅畫中的元素之一。而這幅畫的太陽，顯然更有溫暖感、力量感。

從佛學到心理學（清涼月）

學心理學，純屬巧合。自 2008 年離寺，至 2009 年年底抵滬，歷時一年又半載。期間，看奧運直播、遊歷山水，無憂無慮。俗語有云，人無遠慮，必有近憂。輕鬆愜意後，開始焦慮。焦慮未來的路該如何走，思來想去，權

衡再三，欲從事心理諮詢行業。畢竟十餘年學佛生涯，類似於從事諮詢行業。我於 2009 年年底來到華東師範大學接受心理諮詢師國家二級資格考試培訓。

培訓課程既有理論學習，也有實習操作。尤其是實習第一節課和最後一節課的圖畫，不論在形式和內容上，我都感覺到明顯的差異。有時我在想，短短幾個月時間的心理學研習，怎會有如此改變？原本孤立無援的「太陽」，變成豐富的「在一起」。也許是心理學充實了心理能量，促己內省吧！

心理學是強調內省的，無論諮詢師，抑或來訪者。諮詢師需不斷被諮詢和督導，不斷內省和觀照，不斷完善自己，補充心理能量。來訪者亦然，需在諮詢師之陪伴和引導下，開始自我內省與觀照，獨立成長。佛教難道不強調內省嗎？不，內省和觀照，乃佛教最重要之修行武器，只是被我遺忘罷了。結合佛教和心理學，透過對兩幅畫的重新解讀，我對一年半以來的心路歷程做一總結和梳理。

（一）從僧返俗

2008 年春節後，我 36 歲。各項工作有條不紊地展開。可是不知為何，總會因些瑣事生惱，有時甚至大動肝火。尤其是兩件事，徹底攪動我的心，使我下定決心——還俗。

在市佛教協會換屆中，某些人與事令我生厭。在某次人事變動中，我成功「被當選」為副會長。不久，我便辭去副會長一職，只求專心做助人之實事。發心本單純，卻被別有用心之人四處傳播，說我因未當選會長而辭職。徒喚奈何！只得感嘆「知我者謂我心憂，不知我者謂我何求」。

若換屆之事，算作引線，此後一事，便是炸藥包。

春節後，我張羅著籌建慈善中醫門診一事。慈善中醫門診，由我提議、

方丈同意、政府免費提供場地，主要對象乃低收入人群，診斷和藥物（純中藥）全免費。籌備工作由我負責。對於做慈善，我向來熱衷和不遺餘力。盡心盡力助人，乃家教傳統，亦為僧人本份。

裝修伊始，便遇困難。請一家私營公司，做好方案和預算，傳真給方丈。苦等半月，不見回音。我囑再傳一次，再等半月，仍無音訊。區委區府很重視，隔三差五電話催問，我便只得搪塞。一邊很熱，一邊很冷。這讓我胸中有一團怒火，不便發作。依照我的個性和做人原則，我是不會主動電詢的。當然，我的個性有問題，做人也有缺陷。

經此二事，感覺很累。這些年，成日裡為著些柴米油鹽之瑣事接待應酬，耗盡心力。經再三思量，決定還俗。回頭看，所謂再三思量，實乃外在事件之刺激，心生煩惱。受煩惱心之驅使，失去內省與觀照之能力，做出不理智之決定。

下面，我將從佛學和心理學之角度，還原當初心理過程。

（二）彼時之心

以佛學之角度分析，彼時之心，已被妄想、執著所控制。人心一旦被妄想和執著所控，被貪嗔癡等毒所害，必失理智。當時，我一味抱怨環境對自己如何不利，總以為乃紛紛擾擾之瑣事使我不悅，令我煩惱。回頭看，實乃自心被攪動。譬如慈善中醫門診裝修一事，若非心太急，攪動平靜心，亦不至心生煩惱。因此類事件，與法師以往合作時已有先例。譬如佛協換屆一事，若「助人」之妄想心不動，拒絕再堅決些，也絕不會捲入紛爭之中；若於名利得失看得再淡些，也不至如此計較，以致心生煩惱。

自幼，我便胸無大志。即便出家，也全無成佛作祖、普濟群生之弘願。初出家時之理想——做一閒雲野鶴、四海為家、隨緣助人之雲水僧。此時與

理想漸行漸遠。回想於文殊院做行者時，於雞足山修廟期間，於醫學院和佛學院學習中，並無過多助人之傾向與想法，只在有人需要時給予幫助。並無長遠規劃和遠大理想，只做好當日工作，做好當下的事。從不計較得失，不分別好壞，更不想著成佛做祖、兼濟天下。那些年，心常平靜。偶被攪動，亦旋即恢復。那些年，我過得充實、快樂。

隨著歲月流逝，年齡增長，職位變換，人心亦隨之而變。變得有助人之想法，有慈善事業之規劃，有所謂人生之追求。這原本並非壞事，若無強烈願望和分別心作祟。本著隨緣之原則，以平常心順其自然地去做便是。事情做成，心亦不被攪動，兩全其美。

有時我想，若當初我「執」再淡些，別將自己看得太重。可辭去所有職務，去任何一所喜歡的寺院，做一普通雲水僧，不至於還俗。換言之，當時外在事件之影響，不過是外緣。真正內因，乃我執，將自己看得太重，放不下面子。當初我卻將內因與外緣顛倒，錯認外緣為內因，頗似心理學中認知學派之認知曲解，想來真是慚愧。

從心理學角度分析，當時內心偶有莫名恐慌，覺得人生已過半，總希望做些有意義的事。做事時有緊迫感，因而變得急切。有時也恐慌於整日裡為瑣事而忙，荒廢了道業。所有吃住用穿均為信徒供養，若不能了脫生死，將欠下鉅額「因果債」（實則，做事即為修行，而我被「做事妨礙修行」之錯誤認知所矇蔽）。當時亦有人生意義、價值之思考，頗似「中年危機」。

關於中年危機，李子勳認為：「人到中年，開始清醒地認識到死亡的存在與不可迴避性，死亡意識把一切生活與追求變得無意義，並激發了一種強烈的內在焦慮與恐慌。中年人的自我感、生命的信任、價值信念會產生一些瓦解，為了逃離這種無意義感，人們會以完全不同的價值方式去生活。如此看來，中年危機其實是來源於一種信仰危機，過去我們信賴自己，或者信

賴自己追求的東西，現在則需要更大的情懷來容納死亡並繼續我們的人生目的。宗教信仰可能是解決中年危機最好的途徑，當生命屬於更大的團體，我們就不再那麼害怕死亡。除此之外，專注某種偉大事業和及時行樂也是人們逃避死亡感覺的方法之一。」

誠然，「死亡意識」令我恐慌，有緊迫感；「死亡意識」亦瓦解我之「自我感」及「生命的信任、價值信念」。「為了逃離這種無意義感」，我選擇做慈善事業——慈善中醫門診，並欲籌創一佛教慈善基金會。不幸的是，在「強烈的內在焦慮與恐慌中」，慈善中醫診所裝修受阻，使「無意義感」加重。原本解決危機之最好途徑——宗教信仰，卻被我荒廢。依佛教，只需靜心內省和觀照。內省誰在恐慌，觀照恐慌之感覺，問題便迎刃而解。我卻將外在干擾之外緣，認作內因，顛倒是非，歪曲認知。內心豈有不動之理？心動則煩惱豈有不生之理？

頗為有趣的是，無論佛學抑或心理學，對「中年危機」之看法類似，頗似「想多了」。處理中年危機亦有類似之處。心理學講接受，接受陰影，接受不完美，接受人將死之事實；佛學則講看破、放下，保持一顆平常心。

在心理學之學習過程中，我會自覺不自覺地將佛教與心理學進行比較，有些現象頗為有趣。比如：佛教與心理學都講自我實現，實現途徑卻完全相反。馬斯洛之五種需要理論，乃生理、安全、歸屬與愛、自尊、自我實現等逐級實現，以進化論為基礎，分為匱乏性需要與成長性需要。

所謂匱乏性需要，乃生存生活所必需，多為物質和生物本能；成長性需要，多為精神需要。呈階梯狀逐級晉升。這頗似做加法。然佛教之自我實現——成佛，需於斷我執、法執、斷妄想雜念之基礎上實現（佛教認為眾生皆有如來智慧德性，只因「妄想」、「執著」不能證得），這頗似做減法。

無論心理學之「加法」，抑或佛教之「減法」，最終目的乃「自我實現」。

有人喜歡心理學之「加法」，經不斷學習提升昇華等完善自我、自我實現。有人喜歡佛教之「減法」，經不斷斷除分別執著妄想雜念之方法和途徑來完善自我、自我實現。有趣的是，我之人生經歷，既有佛教之「減法」，又有心理學之「加法」。因不同時期之需要而做不同選擇。

我到底為怎樣的人？又經歷過怎樣的「減法」和「加法」的故事？且聽我慢慢道來。

（三）青春期困惑

我之人生經歷，既簡單，又與眾不同。聯考以前，與常人經歷無異。青春期叛逆與自我同一性尚未建立時之困惑與徬徨，我均有。較特別的，乃我於生死問題之感悟和困惑。聯考後不久，出家為僧，踏入空門。使人生變得有趣、充實、快樂、與眾不同。

青春期之困惑，常人都會遇到，所困惑之問題及程度皆有差別。然我之青春期，除人生意義一類之大眾化困擾外，最困擾我的當屬煩惱和生死之困惑。

人為何會有煩惱？或許當時正面臨成長之煩惱吧！比如：為自己長得不夠高不夠帥氣，沒有女生在意而煩惱；為競選班幹部失敗而煩惱；為成績總也是無法跟上「尖子生（優等生）」而煩惱；為與同桌女生發生摩擦而煩惱……直到接觸到佛學，才慢慢地有些明白。

人為何會有生與死？深究此困惑之根源，大概得追溯至四歲時曾祖母去世。那是我關於死亡記憶之開始。沐浴、更衣、入殮、出殯，整個過程均有印象。那時我很驚訝，原來人會死。此後幾年間，相繼經歷過同齡夥伴夭折、鄰居老伯去世、老師被炸身亡、爺爺辭世、外婆西歸……每每遇到死亡事件，我的心總會莫名的難過，為生命的逝去惋惜，為生命的無常感慨。從

那時起，「緣何而生、為何會死」之問題始終困擾著我。

（四）削髮為僧

1. 初結佛緣

我與佛教之緣分，源於父母。八十年代中期，父母相繼皈依佛門。父母常往寺院參加各種法會，亦帶些如《覺海慈航》、《正信的佛教》、《了凡四訓》、《佛教三世因果文》等佛教書刊，有時亦請一師父（常法師）至家中。我便有親近法師之機會，對佛教亦多了些瞭解，產生了濃厚興趣。

不久，我便皈依佛教。高三前，每至暑假，我便去寺院小住，過著僧侶般生活。寺院地處偏僻，甚是清淨。方便時，我便向常法師請教煩惱與生死問題。從常法師那裡，知道「四諦」、「六道輪迴」和「十法界圖」等佛教基本概念。法師講得興致盎然，我聽得懵懵懂懂，卻部分解決困惑已久之煩惱、生死問題。

2. 出家緣起

落榜後，雖談不上痛苦，卻有些失落。畢竟在當時，上大學被視為開啟理想人生道路之金鑰匙。常法師（皈依師父）知我落榜，便託人帶話，約我去寺院小住，當作散心。我欣然應允。上山前，我約了幾個同伴與我同行，共兩男兩女，一同前往寺院。

那些天，我們一起談過去、談將來、講佛法、聊人生。某夜，皓月當空，雲淡風輕。我們在寺前院落裡納涼、賞月、談天，談及將來之發展。常法師勸我們出家，並分享其學佛之經歷與收穫。談到佛教如何需要青年僧才，談

到佛法如何令我們長智慧、斷煩惱、出輪迴、了生死……法師滔滔不絕，我們如癡如醉。那一夜，我們無眠。

一個月後，我們相約前往成都。我與另一男孩，在文殊院發心出家。而兩位女孩去了成都轄區某縣一所著名的女眾寺院。

3. 削髮為僧

從俗人到僧人，大致經歷了行者(1)、沙彌等階段。

我的行者生涯是短暫而豐富的。行者期間，每日生活起居大致是：早上四點，打第一遍板，便起床洗漱，洗漱畢開始背誦早晚五堂功課(2)；背誦畢，繞寺一周，給佛菩薩像上香、禮拜；近五點時前往禪堂集中，與大眾一起排班至大殿做早課。早課後用早餐，七點左右結束；稍事休息，八點開工；素菜館九點開工；一般崗位晚上五點準時下班，下班後開始晚餐，晚上六點晚課，晚上七點半至八點半禪堂坐禪，晚上九點開始止靜。

起初，我在寺院苗圃工作。半月後，被抽調至茶園工作。從早到晚，提著茶壺，在方圓五十米的範圍內不停巡遊，有需要續水的，斟滿後繼續巡遊。

自幼我便喜歡觀察，尤其是對人。在這裡，每人之神態、動作、表情、性格各不相同。朋友間海闊天空地神侃；情侶間竊竊私語；夫妻間為雞毛蒜皮小事爭得面紅耳赤；商人間簽合同（合約）時的笑顏逐開，頗為有趣。在這裡，我體會到，無論身體多累，若心不起波瀾，不生煩惱、便是幸福的、快樂的、開心的。

在這裡，對趙州禪師那句名言——「吃茶去」——有所體悟。吃茶，乃一種自然、閒適、恬淡、隨緣、不造作、不執著之人生態度。持此態度，便是修行。

　　三個月後，我被選為方丈的侍者，侍奉方丈的飲食起居。方丈，後來的剃度恩師——寬霖長老年輕時曾遊歷名山大川，先後問學於太虛、倓虛等大德，飽參博學。恩師天資聰穎，記憶驚人，風趣幽默，尤擅觀機逗教。在恩師身邊，我學到些道理。獲益最多者，乃恩師將生活與佛法相聯繫之教育方式。一日，恩師閱報，見一則某地貪官被判刑之新聞，邊看邊笑，說此官員應修不淨觀。見我侍立一旁，便問：多貪眾生修不淨觀，你可知多瞋、多癡又該修何觀？我笑笑，答不上來。多瞋眾生修慈悲觀，多癡眾生修因緣觀，恩師說，此乃佛陀因病予藥，對機施教。

　　從恩師身上，我對「平常心是道」有一些領會，對佛法與生活之關係，也有一些理解。佛於生活中悟道，道亦由生活而體悟。學佛即學做人，正如太虛大師所說「仰止唯佛陀，完成在人格，人成即佛成，是名真現實」。人格完善，即成佛矣。此與心理學之完滿人格、自我實現類似。

　　經半年多考驗，及剃度前考核，禮寬霖長老為師，剃度出家，成為沙彌(3)。徵得恩師支持、寺院同意，我前往白馬寺受戒。受戒歸來，離開文殊院，並與廣法師相約於雲南賓川雞足山見面，欲同往廈門就讀佛學院。誰也不曾想，小小插曲，卻成我人生主旋律之重要組成部分。

---

(1) 行者，梵語（yogin）的意譯。又稱行人，修行人。在寺院服雜役尚未剃髮的出家者。

(2) 五堂功課，乃出家人早晚誦經必誦之內容。包括：楞嚴咒、十小咒；佛說阿彌陀經；大懺悔文；蒙山施食；二時臨齋儀。

(3) 沙彌：梵音 sr　manera，中文意為「息惡行慈」，即止息世染之情，慈濟群生之意。

（五）從文殊院到雞足山

　　雞足山雄踞於雲貴高原滇西北賓川縣境內西北隅，西與大理、洱源毗鄰，北與鶴慶相連，因其山勢頂聳西北，尾迆東南，前列三支，後伸一嶺，形似雞足而得名。雞足山成為佛教名山，於佛教界有著舉足輕重之地位，乃因迦葉⑴尊者。據傳，釋迦佛入滅前，將袈裟傳於迦葉尊者，囑託其守護袈裟，直至彌勒菩薩成佛時轉交與彌勒佛。華首門，即尊者守衣入定之地。

1. 雞足山那些人、那些事

　　雨季中，我如約與廣慧在雞足山見面。我與廣慧欲離開雞足山之前夜，宏道問我可否留下？我想，其他僧侶可不辭辛苦，我為何不能？決定留下。一住便是兩年，直至迦葉殿竣工後離開。

　　當時條件十分艱苦，因交通不便，諸如攪拌機、水泥車等大型施工機械無法運抵現場。從攪拌到澆鑄，全為手工作業。每至主體工程澆鑄時，除古建公司員工外，寺院人員都得參加，戲稱「突擊戰」。

　　「突擊戰」時，我們忍著飢餓，做重體力的工作。說也奇妙，越想著「我餓了」、「我好餓」，飢餓感會愈來愈強烈；不理睬它，隨它去，飢餓感反而逐漸減輕甚至消失。我知此乃心理作用。有時會想，所謂「精神食糧」，難道「精神」真的可以充當「食糧」？挺有趣的「妄想」。

　　在大理州，白族為主要民族，主要信仰為佛教。雞足山，漢藏佛教於此交匯，在白族人心中地位崇高，是聖山。平日裡忙於工作，很少上山。春節裡，便上山燒香拜佛，許願祈禱。遊客在天黑前選擇沿途寺院或小旅店住下，翌日凌晨再啟程前往金頂看日出。迦葉殿地處半山腰，亦臨時搭些床舖供遊客住宿，有時亦免費接待些無力支付食宿費的遊客。那時，有一對父子

的故事，至今我都記憶猶新。

除夕前兩日，孩子強烈要求春節朝拜雞足山。父親慈愛，不忍令孩子失望。可是經濟困難，沒錢坐車。便準備些乾糧，沿著山路徒步往雞足山朝拜。餓了，吃些乾糧；渴了，喝點山泉。天黑借宿村民家，天亮繼續啟程。走到雞足山下便已天黑，想在沿途寺院和小旅店免費借宿，均遭拒。無奈，只得繼續攀登。原想直到金頂，等看日出。爬至迦葉殿，孩子因飢寒交迫，嚴重體力透支，無法堅持，只得敲響迦葉殿大門。

聽完他們的述說，我內心酸楚。讚嘆父親之慈愛，更心疼孩子之艱辛。等父子倆吃飽，我將自己床舖舖到廚房給父子倆休息（客房已爆滿）。我與廣福湊了點錢給父子，讓他們坐車回家，別再讓孩子受苦。

我在想，信仰之力量如此強大，可使我們忘卻軀體之苦與痛，去追求精神之純淨與快樂。父親有慈愛，孩子成人後一定很堅強、堅韌、果敢，充滿愛心和力量。沿途小旅店拒絕免費借宿，尚可理解；沿途幾家寺院，為何不行個方便？我相信他們沒床位，沒辦法。但再想想，他們真的沒辦法了嗎？不盡然。只要稍作思量，便可以想出很多方法。比如在廚房生盆火，讓他們在火堆旁打打盹，歇息歇息，也會令其備感溫馨。這讓我對「慈悲」有了更深的理解。「慈悲」，二字均以「心」為基礎，有時多用點心便是慈悲，便可助人。

2. 雞足山之苦樂得失

那兩年，是我人生中最充實、最少慾知足、最快樂的兩年。那兩年，發心單純，想法簡單。既無遠大理想，也不做長遠規劃。既不追求物質之享受，亦不執著於精神享受。只努力做好當天的事，做好當下的事。活在當下，遠離貪嗔癡之毒害，遠離諸多慾求與妄想，能不快樂？

雞足山的兩年，體會至深者，便是「安貧樂道」。雖尚未做到「無慾無求」，卻也能體會些「少慾知足」之快樂。佛教認為，慾望，乃人類痛苦之根源。物質慾求愈少，心向外馳求的力度便會降低，煩惱痛苦便會減少。正如俗語「窮開心」。物質方面，我們很「窮」，精神方面卻很「開心」。現代心理學之研究證明，人的幸福指數，與財富無明顯正相關，便是佐證。

雞足山的兩年，最享受的，便是聞松濤、賞明月、聽古樂、品茗茶。我喜歡雞足山的旱季，尤其是喜歡那旱季裡的月夜。在月夜裡，我們齊聚在茅棚(2)外空曠處。擺一張八仙桌，帶上雙卡答錄機。播放著諸如《高山流水》、《梅花三弄》、《漢宮秋月》、《陽春白雪》、《漁樵問答》、《廣陵散》、《平沙落雁》、《十面埋伏》等經典名曲。準備幾瓶開水，根據喜好，各泡一杯茶，有些瓜子、花生做茶點。樂曲時而淒婉，時而明快。流淌的音樂會攪了倦鳥的美夢，撲騰著翅膀，以示抗議。山谷裡的松濤聲，忽而洶湧澎湃，忽而悄無聲息。月如銀盤，月光傾瀉而下，能清晰地看到重巒疊嶂，群山綿亙。內心之愉悅，精神之享受，無以言表！此時，你認為享受跟物質有關嗎？古語有云，知足常樂！心懷感恩與知足，條件再艱苦，身體再辛勞，亦不妨礙對美的欣賞與對快樂的享受。我想，這種美對於心理疾患，也有療癒功能吧！

---

(1) 迦葉，梵文 Kā/syapa，迦葉波，迦攝波之略。譯曰飲光。謂其身光最勝，飲服諸天，故名。又有飲光尊者之稱。釋迦佛十大弟子之首。傳佛心印，為印度禪宗初祖。傳至菩提達摩為二十八祖。菩提達摩將禪宗傳至中國，被尊為中國禪宗初祖。輾轉傳至六祖慧能。

(2) 茅棚離迦葉殿約一華里。因地處僻靜，常人不易發覺。蓋一棟茅棚，供閉關等專修之用。茅棚乃迦葉殿聽松濤最佳之去處。

（六）學醫感悟

　　得紐西蘭華裔信徒鄔先生鼎力贊助，經成人高考，我考取雲南一所醫學院，學習臨床醫學。透過學習，我掌握了一些理論知識。給予我幫助最大者，乃學習過程中的一些感悟。

　　大二，我患得風濕性心臟瓣膜病（下稱風心病）。我之風心病，乃自我診斷。我有風濕病史。拒不檢查，原因複雜。最關鍵者，是對確診之恐懼。確診，將終身與風心病為伴；確診，隨時受死亡威脅之折磨。於是防禦機制啟動，否認罹病事實。病痛並無大礙，精神壓力才最折磨。二十出頭，風華正茂，生命力最旺盛時期，就要面對死亡，內心之絕望與挫折感不言而喻。對於死亡，人類是恐懼的，那是對死後未知之恐懼。我亦不例外，儘管我已出家為僧。那些日子，全世界的色調為灰色（包括天空）。事實上，雲南大理的天空，從來都是以藍色為主。

　　這期間，除醫學學習外，也看些佛教書籍。經過一段否認、恐懼、抗拒之痛苦折磨後，漸漸地，心開始平靜。真正看透生死，是實習期間。這便是學醫對我最大的幫助。醫院，是生、老、病、死各類故事之集散地。

　　曾有一位患者，為一長者，高血壓性心臟病，因心臟不適入院。一日，打好點滴，老人開始吃早點。突聞幾聲咳嗽聲，老人被嗆得難受，呼吸困難。十幾秒後，臉色青紫，呼吸異常困難，逐漸微弱。我們立即展開急救，做胸外心臟按壓。搶救近半小時，終究無力回天。這個死亡案例，讓我真真切切地體會到《四十二章經》中所說，生命在呼吸間。

　　生命瞬間逝去，對我的心理衝擊可以想像。無論你貴賤、貧富、老幼、男女、美醜，死亡面前一切平等。生命短暫，人生無常。我們不必恐懼死亡，不必為死亡焦慮。但要珍惜生命，關愛生命。正如教授指導老師嚴文華先生所強調：做為諮詢師，要關注到來訪者的生命層面，像樹幹和樹根。不能僅

於感受情緒層面的功夫，那是樹枝和樹葉，不能根本性解決問題。無論佛學界，醫學界，抑或心理學界，我想都應關注生命層面的心理問題吧！

（七）勤習佛學與寺院管理

醫學院畢業後，我於廣東、上海佛學院系統學習佛學，為日後修行和寺院管理打下些理論基礎。研究生尚未畢業，受邀前往珠海某寺參與管理。此後，輾轉於上海、成都、佛山、江門等地參與管理。

在起初管理工作中，我個性缺陷逐漸顯現，常因些重要事件而焦慮、急躁、暴怒。人際關係也變得緊張。我便靜心觀照：焦躁、發怒者是誰？漸漸地，有些起色。以往總在發怒後追悔，經觀照，便可在發怒時察覺。再後來，欲發怒時便有察覺。雖有察覺，然有時能控、有時卻不能。佛教講：煩惱易斷，習氣難除。煩惱與習氣之關係，譬如酒與酒氣，將酒於酒杯中倒出，輕而易舉。然酒杯中酒氣散盡，卻需很久。修行亦然，道理易懂，做到卻難。需反覆修正，方有斬獲。

己雖未悟，卻不違佛教自渡渡人之原則。平日裡引導信眾共修。亦常有信眾前來諮詢，關涉家庭糾紛、日常瑣事、健康醫藥、修行困惑等。其中，不乏心理疾患者。其中，有一中年婦女，因疑被外力（鬼）所控，前來諮詢。我以佛教之六道輪迴等理論答疑解惑，建議持誦《地藏經》消除業障，化解冤仇。起初尚有些效果，然療效不能持續，未幾再犯。雖不懂心理學，但據所學醫學判斷，疑似精神分裂症。建議看精神科醫生，後確診為精神分裂症。因就診及時，經系統治療，恢復良好。後特拜謝，感恩不已。

管理經驗日漸豐富後，我工作亦得心應手。然整日裡忙些瑣事，應酬也日漸增多，內心觀照漸漸變少。佛教內有句順口溜：學佛之初，成佛有餘；學佛一年，佛在大殿；學佛三年，佛在西天。說得便是學佛日久，心生懈怠。

漸漸地，道心退惰，煩惱心生。加之信眾不斷前來諮詢，「心理垃圾」與日俱增，心理能量耗盡。稍遇挫折，則煩惱心生。終於，在諸多因素之干擾下，從僧返俗……

（八）回望

　　回首往事，不禁唏噓感嘆。幾個月心理學的學習，使我心裡又充滿能量，讓我找回了迷失的自我。對整個心路歷程的整理，就像一次自我精神分析。從落榜到出家；從行者到比丘；從文殊院到雞足山；從醫學院到佛學院；從寺院管理到還俗……曾經的安貧樂道、知足常樂、活在當下、少分別計較、少妄想雜念，後來漸漸地失去平常心、多了些希冀、多了些貪求和想法。心漸漸迷失方向，偏離佛道。如今，我豁然開朗。勇於面對那段不堪回首的歲月，接納了迷失和過錯。此乃心理充滿能量之表現，亦是進步、成長、承擔，如同我畫中的大樹。

　　我認為在某種意義上，以解決心理問題和困惑之角度講，心理學是「術」。乃方法和途徑，可暫時解決當下問題，有些甚至是與問題同在。佛教是「道」，可解決根本問題。無論心理學之「術」，抑或佛教之「道」，都可解人生之困惑、心理之問題。完滿人格，自我實現。有人適合心理學之「術」，有人更喜歡佛教之「道」，這並不妨礙各自發揮所長。佛教之「道」可給心理學之「術」提供靈感和力量，心理學之「術」可給佛教之「道」的實踐和落實提供幫助。我便是藉心理學之「術」，促使自己內省與觀照，找到問題所在。問題找到，解決不難，此乃諸多諮詢師所強調。

　　感謝心理學，感恩指導老師。是她努力用心帶著我們不斷前行，是她不停地鼓勵，給了我們繼續走下去的動力和支持。我不確定我在心理學的道

路上能走多遠，我能確定我將繼續走下去。無論何種形式，何種身分。或許哪天我又以心理諮詢師的身分回到熟悉的僧團，又或許以僧人的身分出現在心理諮詢行業。一切皆有可能！誰說不是呢？

敲響生命之鐘（嚴文華）

讀完清涼月此文，唏噓不已。我不知道他有這麼多故事。只是記得他在實習小組第一次畫畫時，畫了一個有些蒼白的太陽，毫不忌諱地談起自己從僧侶到醫學再到心理學的道路。我的班上會有各種學員，但僧侶學員，而且是做過管理層的僧侶，是第一次相遇。

清涼月走的道路是佛學、醫學和心理學共同修行的道路，底子是佛學。他的這條路非常獨特。文中處處可見他對佛學道義的理解、實踐和體會。他的那些安貧樂道、賞月聽松、潛心做事，都是在修通自我。我沒有見過數年前的清涼月，但我相信，他比數年前成長了很多，因為所有這些經歷的事情都在幫助他做功課。他的自省觀照力也非常強，勇於做深入的剖析，勇於剖白自己的不足。

他最後的總結是佛學為道、心理學為術，我想醫學也是他的術吧！在學習過程中他曾感嘆道：「心理學非常注重具體的方法，而佛學雖然精深博大，但由於方法不具體，所以有些方面藉心理學的方法反而更方便。但其實有些方面是相通的。」我相信他所言有理。

清涼月曾提及一個心願：把佛學、心理學和養生醫學結合在一起，在寺廟裡開設心理修練的工作坊。祝福他的心願能夠實現，相信參加者會受益匪淺。不論他的身分是僧人還是心理諮詢師，他都一樣可以做自我成長和幫助他人的工作。兩者的結合會讓他助人的能量更大，會讓他的生命更有深度。

　　其實，當每個人的心靈信任地敞開時，生命就會有深度。只是快節奏的生活，讓太多的人沒有機會看到別人生命中那些山川、松濤和太陽。

　　每次案例評論時，他都能說出一些比較獨到的話，那些話充滿著溫暖和智慧。現在知道，因為有生活的積澱，所以那些話後面都是有故事的。

　　印象最深的是我們關於寺廟鐘聲的共鳴。不知怎麼提起寺廟的鐘聲。我說自己特別喜歡聽寺廟的鐘聲。曾有機會在寺廟小住，最喜歡的是聽晨鐘和暮鐘，儘管為了聽鐘聲，早上四點就要爬起來。但我真的很享受全身心浸淫在鐘聲中，每一下鐘聲似乎都在喚醒自己內心的力量。他說自己也喜歡鐘聲，而且發現鐘聲有心理治療作用。

　　他講了一個故事：

　　「有一天晚上，我去關寺廟的門，發現外面坐了一個人。一開始時嚇一跳，後來那個人主動跟我打招呼：『我想坐在這兒聽聽鐘聲。我已經連續來好幾天了。』看到他的菸頭在黑暗中一明一滅，我猜他坐在這裡是有原因的。因為這裡離最近的村莊也有一段距離。不會有人沒事跑到這裡來的。我有些擔心，就問他為什麼到這裡來。他說：『我心情很不好。聽聽鐘聲心裡感覺舒服多了。』我坐下來，陪他一起聽鐘聲。慢慢地，他講了自己的故事：

　　「『我剛從監獄出來，我是替朋友頂罪進去的。他開車撞了人，為了哥兒們義氣，我替他坐了五年牢。他承諾在我入獄期間，照顧好我的妻兒，但是等我從監獄出來，才知道他什麼承諾都沒有兌現！五年來，只去過我們家一次！老婆怕我難過，我在監獄裡時，什麼都不敢告訴我。我出獄後知道這一切，心裡很難過。可是他在我出獄後對我非常熱情，還給了我一間汽車修理舖，準備連產權都過戶給我。我嚥不下這口氣。五年來對我妻兒不聞不問，等我出來又大獻殷勤。有時非常氣憤，想報復他。這幾天還時時刻刻在想怎樣報復他。我今天去街市上看了刀。但是，我心裡真的牽掛老婆和孩子

啊！我真的再進去了，她們更受苦了！心裡又不忍……我的心像被放在火裡煎熬一樣……只有聽到這鐘聲，才會讓我的心不那麼難過。」我在那裡靜靜地聽他說，靜靜地陪他聽鐘聲，也把我的看法跟他說。那時沒有學心理學，但無意中也用到了共感，用到了理性情緒療法和其他認知療法，當然也用了佛法。一連幾個晚上他都來聽鐘聲，都會等我說話。」

「後來怎麼樣呢？」我很想知道。

「他決定接受那間汽車修理舖，好好地過日子了。」

那些向善的力量，真的可以在任何地方表現出來。那些鐘聲、那些鐘聲中的話，會改變一個人的命運。

後來，清涼月幫我錄製了寺廟的鐘聲，並且向我解釋 108 下敲鐘的規律：緊 18，慢 18。因為每一次敲鐘唸經的內容都不同。在我們小組最後結束的活動時，用這些鐘聲做背景，我送給所有的組員一段「開啟」冥想。

人生的方向在任何地方都可能被開啟。只要在心裡有一盞明燈，任何事物都可能開啟我們的潛能、開啟我們的善能、開啟我們生命的輝煌。

重歸佛學

2013 年 1 月，我和清涼月當年一同學習心理諮詢的其他四位同學及家人，一行九人，到雲南雞足山去看清涼月。他在雞足山上的一座寺廟做住持有一段時間了，一直邀請大家去他那裡。大家也很想他，反覆籌畫後，終於商議好結伴一同去看他。對於有工作的人來說，能夠安排整整一個星期的假期集體前往雲南，實屬不易。臨行前我問同學到了那裡有什麼具體的計畫和安排，同學們都說不出來，我有些焦慮。「清涼月說他來安排」，負責組織的同學讓我放心。

　　出了機場麗江機場，一眼看到身穿僧衣的清涼月，親切熟悉，也有些陌生——我們第一次見到穿僧衣的清涼月，本來想好的擁抱也硬生生地被憋了回去，握手也顯得有些生疏。雖然早已知道他當下的身份，但一時間仍不知道該如何與同學加住持的他相處，有些略略的尷尬。上了車說了一會兒話後，我們發現原來的清涼月仍然在那裡，心不知不覺放鬆下來。整個車廂開始熱鬧起來。我們得知，他驅車 4、5 個小時，前來接我們。因山路崎嶇，開車需要精力特別集中，所以他一路上不敢進食，怕吃了東西犯睏，一直快到機場了，才去吃了點東西。

　　接下來的一個星期全部交給清涼月來安排。開始我一直不安，覺得他堂堂一個住持來做我們的司機兼導遊，會與他的身份不符，而且這些凡人瑣事也不是他喜歡做的事情。但一路走下來，發現他是真心願意讓大家玩得開心。他也很掂記其他一起上過課的同學，不時問起某個人的近況。看得出，他是把做每一件事情都看作修行。在出世和入世的尺度上，他把握得很好。他有勇氣來面對塵世的這些事情，但同時也不荒廢在精神世界裡對佛法的追求。

　　一路上清涼月和我們談他對未來的一些設想，他想做的一些事情，他所嘗試的心理學與佛學的結合。而在一言一行之中，他不知不覺地影響著所有人：他吃素，我們基本上都跟著他吃素，他卻每餐細心地問小朋友想吃什麼，要不要點幾道葷菜？剛開始吃飯時，飯菜剛一上來時，一桌人風捲殘雲，頭幾道菜眨眼間就沒有了。除了他，剛開始上菜時他基本不怎麼動筷子，等大家都差不多放筷子了，他開始行動，他上陣之後，餐桌上基本所有的素菜就全部解決了，不，用解決這個詞還不夠準確，應該說是乾乾淨淨了——他會連菜湯也用來泡飯吃掉。我們以為他沒有吃飽，一疊聲地讓餐廳再上些米飯、再加菜，他卻連連擺手：「我把這些吃完就很飽了，我什麼都不

用加了。要不是怕浪費，最後這一碗我可以不吃的。」他沒有多說什麼，但接下來我們每一餐都是「光碟」——點餐時大家就非常注意，相互提醒不要點多。讓餐廳加米飯時都先問好每個人還需要多少再加，而不是讓餐廳直接再上一大碗。清涼月沒有多說什麼，只是用他的行動影響著我們，而我們全部都被影響了。

上到雞足山上，清涼月有回家的自豪感。他給我們介紹沿途的每一處景物，說起來都是那麼自豪。到了寺廟後，我們像是到家了。我們自己動手做飯，孩子們爭著去灶台處燒火。第二天淩晨六點我們爬起來，因為清涼月要敲晨鐘給我們聽。山裡的空氣是寒涼透骨的，清涼月抱了一堆衣服給我們。他穿了嶄新的袈裟來敲鐘。聽了他敲鐘，我們才知道鐘要一邊敲一邊念，他清亮的聲音響徹殿堂，和平時說話的聲音不一樣。後來他解釋說這是梵唄（bai），也是僧人必修的一門功課。本來他安排敲完鐘後大家回去再睡一覺，然後他會來叫我們看日出，但每個人都願意在殿堂裡參觀早課，包括兩個小朋友。早課做完後，小朋友們喃喃地說：「和尚也很不好當啊！這麼多的經文都要背下來啊！比我們背的課文長多了！」

在寺廟裡，清涼月還帶大家體驗了打坐，談了他認為和心理學相通的一些佛法。陽光照進我們所在的偏殿，空氣裡充滿了氧氣，周圍非常安靜，只有窗外的鳥兒不時展開歌喉。

在陽光下，清涼月帶我們參觀寺廟，不，我覺得更具體的說法是參觀他的夢想。他帶我們到山後，指著懸崖對我們說：「將來這裡要建一個平臺，來修行的人可以在這裡聽松濤，萬山盡收心間，還會有什麼煩惱放不下？」再往前走，是一排危房，他說：「將來這裡會做成禪修中心，供那些修行的個人和團體居住和禪修。上下兩層樓，樓上的陽光用通透的玻璃做成，可以在陽臺上直接看到外面的風景。」他還需要重新裝修大殿，重新給偏殿繪

圖、雕像。他還要建圖書館，他還要重修僧人們的住房——他們現在的住所，連衛生間都沒有。他還要重建廚房，現在的廚房連脫排油煙機都沒法安裝。他還需要重修供香客們住的地方，有些設施已經太破舊了……

　　有些事情他說了，有些事情他沒有說。但看在我們眼裡，卻是有些心疼他：他要做的事情太多太多。要完成這些事情，他需要人，需要錢，需要時間。「不怕，只要心願到，事情總會做成的。我會在這裡終老一生的，所以還有很多時間。」清涼月笑著說。他只是平平常常地說出來，但卻讓我震動：他有這樣的宏願和決心。他已經選定了自己的歸宿地。他對這裡有承諾。之前他在上海時還沒有明確的目標和方向，但看了在雞足山上的他，我知道：他是屬於這裡的。屬於他的鐘聲會在這裡被一次又一次敲響。

在生活中覺醒（史麗君）

個人檔案與圖畫

史麗君，女，摩羯座；愛好寫作、音樂、旅遊、烹調。

來自內蒙古大草原，自信擁有寬廣的胸懷面對這個世界；立志學習心理學，不是想拯救全世界，只因為想讓生命更精彩。現在提倡營養生活，健康心靈！

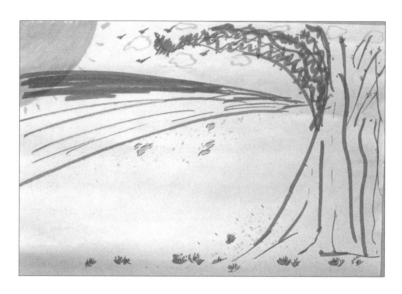

心理諮詢與自我覺醒（史麗君）

有句古話：「守得雲開見月明」，只是將這個「守」轉變為主動尋求，使得原本可能迷茫的內心隨著前行的腳步一點一點地被喚醒，從而產生不一樣的、積極的動力。我學習心理諮詢的過程，就是一次「自我的覺醒」，這可以認定為一個結果，也可以是一個過程⋯⋯

我身邊總是有人認為，學習心理學的人自己多少都是有問題的；我不

知道這句話的出處是哪裡，是因為什麼，但它確實由來已久。我們不去考證它是不是真的對，然而每個人的背後都有一段回憶、一些故事，他們不僅僅是心理諮詢師，不是嗎？

童年在我的印象中是非常快的，十歲之前的生活基本上在家裡、奶奶家、學校之間度過。因為父母經常到外地去，又沒有辦法將我帶在身邊照顧，所以，當他們決定出行前總會將我放在奶奶那邊，託付他們安排我的生活，回來以後偶爾會跟我在奶奶那邊住些日子，或者帶著我回到家裡過一段三口之家的生活，直到他們下一次的外出……

奶奶家離車站很近，我放學之後，坐在院子裡，總是能聽到火車鳴笛的聲音，然後晚上就會作夢，夢裡面都是父母坐在三輪車上對著我揮手說再見，還有漸行漸遠飄來的囑咐我要聽話的場景，每每這個時候火車鳴笛的聲音就會響起……醒來以後坐在床邊，覺得很落寞，那種情緒要持續到學校可能才會緩解吧！直到很多年後回想起來，還是會被那個場景引起的那被遺落的心情所影響著。（突然想到一個很相似的情景，就是「巴甫洛夫的狗」的實驗，鈴聲—餵食—條件反射；對我來說就是「離開—火車鳴笛—形成回憶」。）

從來就覺得自己是個比較獨立的人，因為小時候習慣什麼都自己拿主意，到現在順理成章的依舊是這樣，以致於在別人眼中的我很有些固執，甚至是倔強，在我的眼裡這只是從小養成的捍衛自己的一種做事習慣而已。（我曾想，根據卡特爾的人格特質之說，透過我的表面特質直接反映出的根源特質就是在那個時候顯現出來的吧！）

在我成長的過程中，有幾個時間段是比較值得一提的。

1993 年

那一年我 10 歲。我記事比平常的孩子要晚，懂的事情自然也就遲一些，只是知道那時有人走也有人來，也僅明白那對我和我的家人來說是環境變化較大的一年。那年我刻骨銘心地記住了至親離我而去的悲傷和恐懼的情緒，生平第一次對於一件事——生命的逝去——有了那麼大的觸動。而在那之前，我卻連害怕的意義都不曾覺醒過。

從那年之後，我成長的道路上開始進駐各式各樣的正面的、負面的情緒，現在回想，隨著那生死離別場景的第一次接觸，我正式進入了對於情緒的體驗期；明白了原來從我們做人那天起就要承受著親人、摯愛的人一個個離去的過程和現實。我幾乎認定，那一年是影響我最終選擇學習心理學的一個重要因素，因為開始有了承受，繼而肯定回去尋找解決的方法。依照我的性格，註定會走向通往解讀心理密碼的道路……

2004 ～ 2007 年

第二段時間對我個人的意義很重要。2004 年，我隻身離開家鄉來到上海，我的家鄉與上海僅一字之差，地域文化、發展程度卻千差萬別。在這之前，我一個人離開熟悉的地方最遠也只有相距兩個小時的車程而已，而今卻因為自己的一個抉擇，用 30 多個小時的行程來到這個陌生的城市……

還記得經過兩天一夜後，踏上上海的地面時，看著人頭鑽動的街，路過的那些高高的樓、窄窄的窗，還恍惚不已：「就這樣到了啊！」我以為我能用更精彩的話語和句子來形容初入陌生社會的心情，將那種五味雜陳寫得刻骨銘心，並讓它們感人肺腑，可是真的下筆時，卻只想用最樸實的話語來敘述我認真走過的那段路。

　　第一次一個人離家這麼遠，就像剛學習走路的貓，我也一樣充滿著自信和躍躍欲試的興奮。用從未如此的自由心情探索著這個陌生的城市，帶著一點迷茫，帶著些許期待！

　　剛到上海的時候，是借住在表哥租住的房子裡，我住進去後佔用了客廳。那個住宅區的後面是一個碼頭，我們經常吃過晚飯後到岸邊看來來往往的船隻，然後會嘻嘻哈哈地說著哪艘船上的燈多得好像個蛋糕一樣飄過來……

　　隨心所欲地將這個城市的一些角落留下自己的腳印時，對它有了初步的印象。在來到這個城市的一個月後，我正式在一家公司上班做助理，開啟了職業生涯之旅。

　　當學習不再是全部生活時，我將全部的精力投入到了工作中。

　　起步總是不那麼順利。儘管我做了心理準備來承受可能遇到的難題，卻發現為難的事情總是比你想到的要多得多：業務的不熟悉、環境的不適應、飲食的失調，接踵而來的一切開始讓我忘記初來時的那種雀躍的好心情。

　　工作上的事情似乎總也做不完，加班成了尋常的事情，很多時候都是偌大的公司只有我一個人還在做些報表之類的雜七雜八的東西，等關掉電腦起身回家，空蕩蕩的大廳裡面就只有我的腳步聲。每每出了公司的大門後，席捲而來的就是深深的疲倦和心裡空空的感覺。那段時間我總是喜歡坐在住房附近的速食店裡，那家店的底樓是大大的玻璃窗，透過玻璃窗可以看到外面的街邊小店，來來往往的人群和車子，然後點些吃的東西。（到現在我都沒有適應這邊的飲食，所以我到上海基本上沒有長什麼肉，體重總是徘徊在正常偏瘦的邊緣。可能也因為這樣，直到多年後我對上海的歸屬感依舊沒有增長多少……）每次坐在那裡的時候我都會有許多的念頭冒出來：現在老媽

在幹嘛呢？有沒有吃飯，還是去打牌了？我的姐妹們是不是正聚在一起談天說地，也可能談到我呢？這個城市有多少人跟我一樣，他們是怎樣面對不熟悉的面孔，面對不一樣的人生的呢？是否會像我現在一樣覺得很辛苦？……

多少個夜晚，華燈初上的時候，我一個人站在碼頭邊上，聽著潮水的聲音，期望吹來的風，能多多少少帶走些我的低落心情，好讓我的心能輕鬆起來。

半年左右的時間，我就搬進了家裡在這邊買的房子，總是在一整天的忙碌後拖著自己的影子回家，周圍沒有親人和朋友的身影的我，得在空蕩蕩的房子裡，甚至覺得，難道這個世界就只有我了嗎？

還記得有天下午坐在公司洗手間的馬桶蓋上，突然一下子覺得心裡酸酸的，委屈的感覺越來越濃，然後看著眼淚一滴一滴的落在面前的地板上面，竟然止也止不住，索性不去擦了，反正我這樣不出聲地流眼淚，誰也不會看到的……

羅傑斯以自然人性理論為基礎，認為人格的形成就是源於人性的這種自我壓力，人格發展的關鍵就在於形成和發展正確的自我概念。我那時面對的不僅是工作的壓力，還有人際關係的不協調，所以總覺得不能適應，甚至開始懷疑自己的能力和選擇的正確性。就好像很多的情緒都堆積在胸口的那種煩悶的感覺，卻絲毫找不到出口釋放。

被我定義為適應初期的這三年時間，不僅是地域上的變化，也是我逐漸意識到自己心理的變化。

2007 ～ 2009 年

在很小的時候，只是知道除了醫藥學以外還有一門神秘的學科跟人們看不見、摸不到的心理有關的學科。

　　父親是位醫生，所以在我成長的過程中受到很多此類的影響，並且也學習了些有關醫學方面的知識，也是從那時候才第一次知道「心理學」這個詞的意思，從認識，到瞭解，再到為之著迷，這個過程深深地吸引著我。雖然後來沒能真正學習醫學，但接觸了有關的醫學知識，並在考取諮詢師時很有助益，這一點還是很慶幸的。

　　上海的三年，對我來說是一段「自我尋找期」。透過尋找過程，慢慢發現自我，發現原來這個社會跟我們以前看到的是不一樣的。一個偶然的機會知道華東師範大學有針對考心理諮詢師的培訓和考核，就去報了名。然後開始真正接觸心理學，學習有關自己不知道的一切……

　　世界上有沒有你，可謂大不同，而這個世界因為你的觀點也會完全不一樣。

　　這句話是我在學習心理學的過程中慢慢體會出來的。在人生的道路上，總會有迷茫的時候，而心理學教會我的正是怎樣從迷茫中走出來，怎樣讓自我覺醒。我發現心理學不僅使我們更清楚地認識自己，同時也知道了很多看待社會和人的不一樣的方式，更重要的是讓我意識到了自己的不足，並且有了想要改變的心意。

　　在學校學習的那段時間，我對心理學近乎癡迷，努力地汲取關於這門學科的知識，幾乎要將所有關於這兒的一切書籍都買回去。現在想來那是因為進入工作三年來，我一直都沒有很好地適應，如今重溫學校的感覺令我多少找回了一些安全感和那種肆意的想要去做某些事情的想法。

　　從學校裡走出來後，我開始學著用所學的知識來看待和面對這個社會，包括我所接觸的各式各樣的人。有時候我也用別人來跟自己做比較，如看待事物的角度、對待人際的態度、遇事的行為等等，來瞭解我們之間的不同，並且比較結果。這期間我逐漸將關注點放在了自我認同的差別上面。

我在與一些來訪者的接觸中，透過與他們之間的溝通和瞭解發現，有時候我們如何面對自己（自我認同度）以及自己的感受，直接影響著我們所產生的想法和做出的決定。當然，自我認同是個很大的概念，它包括自我對身體上和心理上所有表現出的部分的察覺和回應，一般是指能夠理智地看待並且接受自己以及外界，能夠精力充沛，熱愛生活，不會沉浸在悲嘆、抱怨或悔恨之中，而且奮發向上，積極而獨立。

　　有明確的人生目標，並且在追求和逐漸接近目標的過程中，會體驗到自我價值以及社會的承認與讚許。既從這種認同感中鞏固自信與自尊，同時又不會一味地屈從於社會與他人的輿論。健康而又和諧的人際關係，對人際關係有很好的適應能力，他們尊重自己和他人的需要與情感。

　　當我面對一個來訪者時，最先接觸到的是他整個人帶給我的第一感覺，其中有關於情緒的部分佔很大的比例，這個情緒幾乎都是負面的，也似乎是很多人不能順利面對人和事情的重要原因，這其中也包括我（我想起有本書上的一句話：快樂就是像發現我的汽車雨刷夾的是一張廣告單，而不是罰單）。

　　他們對於自我的認知，直接反映在他們看待人和解決事情上面，並透過情緒表達出來。透過情緒，我初步可以來區分一個人對於自我的認知度是否達到他應該有的水準。自從有了這一點點的察覺，在以後的面對來訪者的過程中，我都會留意，並留心一一做以記錄，並隨時參考，將自己的感受標注。

　　我一邊對於來訪者進行觀察（在此期間，我將自己活動圈之內的人和事，都納入觀察和體驗的範圍之內，包括我的家庭成員和公司的同事等）；一邊和自己做比較——我的感受、情緒、動作語言和防禦機制、價值體系，一切有關於我的，但是又與我有區別的地方……這是我學習和摸索的過程，

它促使我想找出自己能夠掌握的一條自我覺醒的道路。當有一天我突然覺得自己能夠恰當的控制自己的情緒的時候，是不是就是我對自我的覺醒已經有了一定的成效了呢？

我在學習心理學的過程中，發現自己的自我認同感很差，以致於在工作和人際中產生了不小的障礙，有時候使自己很困擾。對我而言，自我覺醒就是一個審視自我並且尋找方向完善自我的過程，就像是透過學習得出的一個結論：學習心理學而自我覺醒，透過自我覺醒來實現整合。

我常由於受負面經驗和情緒的影響而看不到事物的本質，也不能找到解決或者釋懷的辦法。負面的東西，就好像是砌牆的磚，那種灰色的、沉重而粗糙的石磚。它們是我們的經歷，並按照我們成長的時間順序，一塊一塊地搬進我們內心的空間中，重重疊疊起來。每當我們驗證這些事實的時候，我們就更加確信它，這時就好像往這些磚塊上面澆鑄水泥般，加固著它們堆砌的地方，直到那形成一面堅固的牆。久而久之，不斷地重複這個過程，等到覺醒時，才發現，我們實際上已經站在這道牆的陰影之下了，那麼即便有陽光照進來，也被它阻隔著不能感受到溫暖。如果我想要改變，不但要先來拆掉自己心裡的這面厚重的牆，而且要給自己建立一個「能量庫」。當然，這個過程真的不如說這句話時的這麼順利和明朗，恐怕只有我知道那個過程中自己的糾結……

拆牆的過程其實就是像將砌牆的過程倒回去，但是不必像過去那樣去看待這些事情，而是從認識上進行重塑，從處理問題的方式到如何看待問題。這其中的每個細節我都會去用心感受、接納，並且在可以的情況下調整它，將覺得不好的、影響自己的地方拿出來提醒自己是否可以改進……我一邊學習很多心理諮詢的技術知識，一邊不斷修正我對自己的認識，不斷反覆從各個角度努力看向自己的各個方面。

另外，我把能量庫看作是自己可以透過學習將之存放在自己的心中的、並不斷給人力量的泉源。它更像一個龐大的、由我們的經驗所形成的一個書庫，我們所有感知到的、習得的一切能給予我們溫暖和力量的，能支持我們的任何記憶都編輯成一本本書，將所有美好的都珍藏在裡面，填充進心中。

在裡面用寬容、理解搭建一個陽臺，當遇到困難的時候，可以走進去，任意、安然地翻閱、回顧曾經鼓勵我的那些積極的東西，並給予我力量重新冷靜地面對和解決。能量庫在自我覺醒的過程中，對我來說是最大的收穫，具有重要的實際意義，並且也佔據我努力方向的大部分精力，它使我越來越多的對生活和學習充滿了動力和希望，似乎覺得生活的更加真實、更加能夠坦然面對！它的形成，是被當作我與外界抗衡的堅定力量，而且這個內環境越強大、健全，我抵抗那些負面的、消極的東西，就會越有信心、越輕鬆。

當我與我的來訪者分享這個經驗的時候，我看到了他們臉上了然的神情和最後真誠的笑容，這讓我覺得是個不小的鼓勵。所以在以後的路途上，我還會繼續的改進和探索，說不定會有更好的方法，來幫助我理解這個人生和其中發生的一切。

結束語

每條人生旅途上都會有很多的彎道，等到我們跌跌撞撞地一路走來，轉身回望時，才發現我們的父母輩，早已提醒過我們，而那時的年少輕狂卻選擇了「非走不可」。等到我們有了下一輩，我們也會將我們的「彎路經驗」告訴他，用自以為滿腔的愛和關注來束縛下一代，好讓他們在來時路上少重複我們路過的那些荊棘。可是難免他們也會如我們當初般的不信，然後再繼續著他們磕磕絆絆的來時路……

可是如果沒有嘗試過、沒有摔跟跌、沒有受傷、沒有治癒、沒有認知，

要從哪裡知道「路有坎坷」是怎樣的？

這就是我的自我覺醒，它的過程在我看來像是在我們大腦裡建構形成的一個轉換器，當接收的資訊透過轉換器的分析和過濾化解後，現實的坎坷似乎都會被磨平、重塑，以便我們能夠適應它們，並不被其所傷害。而不管這個建構的過程和改變的任何一個方面在別人看起來是多麼平凡，對我來說，它是無比珍貴並且值得感恩的。它使我在前半段的人生走過後，有了沉甸甸的值得珍藏的回憶，也使我在繼續走下去的人生路上多了一盞明亮的燈！

在寫完這些的時候，我也希望身邊的每個人都能有屬於自己的完美人生，儘管它充滿了很多我們不能掌控的東西，但是至少我們可以隨著自我覺醒，讓自己走得更順暢些。

拆灰色的房子建彩色的能量庫（嚴文華）

接觸麗君時，從她青春亮麗的外表中，完全看不到那座灰色的磚砌成的房子，看不到那座房子一直在那裡、在她心裡。那些童年期間與父母的分離、親人的離去，那些來到上海之後的飲食不適應、工作壓力、缺乏認同感等等，都是那一塊塊的磚，灰色的磚，堅硬、有稜角、沉甸甸。這座房子是牢固的，因為它是從麗君小時候就開始建了，一直到現在。每一塊磚都是生活事件和負面感受的沉澱，每一塊磚都是她親手砌上。這是她的秘密城堡，別人很難進入，更難被摧毀。外界一有不愉快，或她感受到壓力，她就會躲進這座城堡，與他人隔絕，哀憐自己、抱怨他人，同時讓自己的盔甲變得更厚。

接觸麗君久了，會從她的眼神中看到溫暖。溫暖透出的色彩和灰色房子完全不同。閱讀了她的文字後我知道，麗君在建一座彩色的能量庫。那些

所有學到的知識，那些所有她曾感受到的激勵，那些溫暖的支持，都源源不斷地注入這座能量庫。當她低迷時，當她自我懷疑時，當她自我否定時，她會從這座能量庫中汲取到能量。

每個人的心裡都有兩座這樣的房子，只是顏色、結構、大小、質地或樣式不同而已。有的人可能灰色城堡更大、更有氣勢，佔據了整個內心，而彩色的能量庫被擠壓到角落中，很容易被忽略；有的人可能彩色能量庫更大，佔據著心房的中心，而灰色城堡則在遙遠的一個國度；有的人的內心兩座建築物比鄰而居，建造者忙忙碌碌，忙著添磚加瓦，忙著進出於兩座建築物之間。

你內心的這兩座房子是怎樣的？不妨閉目神思，去看一看，看看那座灰色的城堡，在什麼地方，外形是什麼樣的，環境是怎樣的，建築風格、明暗、內在的構造是怎樣的……你可以在其中做一番遊歷。同樣，也可以去那座彩色能量庫遊歷一下。

麗君透過學習心理學，意識到內心有兩座這樣的建築物，這是她自我覺醒的起點。然後，她接下來所做的事情是追問這兩座建築物是怎樣形成的，她同時在做兩件事情：一件事情是重建灰色城堡。她不停地問自己：「這是我想要的建築物嗎？這每一塊灰色的磚是怎樣形成的？它一定是灰色的嗎？它一定是這麼堅硬的嗎？當時它是怎樣被鍛造出來的？」經過這樣的回溯，有些磚的顏色變了，有些磚的質地變了，有些仍然維持著原樣——那些磚太多，要想完成重建工程，耗時會很久。

另一件事情是對能量庫進行整合和擴建。有一些能量其實本來就在那裡，只是她從來沒有意識到那是能量，而她現在意識到了，把這些能量入庫並且在需要時調用。她也把一些能量重新分類，讓它們能更方便地被調用。另外，她源源不斷地向能量庫輸入新能量，包括新知識、新感悟。

　　所有這些工作，幫助她從新的角度來看待自己走過的道路和人生經歷。她擁有了一個新的自我。最明顯的變化是她對負面情緒的體驗。她仍然會有各種負面情緒，如沮喪、不安、難過、焦慮、自我否定，但與她積極而正向的體驗相比，和她以前相比，這部分的比例大大減小了。這是心理學帶給她的收益，或者說是她的自我探尋藉助心理學的工具所達到的境界。

　　在麗君的圖畫中，她的生命之樹枝繁葉茂、粗壯有力，她的生命之海浩瀚博大、一望無際，溫暖的陽光灑向那萬事萬物。她的圖畫充滿了生命力、美感和通暢。

　　心理學可以這樣幫到她，也可以幫助你。關鍵是你要有勇氣面對真實自我。

步入上海（小郭）

個人檔案與圖畫

小郭，男，金牛座；國小教師

興趣愛好：旅遊、美食、足球。

與心理學的結緣要追溯到大學時期了，熱愛看此類書籍，對催眠尤為著迷。七年的「新上海人」經歷，心路坎坷。用心洞察世界，用真情回答朋友。熱愛學習，能接納新事物。

小郭在畫後面寫道：

「一家三口，週末外出，天氣晴朗，樹上兩隻鳥，牠們也有巢。」

入滬的心路歷程（小郭）

步入上海

我來上海第七年了。

一直以來，成為上海人，並不是我的目標。但在 2003 年 11 月，當我得知上海市教育局招聘教師的隊伍要來校園進行一場招聘會時，我還是精心準備好了簡歷。亂投簡歷後陰差陽錯，分不清青浦與黃浦的區別的我得到了面試的機會，和我面談的校長坦率地告訴我：校園位於上海市郊區青浦的農村，我們需要新教師，第一年年薪約有兩萬（人民幣），簽約就是六年，我們可以幫你解決上海戶口……

最後的一個條件打動了我，「上海」這兩個字似乎有一種魔力，成為「上海人」似乎也是很多人不易實現的一個願望。它們竟如此真切地出現在我的面前……我簽下了自己的名字，成為了「新上海人」。

從湖北老家出發前往單位報到的時間到了。終於到了上海火車站。接我們到單位的車一路西行，所見之處，越來越不繁華。最後，在一個小鎮上，我們下車了。小鎮被農田與水塘包圍，我使勁揉了揉眼睛……

「沒錯，這裡就是我們的學校」，接車的老師笑著告訴我，「這裡離人民廣場 60 公里，車行 1 小時。」

之後，我瞭解到，學校特別關照這次接車要全程走高速；如果不走高速，需要轉三次公交（公車），約三個小時才能到上海的中心——人民廣場。

遠離城市的繁華，守望自己的三尺講臺，年輕而躁動的心，心懷美好的憧憬在這一時刻糾結成為了複雜的矛盾體。三個月後，鄰校的同年入滬任教的青年教師小朱家裡出事了：他的父親在老家造房子時，從三樓掉下來摔死了，農民無保險、無賠償，料理後事、付蓋房餘款，小朱微薄的工資在如

註：黃浦區是上海的市中心，著名的外灘、人民廣場就在黃浦區。青浦以前是上海的郊區，目前也是上海的一個區。

此大的生活變故面前不堪一用。我們大家湊了些錢幫他，並不多，因為每個人擁有的都很少……

在困苦的環境下，擱置了理想，面對現實的無力，我有了對來上海意義的一些思考。面對現實，我的第一步是，想盡一切辦法先安定下來，目標指向為買房子。

在兩年的艱苦奮鬥、努力賺錢、省吃儉用下，在校領導的照顧下（我吃住都在學校，僅週末逛街需用錢），在青浦的房價還沒有被炒起來前，我用9萬（人民幣）首付，買下了一套56平方公尺的小房子。其中的小故事這裡就不展開了，需要指出的是，沒有家人的幫助和信任，這件事是無法完成的。

有了房子之後，我滿心鼓舞的認為：我終於可以停止對關於「上海」與「上海人」並聯繫自己的相關思考，可是事實並非如此！為了彌補大學畢業時考華東師範大學心理系研究生未果的遺憾，為了繼續探索關於「上海」與「上海人」的答案，為了踐行上海人的「學習是好事」的觀點，我於2007年報了華師大的國家二級心理諮詢師培訓。學習過程中，我接觸到了一些對我來說很有意義的理論。

關於自我認同

第一年的春節回家，陪母親買好年貨，回家的路上，經過堂嬸的家門口時，她對我母親打招呼道：「上海的兒子回來了！」母親表情複雜，我本能地回答：「是在上海工作的兒子回來了。」那一時刻，我才意識到，我對養育我的家鄉有著強烈的認知。

那麼，常常湧入心底的煩惱又是從何而來呢？家裡人認為我是上海人，上海本地人認為我是外地人，我的身分到底是……真如網友戲言的，我是有

血有肉的中國人？

一直覺得自己的自我認同感上出了問題，接觸了心理學相關理論後，我知道了一個自我認同充分的人內心會有更多的安全感，能夠很好地找到自我定位並且順著這個方向前進。自我認同充分的人生，其核心力量非常清晰，不會讓一些物質上和外表上過分的誘惑而沖昏了頭，也不會因為誰的目光而改變自己。

自我認同是指將自身內在的感覺、自我意識以及外部評價等加以綜合，從而對「我是誰」這個問題給出自己的答案。它是一個人在與他人交往時，把信念和價值觀融合在自己人格中，並對自我價值進行評價的過程。這種評價通常來自在日常生活中對自身的看法。

一個人可能在某些事情上覺得自己很聰明或很笨，在某些行為上覺得很劣或是很卓越；他可能很喜歡自己或是很討厭自己……類似這些常在日常生活中出現的自我印象和經驗，日積月累就成為人們對自己的評價，也就是自我認同感。

據說自我認同感是人要在青春期解決的問題。艾里克森認為青春期階段的基本危機是要面對不同人扮演不同的角色，並在這種混亂中發現自己的正確身分（同一性）。解決這個危機會使個體培養出對自我的一致感；如果失敗則導致缺乏核心穩定的自我形象。

我當初做出來到上海、事業與教育掛勾的選擇後，遇到不順或是迷茫時，總是自我懷疑，當初做出的選擇對嗎？值得嗎？也許，真正需要的就是堅持下去，做出成績，得到別人的認同，最終來完成自我認同。

關於歸屬感

也是在心理諮詢團隊裡，我接觸到了一些心理學的理論：每個人都害

怕孤獨和寂寞，希望自己歸屬於某一個或多個群體，如家庭、工作單位、某個協會、某個團體，這樣可以從中得到溫暖，獲得幫助和愛，從而消除或減少孤獨和寂寞感，獲得安全感。對我而言，華心就是這樣的團體。

在群體內，成員可以與別人保持聯繫，獲得友情與支持；成員間在發生相互作用時，其行為表現是協調的；同一個群體的成員在一致對外時，不會發生矛盾和摩擦，彼此都體會到大家都同屬於一個群體，特別是當群體受到攻擊或群體取得榮譽的時候，群體成員會表現得更加團結。

有歸屬感的一般就是有責任感，責任感到了一定的程度就會產生對某些東西的歸屬感。歸屬感分對人、對事、對家庭、對自然的歸屬感。青少年時期對人的歸屬感較強，中年時期對事和家庭的歸屬感較強，老年時期對自然的歸屬感較強。

一些自我的改變

我知道七年的上海生活不只這些隻言片語。

七年前，為安身立命、謀求發展選擇上海；七年後，基本完成了當初的憧憬，生活過得平淡而充實。

七年前，格外注意土生土長的上海本地人說「外地人」，聽到後覺得有些刺耳（儘管自己擁有上海戶口）；七年後，我知道了很多事業成功、家庭和美、素質較高的上海本地人是不會特別在意你是不是「外地人」的；而突出自己是土生土長本地人的市民，他們也在呵護自己的那顆心。我覺得應該丟棄對「外地人與本地人」的思考，把精力放在提高自己的素質、謀求更多事業的發展、建設更為和美的家庭環境上。

七年前，當聽到身邊的上海人用上海話交談時，我有學習講上海話的衝動，買光碟學習，我偶爾講出的隻言片語也被同事戲稱為「洋涇浜」（註）；

七年後，當我再次遇到「上海話」時，我覺得那就是一種文化，應該被尊重，也得益於過去的學習，我基本上能聽懂上海話，能聽懂也就可以在工作生活中與人溝通了，這樣也很不錯。

七年前，我常常把一句話掛在嘴上：「到了上海才發現，原來是青浦，不是黃浦！」七年後，我覺得青浦也有青浦的好處：不錯的薪水、不大的壓力、較低的物價、不高的房價、清新的空氣和純樸的民風。

七年前，我有過對自己是上海人還是外地人的糾結；七年後，我已經不在意別人是否把我當成上海人或者外地人，而立之年的我內心平靜了很多。

七年前，我總在向生活索取——我要得到些什麼；七年後，我常常思索——思想上，我應該為兒子樹立些什麼品質。

七年，我改變了很多很多……

而三年前開始學習心理諮詢，是這些改變的催化劑……

註：洋涇浜又名西洋涇浜。為黃浦江支流，浜身蜿蜒曲折，西入周涇（今西藏南路），即今延安東路自外灘至大世界路段。洋涇浜因通洋涇港而得名。明永樂初，黃浦江水系形成後，浜分東、西兩段，境內浦東段為東洋涇浜，浦西段稱為西洋涇浜。清乾隆後，因沿浦築上塘，浦東段不再通水，後逐漸淤塞。從此，浦西段便不再冠以「西」字，直呼洋涇浜，浜旁全是田野曠地，其間有彎彎曲曲的泥濘小道和水溝。後來洋涇浜是變指帶有其他語言（通常是使用者母語）特色的語言，因原上海灘一處靠近租界的地名而得名（以前特指是華人、葡萄牙人和英國人在中國從事貿易的聯繫語言，現已泛指）。在英語中，等義的說法是皮欽語（pidgin）。從純粹語言學的觀點看，只是語言發展的一個階段，指在沒有共同語言而又急於進行交流的人群中產生的一種混合語言，屬於不同語言人群的聯繫語言。皮欽語一旦做為母語傳遞，成為一個社會交際語，它就開始逐步擴大辭彙，嚴密語法，迅速發展豐富起來成為共同交際語言或獨立語言。

融入與整合（嚴文華）

小郭的圖畫中，「依戀」是其主題。樹上的巢、枝上的鳥、一家三口都在講這個主題。屋和樹是在突出他的歸屬感、紮根感。那條路代表著他們會走得更遠。對來到異地的他而言，家庭、親密關係是其重要的資源，也是他應對陌生環境的重要資源和動力。那條路代表著他們已準備好出發。

小郭是個新上海人。這樣一個身分不僅僅是用工作單位、房子來衡量的，還要有他內心的自我認同。小郭是在買房之後確定自己是新上海人的。但其實，也會有一些人在沒有房子的同時可以認定自己的這個身分。七年之間，小郭演繹的是當代新上海人的典型心路：帶著憧憬而來；在現實與理想之間糾結；帶著接納重新看待上海，整合進新環境，成為「上海人」。在新環境中，他採用的是整合策略：時時知道自己來自哪裡，保留著原先的價值觀，但又接納著上海的文化。

並不是每一個人都選擇這樣的策略：有些人會選擇同化，一到上海就開始認同和轉化過程，言行舉止盡量向上海人學習，語言上積極學習上海話，自我認同的身分是「上海人」；還有些人會選擇隔絕，眼睛裡看到的都是上海負面的事情，感受到的都是上海不好的方面，盡可能多和自己的老鄉交往，內心更認同自己的家鄉；還有個別人可能會採用邊緣化策略，既不認同上海的文化，對自己家鄉的文化也不屑一顧，成為行走在邊緣的人。

小郭之所以採用整合策略，和他開放的性格、積極的心態、與環境良好的互動以及獲得的社會支援分不開。他試圖去理解而不是批判周圍發生的一些事情，他找到在青浦生活的積極方面，他與老鄉、與學校同事、與心理諮詢師小組的成員有良好關係，關心他們，他們也給他積極的支持。他的整合之路能如此順利，和他的陽光心態、善於利用資源、積極努力分不開。

二、悅納自己

心靈的溫泉（阿喆）

個人檔案與圖畫

阿喆，男，獅子座；公務員；喜歡音樂、看書、籃球。

上海市閔行區生人，籍貫江蘇武進，畢業於上海交通大學，本科學習國際經濟貿易，第二專業學習法學。現任職於上海市政府。一直希望能系統地學習心理學知識，尤其是實踐應用，瞭解助人助己的方法。非常幸運地遇到了嚴文華老師，使我能夠瞥見心理學和心理諮詢的精髓——挖掘自己生命的能量，給予來訪者生命的養分，幫助來訪者走上心智成熟之路，和來訪者一起成長！祝福心理學在如今和未來的中國有更為廣闊的前景，祝福我們都得到自己心靈的那泓泉水的滋養。

我的作畫過程（阿喆）

那幅畫是在我們心理諮詢實習的最後一節課上畫的。我心想，我已經錯過了開頭，可絕不能再錯過結尾，所以我那天早早安排好晚上的時間。呵呵，我終於如願以償，那晚的收穫是巨大的，而那幅畫就是其中重要的一部

分。

　　在我拿起畫筆之前，我的大腦還是一片空白，我真不知道該畫些什麼，也不知道該怎麼畫，我已經至少有十年時間沒有畫畫了。當我拿到那一大張白紙，看著眼前的各種顏料和畫筆，我試著讓自己安靜下來。不知道為什麼，在那個集體和氛圍裡自己特別容易安靜下來，並陷入一種類似冥想的情況。

　　我閉上眼睛，腦子裡呈現出很多畫面，一張一張在我腦海裡旋轉，有大海、有帆船、有太陽、有月亮，突然一張圖片在大腦中定格，那是一座山，山上冒著煙霧或者是熱氣；那是一個清晨，陽光不是很強烈，空氣中有著山間早晨特有的氣味。我把圖片拉近，啊，原來是山頂上的一泓溫泉在冒著熱氣，正好和山間清晨的霧氣融合在一起，陽光透過這些氣體灑出來，有點朦朧，又讓人覺得充滿希望。我當即定下來，就是它了，我要把這幅畫畫下來。

　　我上國小時學過一段時間畫畫，不過後來自己感覺沒興趣，半途而廢，畫畫水準一直不怎麼好。雖然畫不好，但我也比較喜歡欣賞畫。十年之後，重握畫筆，那種感覺真的很奇特，畫技一如小時候那般生澀，但大腦已經不同，其內容也已不同，絕非十年前的那個我可比。於是我顫顫巍巍畫下第一筆，沒用鉛筆打草稿，只是把腦海中那幅畫照相似的定格。我邊畫，邊觀察周圍同學們的作畫過程，他們似乎也已沉浸在自己腦海中的那幅畫中了，再看嚴老師，她正閉目沉思醞釀中。

　　慢慢地，我的畫紙上有了山，有了溫泉，有了霧氣，有了樹林，有了太陽，還缺少了點什麼？對，是人，我腦海中的圖片有人聲，我撥開雲霧，近距離地看那溫泉，有三五個人正躺在那溫泉水裡，水溫不太高，當然也不冷，很舒適的溫度，人躺著很放鬆。他們好像在談論著什麼，具體是什麼我聽不清楚，只是覺得談論的東西應該很開心、很和諧、很親切。這幾個人在

水裡赤裸相對，坦誠地交談，這實在是很溫暖的感覺。哈哈，我無法用畫筆很好地描寫那幾個人的神態，真是遺憾啊。

不知不覺中，大家差不多都畫好了，我的畫也躍然紙上。我自己很滿意，因為我看了這幅畫覺得心情很舒暢，就像做了一次心靈的 SPA。這句話跳入腦中，這也是我在介紹這幅畫中最先用到的比喻。

之所以取名為「阿爾卑斯山頂的叢林溫泉」，是覺得這有點像我在記錄片中看到的阿爾卑斯山，呵呵，當然也有中國山水的風格，總之有山、有水、有樹，就叫這名字吧！

溫泉的力量（嚴文華）

在心理諮詢學習結束的那天，阿喆畫了這樣一幅畫：「我的圖畫名字是『阿爾卑斯山上的叢林溫泉』。我覺得每次來參加實習就像泡在溫泉中，非常愜意，儘管我參加的不多。火山蘊含著能量，溫泉汲取了火山的能量。叢林也在溫泉邊上，有很多樹。溫泉既可以讓人放鬆，也可以提供滋養。遠處是大海，可以看到旭日東升，代表著剛剛升起的希望。」

在學習過程中，由於工作關係，阿喆是遲到早退最多的學生之一。印象當中至少有好幾次在上課時他被叫走。在草地上做訓練那次，他只參加完放鬆訓練，接了一通電話後，就不得不離開。我們安排專業模特兒做模擬考試那次，上午他沒出現，中午蜜蜂同學給他短信，告訴他訓練的難得性，下午我們正在做時他出現了。我正在想著下一個安排他上場，結果他到教室外接了一通電話後再也沒有出現！

慢慢地我知道：他是在工作多麼繁忙的情況下擠時間來上課的！每一次上課對他來說都是非常不易的！他第一次實習課也沒有來上，所以沒有第一幅畫。無法做比對。但在目前這幅畫中，他呈現了多麼巨大的能量和熱情

啊！那些溫泉，那些大海裡的水，樹林，太陽，都代表著他內心感受到的生命力和愛。他需要做的，是把這些能量和熱情轉化為祝福的力量，幫助更多的人。

用愛去祝福（阿喆）

我覺得這幅畫，也許代表著我理想的人生境界，也許代表著我此時此刻的心境。但嚴老師的評論我覺得相當震撼我的心，她從中看到了我生命蘊藏著的巨大能量，她還提醒我這巨大的能量若不很好地發揮，對我來說將會形成一種鬱結，反受其害。她建議我將這些能量轉化為祝福的力量。這是一個多好的主意啊！這契合我的價值觀、人生觀，使我重新思考我應如何生活，才能更好地行使自己的「天賦人權」。

說實話，畫完這幅畫後，看著它，確實感覺心情放空了很多，心底的很多能量被釋放在紙上，好像心裡的一些糾結也被打開，所以當嚴老師提到我心中鬱結的問題時，我當即很有共鳴。

從小，我是個考慮問題較多的孩子，這也許跟我的家庭環境有關係，我的父母對我管教很嚴，規矩很多，要求也較高。因為難以完全達到這些要求，我曾經是個相當自卑的人。在學習拿破崙的成功心理學之後，透過近五年的實踐和努力，我現在已基本能克服自卑，坦然地面對自己和他人。

但對於心中的能量，我感覺自己還不能很好地運用，時常感到自己是個精力過剩的傢伙。於是，我想自己應該更多地幫助別人，在助人中很好地發揮自己的能量，心理諮詢是助人的一個方法。我想等我考出心理諮詢師從業資格後，就先找到學校的心理諮詢工作室或者社區的義務心理諮詢工作室，盡自己的能量，給予別人關懷和生命的能量，也進一步磨練自己，提高自己關懷別人、幫助別人的能力。

嚴文華老師提到的「多多祝福別人」，我想是我力所能及的事，我應該能做到。事實上，在那之後，我一直在嘗試，如何將自己的熱情和愛轉化為祝福的力量。我現在也許還不清楚，但只要我一直摸索，我一定會有自己的方向的。

由於工作的關係，我的壓力比較大，尤其是精神上和心理上的壓力，有時候身不由己，有時候情非得已。所以，這段時間，我看了一些佛學的書，感覺其實在博大精深，其中甚至有和心理學相通之處，這也是我將來探索的方向之一。

關於工作，我也思考了很多，我對現在的工作還算滿意，因為這份事業可以很好地釋放我的能量。經歷了很多東西，或許其他人一般不會經歷這些，這會給我一種成就感。工作的內容很豐富，有很多東西需要我去探索，這對我都是一種挑戰，我熱愛挑戰。

雖然說，從學習心理諮詢到現在，要說我有多少成長，我不敢說。雖然，就如老師所說，心理諮詢不是萬能的，但是，我覺得心理諮詢就像一泓溫泉，它有熱量，有水不斷地冒出，是因為它地底下蘊藏的能量。我們學習心理諮詢，要去挖掘自己內心的能量，從而使自己成為一口活水溫泉，滋養需要幫助的人，溫暖周圍的朋友，也能使自己的心靈永保青春。

學習心理諮詢：一個長久的願望（阿喆）

學習心理諮詢對我來說是一個很長久的願望，這次終於能夠付諸行動，有諸多因緣。現在想來，雖然由於工作上無法脫身，很多課沒來上，但我依然感到慶幸，因為在僅有的幾節出席課上，尤其是嚴文華老師上的心理諮詢實習課，為我叩開了心理諮詢的大門，為我指明了一條道路，讓我覺得沿著這條路，可以用一生的時間走下去。

我從小是一個比較壓抑自己感情的孩子（這一點嚴文華老師在我們第一次見面時便點了出來），不善於表達自己的感情，總是不露聲色，努力不讓別人輕易地知道自己內心的真實想法，這是一種潛意識。但在意識層面我又是一個真誠待人、喜歡交友、喜歡交流、願意與人敞開心扉交談的陽光男孩。我幾乎很少表現出憂愁，即使心裡有憂慮的事依然能呼呼大睡、哈哈大笑，像沒事一樣。

我總是盼望有那麼幾個人能真正瞭解自己，像父母、像伴侶、像從小一起長大的朋友。確實也有這樣的關係，讓我感到很溫暖、很放鬆，但大部分的時間我是在抑制自己的感情流露。長年累月下來已成習慣，竟也不覺得累，只是一種無意識的習慣。

在沒學習心理諮詢之前，我自學過拿破崙的成功心理學，在我高三的時候。那是我一生中的一個重大轉折，也許徹底改變了我許多，我開始認識到心理的能量是如此巨大，足以讓一個瀕死之人重回健康。這之後我也一直在實踐這些理論，我感到很有用。但這只是讓我一人受益，當我向身邊的朋友推薦這些書籍時，他們並不特別重視，以為這些玄之又玄的東西並不可靠。

我較早地關注到心理問題，認為這是現代社會每一個人和組織將要面臨的最重要的問題之一，如何解決心理問題將是我們這一代人需要思考的重要課題。因為心理諮詢可以自助，亦可以助人，所以這是我學習心理諮詢的最大動機。

當然，我心中對心理諮詢培訓仍存有疑惑，不知道究竟是什麼東西，畢竟現在社會上類似這樣的培訓騙人的不少啊！應該說，是嚴文華老師徹底打消了我的疑慮，讓我覺得犧牲自己的業餘時間，甚至在工作時間裡擠出時間來聽課都是值得的！因為每多聽一分鐘，我對心理諮詢的瞭解就更深一

點，對自己的瞭解就更多一點，對如何自助助人就更懂一點，而這一切都是我急需瞭解的知識。更為重要的是，從老師那裡我看到了一個真正的心理諮詢師的風範，以及其對人、對己、對生活抱有的態度，這是我所仰慕的，也使我對心理諮詢建立起了堅固的信心。

前面寫了這麼多，是想敘述一下我是如何與心理諮詢結緣的，我相信世間萬物皆有其運行軌跡，在特定的時刻，兩者相遇，必有其背後深刻的原因，這就是緣吧！我相信我和心理諮詢是有深刻的緣，這其中可能包含著我做為個體生活在這個世界上的部分本質。

擁有溫暖（嚴文華）

在圖畫中，那些溫泉的下面，那些溫暖的下面，仍有一些堅硬的岩石，仍有一些黑暗的物質。但是沒有關係，當我們開始觸碰它們時，它會變得柔軟，會有一絲光線透進去。在聽心理諮詢課時，在畫那幅畫時，在寫這些文字時，阿喆就開始碰觸它們了。這會是一個全新的開始。生命全新的開始。

「阿爾卑斯山頂的叢林溫泉」，這個名字除了阿喆提到的含意，可能還有一層含意：那個畫面是阿喆感到陌生的畫面，是他想要到達但從未到達過的地方。是一個新奇的地方。而且具有一定高度。所以，他需要攀爬之後才能到達。但是，這幅圖畫向他顯示了人生更高境界的美好和可能性。

我閱畫千幅，但這幅圖畫給我深刻印象。因為之前沒有遇到一幅像這樣溫暖的圖畫。有那麼多能量的圖畫。多好啊！

阿喆，請珍惜你的天賦，珍惜你所擁有的能量。助人自助。透過幫助他人，到達自我成長更高的境界！

春天的綠一支（秋）

個人檔案與圖畫

　　秋，女，生於西北邊陲一片浩瀚的戈壁沙漠上的一座明珠般的城市。

　　生肖兔，性亦如此，嫻靜之時乖巧伶俐、循規蹈矩，幸福地從國小到國中到高中畢業一直就讀於同一所學校。在隨遇而安的個性外，還是有些衝動的憧憬，其中一直歷久不衰的就是一股仗劍天涯行走江湖的豪情。

　　18歲後，終於遠赴西南古都重慶求學、工作、戀愛……然後決定離開這個終日霧氣沉沉的城市，仿若鯉魚躍龍門般跳到沿海繁華都市上海。當青春和夢想在這個城市已被揮灑殆盡之時，開始面臨對自己的深深困惑，我究竟是個怎樣的人？我到底想要什麼？我的內心裡究竟有什麼？

　　三十而立的我，考入了復旦中文系學習本科課程，之後開始自學華師大心理學科系。這是一段孤獨、寂寞卻又快樂的時光，我在迷惑中找尋並發現著自己，痛苦地覺醒伴隨欣喜地頓悟。漸漸地我開始明白，當我真正知道我想要什麼且能夠要什麼的時候，才是內心慢慢可以平靜的時候，也是我認

為人們總是困於江湖之中的原因。有幸能遇見這樣的團隊和師長，讓我摸索的方向越來越清晰。如果你有助人之心，那麼就先來助己吧。

秋對圖畫的解釋

女兒的降臨，讓我的生命之樹徒然間變得豐沛起來，而在樹的周圍，生活的跡象也愈是真實，樹下先生與女兒或在讀書、學習，或在下棋遊戲，都讓在窗下遠眺的我無限感動，這是能夠讓我體會的最美好的一刻！

我伏窗而望，在四月的早春，你是這春天裡的雲煙，黃昏吹著風的軟梧桐，樹下嬉戲著，幸福與快樂的歡歌，仿若這屋內升騰起的陣陣溫暖。

圖畫中的成長

這幅畫看上去平淡無奇：一棵大樹下一家人在乘蔭納涼，遠處有一幢房子，炊煙嫋嫋，有小路從房子通向大樹。而對秋來說，能夠感受到大樹下乘涼的清爽、能連通大樹與房屋之間的路，秋整整努力了 20 多年。那棵樹，既是她自己，也代表著她感受到的父愛。能夠感受到父愛，對於秋來說並不容易。樹與房屋有一段距離，這代表秋還在自我整合的過程中，但畢竟是有了路，不是嗎？

春天的綠一支（秋）

（一）前言

今年的假期，這座城市呈現了令人欣喜的晴朗明媚的秋日氣息，也讓我意外地接待了一位與我曾經共同生活在這座城市，卻有兩年沒有見面的朋友，一位感受力很敏銳的人。我們曾經在兩年前很巧合地共同居住在同一個區的同一條路上，很多時間我們都互相分享彼此的快樂與憂傷。

當她開始進入準媽媽的角色時，我也開始告別單身去迎接屬於我的新的角色，我們像兩隻在都市裡各自歸巢的小鳥，相繼都開始忙碌屬於自己的人生大事，只是會偶爾互通一下資訊。就在九月份，她突然來電話說，終於可以不用全天候地伺候她那未滿兩歲的小公主，自己出來逍遙幾天了，想來看望一下我這位正在懷孕六個半月的準媽媽。

和煦的陽光下，我們互相望著微笑，時光好像不曾走過，我們還是我們。

「這次看妳的狀態特別好，和以前不一樣……」這是在我們像從前一樣聊天告一段落時，她順口說出的話。

我自以為她是在說我此時的懷孕狀況極佳，於是只是順口問了一句：「哦，好在哪裡？以前什麼樣子？」

「妳以前總是有一些憂鬱，而現在感覺很踏實的樣子，我覺得真好！」我聽得出她是由衷地寬慰，而我卻意外地瞭解到，在一路追尋內心的路途中，我已經收穫了我所渴求的。那就是我終於抓住了我那飄忽不定的心影，讓它安安心心住在我的身體裡，一同和我靜靜領略風起雲湧、時光漸逝。

（二）我的心路歷程

1. 渴望被認同——童年期

六歲半，我就上國小一年級，因為有外婆的照顧，所以沒有上過幼稚園，不知道學校是什麼。入學考試的題目在 10 分鐘之內做不出來。至今依然在腦海深深銘記著：一位個子不高、略胖、身著深色衣服的女老師，走在我的桌子旁邊看了半天，說了一句：「這麼好的小姑娘，怎麼題目做成這樣？」

那一天，我穿著一件紫色碎花棉布的半長襯衣，衣領、袖口、前襟以及下襬兩側的口袋邊緣上都鑲著白色的花邊，脖子上還戴著一串由各色小花珠子穿成的雙層項鍊（這是爸爸買給我的，我最喜歡的），我還為我這一身衣著有些洋洋得意。

而因為老師的一句話，在那個時刻，那個小小的我，竟然一瞬間嚐到了一種尷尬和不被認同的沮喪，而這沮喪好像從此就在我的心裡住了下來：原來我看起來是好的，實際上卻是不夠好。我想這個認識在剛脫離外婆放養、還沒建立清晰的自身形象的時候，便頑固地在心中生長了起來，因此多少年來，無論我在什麼時候獲得了怎樣的成績，我都不會有一種豐沛的欣慰和滿足感。我始終覺得我應該能夠做得更好、不只這些。

儘管沒有進入學前教育，爸爸給了我很好的文字表達的啟蒙。在上國小之前，我和兩個哥哥就一人一本厚厚的週記本寫週記。我想我們的週記內容一定是五花八門的，因為我到現在還記得我寫過的一篇〈洗碗〉。那個時候沒有洗潔精，只用熱水，在鍋裡洗碗到最後混水已經看不到鍋底了，「……我用手摸摸鍋底有沒有滑滑的東西，如果沒有，那麼鍋就洗乾淨了……」（那次洗的一定是煮麵的鍋，那滑滑的東西一定是黏在鍋底的麵），

這段話被爸爸媽媽笑嘻嘻地讀了出來，而我感受到的是他們對於我這份自然的表達方式的讚賞。

這樣的啟蒙讓我家的三個孩子均受益頗深，我們均在班級和年級裡表現出出色的語文成績。大哥國小升國中語文、數學成績是全年級第一；二哥是家裡唯一被老師經常告狀不認真聽講、有些調皮搗蛋的，國中二年級時作文也被老師選擇參加全市作文比賽，得了二等獎。而我自認為是最大的受益人。在國小三年級時，不知道為什麼被學校選去參加全市的作文比賽，在老師的帶領下進入了考試的教室，一張空白的A4紙和幾張作文紙，題目是〈我最難忘的×××〉，略微思索我提筆就寫，半個多小時就寫完了，有些無所事事，終於等到要交卷了，同桌看到我驚呼：「妳怎麼沒打草稿……」原來幾張白紙是打草稿用的，然後再謄寫在作文紙上。我懊惱地交了作文，主任在教室外問我怎麼樣，我沮喪地說：「我連草稿都沒打……」我像一個觸犯了紀律的人，雖然出於無知但依然尷尬。

我後來也淡忘了曾經的這場比賽，竟然得了一等獎。我因此獲得了直到國小畢業的三好學生，並從默默無聞一下成為了關注的焦點。這似乎是我第一次真切地體會一種成就，純粹來自自己的內定規則而獲得的成就，它對我意義非凡，我依靠自我的能力而獨立取獲。我相信也正是這份意外，讓我開始有了對自我的另一種認識，不同於「我不夠好」的觀念。

當我按照屬於我的自然方式進行選擇時，我能夠好得很意外，而這個意外的標準是什麼，對我來說既朦朧又清晰。我逐漸確定下來自我認知的一個主體──順其我的自然我會變得很好。

我似乎有些纖塵不染地信奉我的理念，順應自然，我從不去強求任何東西，我接受任何安排，我從沒有擇校、擇班、擇同桌的困擾，沒有遭遇不能接受的人和事，沒有憤憤不平，沒有抱怨，當被要求，我總是努力去做，

彷彿結果都很好，也的確如此。

　　看到秋的經歷，我想所有國小一年級的老師都應該接受訓練：對那些到學校第一天的學生該做些什麼、說些什麼，從而讓他們能夠終生喜歡學校。這不需要靠魔法，需要老師的呵護和愛心。

　　秋的父母確實很懂得啟蒙。以孩子接受的方式訂出任務，秋應該是帶著滿心歡喜來寫週記吧！而她印象最深的是父母的欣賞。這對她是最大的鼓勵。這種啟蒙對她的一生都有無窮益處：不僅讓她在國小三年級就獲得作文比賽一等獎，樹立了信心，而且後來選擇中文系，到現在選擇用文字來表達自我。

2.「你快樂我就快樂」——自我規則建立的少年期

　　國中一年級時，我代表學校參加市運動會，破了學校記錄，拿了全市第一名，而我依然對於獎項、榮譽沒有特別感受，只是正好爸爸媽媽去看我比賽時，在廣播裡聽到我拿第一的消息後，那種溢於言表的興奮與驕傲讓我很快樂。我的國中三年是我人生中最為輝煌、精彩也最為無憂快樂、天真無邪的時光，我是唯一一位學業成績優異且能兼顧訓練的專業運動員，我的作文幾乎無一例外地每次都是得獎作文，其他各科成績從未低過前三名，無論是學校的還是市級省級的運動會，我都會獲得榮譽。

　　對這個年齡階段的孩子來說，發展出這樣的自我意識是積極的、健康的。但如果一直固定在這個階段、不再成長，就會出現問題。

　　因為性情隨和、為人耐心、細緻、體貼、忠厚老實，在這個時期我獲

得了大量的友情，她們都願意向我訴說心事和煩惱，我也十分樂於傾聽且真誠地相伴。我熱忱地認為她們每一個人都是美好的，儘管各自都有不同的缺點，但絲毫不影響我對她們的熱愛，而她們的快樂就是我的快樂，這似乎也成了日後我與人相處的一個重要準則，並日積月累逐漸演變成了一個唯一的準則，因此在獲得了越來越多寶貴珍貴的情誼和信賴時，我內心也擁有了極大的滿足，或者是寬慰和心安。

　　一切看起來都是那麼美好和充滿了陽光。

秋有著極強的學習能力和適應能力。這是她的法寶。

3. 開朗和憂鬱、接納和封閉並存──青春期

　　14歲，我國中即將畢業，爸爸因為胃病又住進了醫院，不過這次是做胃切除的手術，手術很成功，胃被切除了三分之一。我清楚地記得手術第二天一早去醫院看爸爸，他的臉上洋溢著一種康復般的喜悅光澤，我們都認為爸爸已經完全好了。只是幾天後，隱隱約約感覺媽媽和大哥在屋子裡哭著說些什麼，一種模糊不清的不安情緒從我的心裡滋生了出來。而也恰恰是這個時候我的初潮降臨。媽媽一直都在醫院陪爸爸，我手足無措地請教運動隊裡比我年長的隊友，獲得的知識乏善可陳，就這樣我懵懵懂懂地迎來了我的青春期。也就在這幾天之後，我去醫院看爸爸。

　　那是三月末的一天下午，西北方的早春依然寒瑟，慘澹且有些灰暗的光線射進本來就有些陰冷的房間，推開病房門，我一眼就見到病床上躺著的爸爸，媽媽正在床邊與他講話。爸爸的臉失去了光澤，眼白也似乎被暈染成了黃色，因為我的意外到來而呈現出一片乾澀的潮紅，對著我一如既往地寬厚地笑著。我突然覺得我好像已經錯過了什麼，這將讓我後悔終身。我告訴

媽媽我來月經了，媽媽高興地告訴了爸爸，我沒有想到，這對他們是一件大事，他們的快樂反應讓我迷惑不解。而到成年之後我才漸漸明白，那是他們認為我已經開始長大了。而在那個時候讓爸爸一同分享了我生命當中的一次重要的成長，也意外地讓我的內心不再遺憾。

第二天凌晨，二哥跑回家叫醒了正在熟睡中的我，他就說了一句：穿好衣服去醫院吧！我哆哆嗦嗦穿好衣服，跟著哥哥在寒冷的暗夜走著，一路上，我們誰都沒說話，在心裡我卻跟我自己說，這不可能、這不可能，我無法相信我可能感覺到的什麼，而眼睛看到的就是爸爸已經靜靜地躺在太平間了……我不知道我哭了多久，那些天，我也不知道我都做了些什麼，想了些什麼。我只記得比我年長的一個隊友在見到我第一面的時候給了我一個緊緊的擁抱，而這個安靜的擁抱便成了我日後嚮往溫暖的替代品，讓我不停地在尋覓。

爸爸是我認為的能夠善解我意的唯一一個人。在我開始排斥媽媽提供的紅紅黃黃有花邊等標準可愛型女孩子衣服的時候，他會適我心意地給我買了一件果綠色、胸前有一朵簡潔小白花的、很淑女的連身裙；在我參加校運會時，他會出乎我意料地跑到我們班級的陣裡給我送當時還很少喝到的優酪乳和香噴噴的烤餅；在我結束營火晚會飢腸轆轆回家後，會看見他正在廚房裡攤雞蛋薄餅，裡面捲裹的涼拌菜已經拌好……有爸爸在，感覺做什麼事都能行。爸爸的關愛如同春風化雨般細膩、溫暖，他從沒有要求過我什麼，也沒有指責過我什麼。

出殯那天，我問二哥，我們是不是沒爸爸了，二哥用手緊緊摟著我的肩膀沒說話。

儘管我錯過了期末的學習與複習，我仍然以全年級 14 名的成績考上高中，也遠遠超過進入重點高中（明星高中）的錄取分數。由於家庭的變故，

大哥迅速地畢業到媽媽的工作單位當一名臨時工；二哥也爭取了一個入伍的名額要參軍去邊防哨所；只留下我這個事事未醒的花朵依然浸泡在學校的象牙塔裡。我沒選擇去讀重點高中，我不想變化，不想離開，我傾向於接受一切都不需要複雜選擇的結果，而便於我能夠安穩地蜷縮在一個我認為適宜的地方。

親人喪失對這個年齡的孩子來說打擊會非常大。秋在這裡向我們描述了複雜的情緒：不單純是哀傷，還有被父親遺棄的感覺，所以會有抱怨、遺憾和自憐。僅僅處理哀傷，並不能解決全部問題。

一切似乎又恢復原狀，生活在繼續。可是我彷彿在悄悄地發生著變化，連我自己都沒有察覺。我開始樂於一個人獨處，一個人做事，我開始容易感觸，容易落淚。我也開始喜歡冥想，有時候一整天都在構想一些和自己有關的故事、情節、段落，在裡面我會遭受委屈，而我總是以沉默、堅忍的方式對待，然後會期待一個懂得和瞭解我的人站出來維護和支持我，給予我溫暖。

這個委屈在很久以後我才明白，這是一種被遺棄般的自憐心態，多少年後在學習心理學的過程中我才發現，我對爸爸離去的不願接受，是我不相信爸爸會不再以生命實體來愛我了，我對他的離去很抱怨，這裡面又糾結了很多的遺憾，我非常憐惜那個如此信賴著爸爸卻又驟然喪失他的我。

因為壓力，也因為沒有合適的傾訴對象，堅強的媽媽選擇了在外如常、在家抱怨，面對那些牢騷，我更加沉默，我更願意在放有爸爸遺像的冰涼房間裡發呆，我極力逃避著面對媽媽。但是，看著她我又萬分不忍，我能體會她的難過，於是，我們這一對性格堅毅的母女基本上沒有誰給予過誰擁抱，

也沒有誰在誰面前輕易流過淚，更不要說細膩、溫情的陪伴了。

豐富的內心活動和情感，讓我開始學會關閉心門，似乎這樣是讓我覺得安全的，我漸漸少說自己，多多傾聽。我覺得越來越少有人瞭解和願意瞭解我的感受，我也似乎在逐漸喪失表達自己，我的日記裡開始記錄的都是晦澀不明的心情和情緒，沒有明確的事件，沒有明確的態度和觀點，只有無休無止悲傷、憂傷、難過……沒有快樂，我似乎連同我自己都被關在了我的心的外面。

我依然奉行著「你快樂我就快樂」的原則，如果說這在國中階段讓我獲得更多的自我認同，而在這往後的階段則是為了填補內心裡濕濕涼涼的地方，只是我不知道，這是一種惡性的心理依賴和循環的方式，就像吸毒的人一樣，透過吸食毒品獲得的短暫的軀體上刺激的快感來替代內心的空虛，結果是需求量越來越大。

我給予他人的溫暖和陪伴也許真的帶給他們啟發和快樂，我也至此獲得了難能可貴的情意，但是這些卻會讓我的內心愈發的清冷和潮濕，付出的努力愈大，心中對溫暖的渴求愈重。

高中畢業留言冊上，我一直無法忘記一位不相熟的同學留給我的描述：「……妳是春天的綠一支，倏地不見了身影……」一片生機躍然紙上，人人都認為我是快樂的精靈。

秋形象地描繪出自我防禦機制的形成。

遠赴一個大西南城市讀專科，是我強烈地想出去的願望下的一個隨意選擇，那個北京大學的文學夢彷彿已經淡淡的沒有痕跡了。這是塊完全陌生的土地，幸好在那裡有幾個早一年去的同學，也算有了親人般的熟人，因此

對於陌生的環境沒有惴惴不安。這裡是完全不同於西北大漠的一個山水城市，潮濕和終年的霧氣始終圍繞在城區裡。

然而，彷彿這濕黏的氣候正好符合我的心境。大學幾年，如果用顏色來描繪我的情緒，那麼就是一種類似藍黑墨水般的水墨藍色，不似寶藍色那麼亮麗，但又沒有藍黑色那麼暗沉，有些亮紫色，但又被很濃重的灰藍裹在裡面，濃濃的水彩，沒有油彩，只有水墨。我也順勢被裹在裡面繼續沉溺，並且在心門外面又結結實實地結了一個同樣色系的網，繩索隨時間流逝而越來越粗，越來越有韌性。

我開始學會了掩飾，掩飾我的真實情感、需求和願望。人們都喜歡我的可愛、快樂和無憂無慮，那麼我就展示給她們這樣的我，漸漸這樣的方式竟然讓我覺得安全。我用網排除了打擾，給心靈一個不真實的安靜空間，又依靠網幫我托住這顆渴望溫暖、疲憊又孤獨、一直都想靠岸的心。

縱使是在 20 歲以後開始工作，心網也隨著愈堅韌而把心包裹得失去了敏銳的感知，漸漸地開始無法感受自我。每當夜幕降臨，望著近處、遠處的一家一家亮起的燈，都會無法控制地在心底感傷和期望，這裡面某一個方格裡的黃色的光屬於我該多好呢？但卻從來就沒有去想過究竟要怎樣去獲得，從來沒有，直到我遇見一個人。

4. 依賴信念指使下的幸福並遭遇幸福背叛──成年早期

他似乎是個精神領袖般的人物，桀驁、鋒利，永遠是中心，但是他又能以瀟灑的風姿獨行。他似乎粗厲地風雨不懼，但又會細膩地洞察，最重要的是他會出其不意、一針見血地直戳到我心裡，穿透了那張網，讓我感覺到了痛。他就像一陣疾風驟雨向我撲面而來，對我志在必得。我想我是被捕獲的，我訝異於他是如此目標明確，然後毫不留情地撕開我那張堅韌的網。我

雖然萬分疼痛，但在心裡卻有些喜悅，我被他那份難得的知己和熾烈地執著追求徹底感動，內心的需求彷彿復甦了，我能感知自己了，我渴望靠岸，我不想漂泊，我義無反顧地投靠了他，就像一名連年征戰的士兵突然有一天被一個無比強大的力量戰敗了，攜帶著席捲全身的疲倦和無理由再戰鬥下去的心，心悅誠服地被招降了。

秋描繪了自我防禦被突破時的情景。這個自我防禦其實和睡美人童話中那些籬笆是同一種東西。突破防禦的人被稱為勇士。前提是「睡美人」甦醒的時機到了，「睡美人」希望他突破。

這是一份如暴風驟雨般的情感，像一場征服與反抗的拉鋸戰。幾乎沒有什麼安寧的、溫馨的時刻能夠駐足在我的心裡，我一邊誠服於我無法預估的力量，一邊努力將心房的顏色渲染上暖暖的黃色，我告訴自己我要帶著暖和的心靠岸了。我虔誠地讓自己的心就此安定了下來，一絲不苟地讓自己美好而快樂地活著。當我醉迷在被這罕有的萬丈陽光照射的時候，已經完全忘卻了去感受、去體會、去品味這是否真的是我內心裡的那一份真切的需要，我徹底地讓自己泥足深陷了。

就像一段孽緣，他對我的情感滿足建立在我毫無保留的臣服上，而我呢？則把它建立在自我精心編織的網上。他越來越多的理所當然的索取，而我越來越變本加厲地無限量付出，內心裡波濤洶湧，而卻能相處得彷彿很和諧。

時間真的是這個世界上最偉大的魔術師，它如同沙漠裡的風，每日每日侵蝕著沙丘、土坡和地貌，待到多年後的某天，你會無比驚詫地發現所有你熟悉的都已經面目全非了。幾年後，不知為什麼，也許是那些太過濃重的

霧氣和濕氣，我已經失去了繼續待在這個城市的耐心，我輾轉來到了上海。

　　這是個依然有些濕潤但是卻颳著廣闊海風的城市，清新、明媚、爽朗，感覺自己心裡有些發霉般的氣息在一點點擠著門縫跑出去，有些許舒心的輕鬆感，只是未發覺的內心已習慣性地攜帶一股濃郁的憂傷，深深的藍，如夜晚暮色正濃。一顆心在過去的這些年裡，漸漸失了銳氣，只留下更加的委婉和沉默，並順帶消散了光彩和生機。這個時期的同事們都認為我很溫和、很沉穩。新的生活似乎開始了，但是彷彿更新的只是窗外的景，內心那些曾經模糊、迷惑的感覺依然在，鈍鈍的。

　　在一個平常秋日的午後，我因公外出辦事。走在人行道上，不遠處有一個花臺，內有一個未噴水的噴泉，我坐在臺子上，仰起頭，看見湛藍的天空，只有幾縷絲般的雲彩，明澈卻不耀眼，幾隻麻雀展翅飛舞在空中，以藍天為幕，姿態竟然有些優雅。

　　「好快樂、好自由呀……」我不禁在喃喃低語。這時突然覺得有雨滴迎面撲來，灑在了臉上、衣服上、捲起袖子的胳膊上，在我下意識驚叫著從臺子上跳起來的時候，我才發現其他人遭遇了和我一樣的境況，在我還有些懵然失措的時候，他們都圍在花臺旁快樂地笑開了，小孩子還把一雙胖胖的小手伸向空中去接那些迸落下來的水滴。我這才看清原來是噴泉噴出水了，水柱從池底如花狀向空中散開來，在陽光下，晶瑩透亮還夾著七彩的光芒，人們的臉上都洋溢著喜悅的光澤，小孩子也在雀躍地跳著站不穩的雙腳。

　　看著這些簡單快樂的人們，我的眼裡慢慢滲出了淚。我突然發現，我連這簡簡單單快樂的能力都沒有了，那個在我腦海中反覆懷念的「妳如春天的綠一支」的蓬勃朝氣的我早都離我遠去了。我倒是真正守護住了我那顆潮濕的心，但我並沒有獲得如我期望的安寧與溫暖。我發現我一直以為靠岸的心卻依然空寂，心已不知所蹤，那時那刻我被這種察覺震顫了：我似乎一直

在被囚禁著，沒有享受過自由和快樂，而那個一直囚禁著我的竟然是我一直認為的至高無上的愛。

那一天，我坐在旁邊的椅子上，很久很久。噴泉吸引著人來人往，我只是仰望著天空，看它從清亮漸漸暗沉下來，暮色漸重，涼氣升起，心底也被包裹得冰冰涼。那種感覺彷彿又回到了多年前從看望爸爸的醫院走回家的那段路時，我用雙臂緊緊抱著自己，內心充滿了不安和惶恐，第一次我感覺到這個城市是如此的巨大，而我是如此的渺小，我覺得它時刻都能夠將我吞噬。而那時，我不知道這些感受會讓我面臨什麼、遭遇什麼。

這是我人生當中最為黑暗的一段經歷，你不曾想像，當你以為你能夠面對並且萬分熟悉和信賴的人已經變得面目猙獰時的那種恐懼和無助。他以你無法想像的方式傷害你、破壞你、打擊你、羞辱你，甚至踐踏你，你辨不清真假地毫無防備地被侵害、被羞辱。你忽然覺得所有的人都背叛了你，所有的人都在一旁冷眼嘲笑著你。那些在心裡累積起來的溫暖和情意突然都變成一把把利劍插向你的心裡，淚水已經宣洩不了你對所有事情的不解與悲涼感，放眼四周全是冰涼不透氣的牆壁，呼喊已經發不出任何的聲音，心被一遍遍地啃食和煎熬著，多年來構築在自我世界中的信條、原則、規則，一下輕得如鴻毛，那些令自我有存在價值的行為準則和認知，一下被擊得粉碎，牢固佇立在內心的世界轟然倒塌……

失戀對自我意識的發展來說是一個關鍵事件：人們如何歸因失戀，如何看待失戀後的自己，對這些問題的回答都會直指「我是誰」。常見的有內疚型、自我否定型、曲解型等等。常見的盤旋在失戀者頭腦中，尤其是被動接受分手一方頭腦中的想法是：「如果我足夠好，他（她）就不會……」全盤否定帶來的結果是「我不再是……」，通常會引起自我意識的危機。

我一下變得一無所有，曾經經歷的人、做過的事、說過的話，都變得萬分滑稽，曾經的驕傲、快樂、幸福、滿足，都顯得那樣幼稚、可笑，似乎上天獨獨給我開了一個大大的玩笑，嘲弄我的蒙昧無知，我是一個徹頭徹尾的失敗者，被生活愚弄和拋棄的，連同情和憐憫都無法獲得……我把我完全否定了！除了日日夜夜毫無知覺地蜷縮在無人能涉及的角落裡，我什麼也做不了，我失去了面對自己和生活的能力，我不知道我是誰，我喜歡什麼，我想要什麼，更加不知道我存在於世的意義。

　　這是一段對我來說是非常極端也極其誇張的時期，我與自己較勁，把自己關在自己的狹小空間裡，極其地放縱自己，學著抽菸、喝酒，整日整夜不眠，流落到網路，東遊西逛，縱情於各種悲情影視劇，悲悲喜喜、癡癡樂樂，不與任何人聯繫，不接觸任何外界的資訊。有時整日都不需要吃任何東西。我想在那時縱使有什麼威脅到生命的事物，似乎也不會引起我的絲毫反應。

　　就這樣，我放任自己沉溺著，不知道有多久……一天傍晚，當我窩在床上喝完一瓶紅酒，好像有些頭痛，我縮進被窩裡，然後感覺有些天旋地轉，接著迷迷糊糊的什麼也不知道了……等到我醒來時，已經是第二天近中午的時候，我慢慢地從床上坐起來才發現被子、床單以及床邊的地板上到處都是紅酒漬和吐的污穢，而枕頭上是一大片濕濕的痕跡。這時我模糊地想起，躺在床上時，我竟然抱著枕頭痛哭，一種肆無忌憚的嚎啕大哭，嘴裡還喃喃地抱怨：「……爸爸我好想你……你為什麼離開我……你還沒有看我成家結婚……」這樣的哭泣是我平生的第一次，縱使在爸爸去世時也未曾有。我彷彿哭盡了所有的哀傷與委屈，用盡全力無所顧忌地徹底宣洩了一次。

情緒低落到谷底，自然就會開始慢慢往上升。掉落到黑暗的谷底時，渴望父親的關愛，它觸發了內心深處徹骨的哀傷、悲痛、絕望、無助和自憐。當這些情緒被發洩出來後，積極的情緒就會進駐心裡。失戀，在某種意義上也是一種喪失，所以在內心裡，秋會把它和親人喪失做連結。只是，秋用喝酒的方式來排解壓力和情緒，具有危險性：如果不能很快從情緒的谷底上升，就有可能酒精成癮。並不是每個人都能像秋這樣幸運，在任何時候自制力都在發揮作用。找人傾訴的方式更健康、更有效。

　　只是此時，我清醒地坐在床上，環顧我的居所，許久以來第一次仔細地看著，好像好久都沒有這樣看過它了，內心似有一股氣暗自在浮動。我起身拉開厚厚的窗簾，陽光直射了進來，卻不刺眼。我打開門，初春的空氣湧到我面前，有點暖、很新鮮，我深深地吸了一下，抬腳走到院子，在臺階上坐下。陽光暖暖地照在我的身上，我瞇著眼望向天空，那樣潔淨、清藍，院子外的樹上已經有些嫩綠的芽。我就像一個大病初癒的病人，雖然有些虛弱，心裡卻浮滿了淡淡的喜悅。我想起了那句「妳是春天的綠一支」，我似乎看到爸爸平日裡寬厚、開朗的笑容，兩行清涼的淚水順著臉頰流了下來，原來生命依然如此的美好與芬芳，它從不曾離我遠去。

　　那一年我 29 歲。

（三）我的成長

　　那是我人生的第一個具有里程碑式的點，對我來說，它不能算作一個轉捩點，因為轉折雖然意味著改變，但還相伴有重生的意義；而我卻認為對於我曾經經歷的所有，無論是痛苦的、傷心的還是不切實際的，都真實地存

在於我的過去。它因為我的存在而存在，那麼它就有它存在的道理，而究竟是什麼道理，我想只有透過我的探索才能獲知真相。

雖然，我對於自我更加沒有把握感和確定感，但是有一點非常真實地在我的意識中，就是那些讓我擁有價值感的眾多的情意，依然在我的生命中行使著慰藉和溫暖我內心的角色，只是，幾乎我把這些都異化為我的附屬物，而非獨立存在的真實東西了。

我的生活漸漸走上了正軌，只是我的思緒依然很雜亂，內心總有惶恐和不安全感，常常還伴有無助、無力感。我不喜歡這樣消極地磨損內心的感受，我開始去尋找各種途徑嘗試去突破這個圍圈，而我希望達到的目的就是瞭解自己，瞭解我是個怎樣的人，我為什麼會在這個時候做這樣的事情、說這樣的話、和這樣的人交往，我真正在想什麼，想要達到怎樣的目的，我為什麼會是我現在這個樣子…… 我對我自己充滿了不解，而這份不解也讓我萬分的煩惱。

這個煩惱，在我看來，身邊的人都沒有，她們都有明確的目標和清晰的自我認識，這讓我更加的困惑。我簡單地以為我可能會很快就尋找到答案，沒想到歷經這幾年，我才慢慢明白，這是一個需要用盡一生可能還不一定能有結果的找尋過程。

1. 做自己想做的事

我意識到，我的快樂原則是以放棄自我而獲得的，我一直在為別人而活著，說話、做事、選擇都會以別人的標準為尺度。不是因為我想要而選擇，而是一種逃避式的順其自然的不要變化的選擇，也許那時這樣會令我感覺安全。好像我真的不曾經歷過為一個想要的東西而歷經辛苦、不懈努力去爭取，哪怕是一件小小的東西，糖果、點心或者文具什麼的。我詫異於我是如

此執著於滿足內心情感的渴望，而真正忽略了我首先做為一個人生活於世的現實需要。

不過慶幸的是，對於文學的熱愛我一直不曾放下。國中時那個北大中文系的夢還時常咬嚙我的心。我最醉心的生活是在校園裡，永遠與知識、文字浸泡在一起，那是我在任何時候都無法割捨掉的慾望。大學的校園一直牽絆著我的目光、我的腳步。

在網上無目的地搜尋時，我注意到教師資格證的報考資訊，看了報考要求，社會人員可以參加，我一下很興奮，心裡亮起一道曙光，我好像馬上就要聞到學校青草地的芬芳了。第一次，我如此強烈要做成一件事情，只要有一點點成功的可能，我都不能放棄。

為夢想而奮鬥，可以在任何時候開始。

報名、填資料、買書、學習、複習、培訓，然後應試，因為分為模擬考和實踐考兩部分，時間歷時一年。這一年，我在忐忑又興奮的情緒中重溫遠離我近 10 年的學習生活，內心也在一點一點地升起一些自足的感覺。我明白只憑一紙證書就入校當老師是天方夜譚，但我嚮往當老師，雖然不可能，但是我還是喜歡擁有這個證書的感覺，我這一次是完全依照我自己的意願選擇自己喜歡和想做的事情去做，獲得了結果，內心的感覺好充實。那不僅僅是一種成績獲得的滿足感，還有一種我能明確並表達我想要做事情的能力感，那是對自己的確定。

透過這一段學習，我就像一塊久旱的大地，喜逢了一場大雨，帶給我無限希望。於是在做了詳細地選擇、計畫和安排之後，我參加了復旦中文專業的入學考試，並同時踏上了華師大心理健康教育專業的漫漫自考之路。

選擇就讀復旦，一半是為了那耿耿於懷的北大文學夢，還有一半是驚恐於自我表達越來越匱乏，從頭腦到語言到文字都那樣的蒼白無力。復旦的中文專業所開的課程都是我喜歡的，所以，儘管來回近四、五個小時的路程也樂此不疲。

而對於華師大的心理學專業，我是考量了很多學校的此類專業後選擇的，我希望從這裡獲得學習的知識是能實用於自己，有助於發掘和瞭解自己的，證書不是我的目標。

這兩個為了我要學習而選擇的學習，拉開了我「終身學習」的人生序幕。我相繼開始結交新的同學和朋友，開始努力聆聽自己內心的聲音，表達它想說的、做它想做的、選擇它想選擇的。我一邊飢渴地吸收著對我來說新鮮又廣博的知識，一邊像個尋寶的人一樣，在搜索著內心可能揭示的蛛絲馬跡，雖然，我依然不懂那些意味著什麼，但是，我真切地感受到我內心較以前的安穩，讓我能夠安靜地在漆黑的炎熱或冰冷的暗夜執著地從這座城市的北橫穿到南，不覺得無助、無力和絕望。

2. 追求屬於自己的人格特異性

心理學的學習較中文學習對我來說要難很多，首要原因是自學，沒有可以請教或討論的途徑，另外就是教材內容的編輯和表述邏輯性都很強，對我這個理科不足的人來說顯得更加艱澀。因此我透過這樣似懂非懂的理解，獲得的許多「頓悟」般的「啟示」以及有些混沌的開竅，讓我覺得有必要去接觸生活中的心理學是個什麼樣，去瞭解它和理論之間究竟有著怎樣的聯繫和區別。

帶著對行為心理學探究的目的（當時我粗淺地認為行為心理學是可以

透過一個人的言行舉止、表情動作來解釋內心的心理學,正好符合我想瞭解自我的意圖),我報名參加了一家心理諮詢中心心理諮詢師的培訓課程,由於它開放式的接納條件,讓我有幸成為它的一名學員。伴隨著同時進行的自學考試,近兩年的時間,我漸漸開始接觸並對心理學有了一些具體、全面的瞭解,也開始了明晰地辨認自己的路程。

這可以說是我人生的一個轉捩點了。

當我已經身處其中時,再回頭望去,才發現我已經發生了不同於以往任何一種時期的重大變化,而我也在這個時候有幸遇見了我人生當中的第一位對於自我成長有著關鍵作用的導師,也就是諮詢中心的培訓老師。

培訓是以團訓的模式展開的。培訓老師有其獨特的個人風格,他既不像一位諄諄教誨的老師,也不像一位容易親近的朋友。但是在他的主持下,我們的團體從彼此陌生到相互熟悉乃至發展到互相扶助,並在最終自發地形成一個牢固、熱忱、充滿信賴和安全感的團隊。他以一種核心精神影響著我們每一個人,他對有關概念的解釋從不超過五分鐘,但是他會仔細地聆聽每一個人並關注到反應與參與狀況,從不輕易涉入其中。我覺得這是一種關於個人成長的團體訓練。而正因為這樣的一種開放式和自由度,讓我獲得了個人的主要成長。

秋仍然如同國小時那樣,有超強的學習能力,所以她能夠從任何細節中學到東西。

在培訓進行到中期的階段,我們便開始參與心理諮詢中心的免費熱線電話以及各類集體的對外義務諮詢活動等。記得那是我第二次接聽熱線電話,那時我還停留在能給予什麼、怎麼給予的焦慮和擔憂階段,內心始終處

在一種「我有能力」和「做為新手我一定會犯錯」的矛盾衝突中。我就剛接完的電話案例向指導老師討教，原以為老師會指出我有哪裡做的不合適，但是沒想到他聽完後，卻反問了我一句：「妳為什麼那麼擔心說的不對呢？」

這句話看似隨意彷彿又別有用意，我心裡愣了一下，心想不會是我真的犯了很大的錯誤，而老師用了很委婉的方式，沒有直接指出來吧？我猶豫了一下，說道：「……我擔心會不會誤導了他，沒有幫助到他，反而害了他……」剛說完這句，我心裡彷彿被一道明亮的光晃了一下，好像明白了些什麼，但是又說不清。

這時老師微笑著用溫和的語氣又繼續問了一句：「是什麼讓妳這樣擔心妳會害了他呢？」

我一下愣住了，心裡湧出這樣的想法：……我認為我應該能幫到他……我無法承受我幫不了他的事實……如果做錯了，我該怎麼辦……我意識到其實我被我自己會做錯的想法困擾，而不是在為求助者擔憂。我看著老師，老師看著我笑著。這讓我想起在培訓的過程中，老師一直強調的「無論人和事，沒有對與錯，只有是與非，每個人都有自己解決問題的機體智慧」，聽時似懂非懂的，現在有些明白了。

我們一直都習慣於用對與錯來衡量所做的事情和經歷的人，不自覺地在自己的生活中尋找與大多數人保持一致的標準，似乎這樣才能安全。我想起以前那些日子的我，為了獲得認同、獲得讚賞，我全心在他人的身上，可是這些依然不足以抵禦在生活中遭遇的變動，令我至今還徬徨在「我是誰」的困境裡。而在我瞭解並確認了自己內心這樣的困擾時，倒是有了一種前所未有的安穩和撕開了神秘面紗一角的欣喜感。我隱隱地感覺對於自我有一種踏實的把握感，這是自我的一種獨立感，無需憑藉在怎樣的基礎或支撐上。

當秋開始體悟到這一點：相信自己，對和錯都不要緊時，她的自我意識開始發生變化：以前她關注點一直在別人身上，而現在她開始關注自己。

有一、兩次我與老師同路回家，我曾試圖與老師探討案例並想獲得指導，但是我發現老師無論在當時還是日後都無意與我進行細緻的探討，除了走督導的程序。在困惑了一些時間後的某一天，我突然醒悟，這是一種更大的支持、信任和更高更遠的指引。「每個人都有自己解決問題的機體智慧」，這也成為我日後面對來訪者、親人、朋友求助時的一種心態，給予他們空間和時間，讓他們自己感受痛苦、接受自己並獲得成長，而不是像從前一樣，總會急切地把我的意願、意圖、認為、經驗統統灌輸給他們，無意間成為了他們的救命稻草。

這也同樣地適用於我自己，它讓我明白了成長的真正意義。

人們都認為成長一定都是自我相對於以往的一種進步與昇華，這是一種概括，具體地說，也就是在以往自我的基礎上發展得更好、更出色。而我卻很疑惑，為什麼成長一定就是比以往更好呢？當面臨困境的時候，我們每個人都在用著只屬於自己的、獨特個性的、不同於任何他人的方式解決問題、走出問題，而這種純屬個人的「機體智慧」就一定比以前好嗎？以前就不好嗎？我不這樣認為。

準確地說，我認為成長應該可以被視作不斷地發掘、追求並認同各種自我特性的過程。在保持了人格獨立的基礎上，才能凸顯每一個人個性的獨特之處。「每個人的機體智慧」，它是純屬於自己甚至還未被察覺和開發出來的珍貴的寶藏，每多一點對自我特異性的瞭解，便會讓自己獲得一種認知上的成長和飛躍。因此，我不會再為我和其他人的想法、做法不同而迷惑，

我會告訴自己這就是我自己想做、能夠做到或不能做到的，這是我不想做卻能做得很好的。這樣清晰地區分和認識，不僅僅讓我對自己充滿把握感，還覺得心靈很有力，能夠承載很多負重。

3. 完美主義是對抗現實而生的

「完美」在字典裡的解釋是：完備美好；沒有缺陷，是心裡遐想的世界，現實中並不存在，是人們渴望得到並追求的一種理念和動力，是存在思想中的。

渴望完美是人類共有的動機之一，在心理學上，完美主義指一種以強烈的「不完美焦慮」為特點的認知——情感模式。如果從哲學的角度分析，這種模式可以被視作工具理性與價值理性之間的失衡，是過度理性化導致的非理性狀態，是科學的工具理性改造世界的能力侷限性的表現。任何社會實踐活動的成功，即個人精神價值向社會價值的轉化，取決於價值理性與工具理性的統一。「完美主義者」沉溺於工具理性的完整性所帶來的美好感受中，而不願接受「不美」的現實。

培訓老師曾舉了一個看似簡單卻饒有趣味的例子，說精神病人為什麼表現出不同於常人的狀況，是因為他們似乎時刻都有一種危機感受，表現出異於常人的擔憂和焦慮，而常人卻覺得天永遠不會掉落下來砸在自己的頭上。人們在內心裡有一種趨向美好的願望，於是，他們就會粉飾外界環境，讓自己以為真實的世界就是寧靜祥和安全的，以期獲得內心的平靜。

人們就像在掩耳盜鈴般地生活在自己臆想的空間裡，不去理會也不願意接受現實世界是危險的、不安全的和時刻變化著的。這讓我突然明白，人們為什麼在遭遇災難和不幸的時候會從震驚到不相信到抱怨到出現心理問題。

其實，秋的完美傾向並不只是在對失戀的反思中才存在，從她小時候竭力做好每一件事情的表現中、從她獲得的獎勵中就可以看到：她的完美是被從小訓練和強化出來的。要弱化，也非一日之功。

而我也曾經歷了這樣的事例。在情感受挫的時候，我曾無數次問自己：「為什麼我會遭遇這樣痛苦不堪的事和這樣惡劣的人……我到底做錯了什麼……」我以為我一直規矩做人，從未對他人起過任何邪念和壞心，就應該走一條光明而美好的大路，沒想到卻走了一條比任何人都要崎嶇的小路。我親自給自己築就了一個夢幻且又美麗的花園，讓自己不染塵埃地生活在其中，把自己摒棄在現實的世界外，自以為如意快樂，殊不知這如同空中樓閣一樣虛幻而不真實。如果承認了現實是充滿危機的、不安全的，就是否定了現實記憶體在的美好嗎？很顯然這是片面、僵化的觀點。

當我在這個時候明白了這一點時，也同時瞭解了不完美的焦慮正是來自於對於現實的熟視無睹，而完美在現實中是不存在的。基於此，我現在已經能夠很心安地面對我曾經做不好的、現在做不了的和未來想做可能做不好的一切。在此之中，我獲得了真正接納自己的力量。

4. 初遇意象與收穫愛情

隨著學習和實踐的深入，我擁有了更強的自我把握感，並能夠更透徹地瞭解和接納自己。心裡彷彿有一朵小花，每一天都在開放一點，每一天都在吐露一些芬芳。一個人漸漸生出些自如、安心的快樂，所以我更小心翼翼，害怕破壞此時的這份安穩與內心的成就，並有些迴避碰觸情感。

就在這個時候，我遇見了在日後驕傲地誇口說這樣話的人：「如果全世界的人都像我這樣，那麼做你們這個職業（即心理諮詢師）的人都要失業

了！」他也就是我的丈夫。

　　他不同於我身邊所有的人以及我曾經經歷過的人。他總是帶給我一種淡淡的感覺，這種感覺在最初的交流和相處中就讓我覺得很舒適。他在我們之間預留了一個空間，產生了一個讓我感覺安全的距離，我依然擁有我自己和身邊的一切。我的生活似乎沒有被打擾，只是會多一個讓你心感溫暖的人。雖然這是我非常期望的狀況，但是我常常又會很不確定真的遇見了這樣的人，是假象嗎？還是只是短暫的一瞬間？

　　我把道聽塗說的很多人的情感故事放在心裡，當作自我防衛的工具，在此時，我拿出來對他進行讓我自己都有些莫名其妙地審評，然後依然遲遲疑疑，與他躲躲閃閃、時有時無地聯絡著，希望讓時間去檢驗一切。我彷彿變成了一隻鴕鳥，把自己的頭藏在沙堆裡就以為什麼都不會發生了。

　　我知道那時的我對於情感有太多的忌諱和不敢確定，更何況是這個溫和得如春風般的男性。大半年過去了，他依然淡然得如謙謙君子，我們開始互相分享生活中的快樂與不快樂，好似兩個相識很久的老朋友，心靈很親切，距離依然很遠。有一天，當他對我說出「我喜歡妳……」時，我竟然愕然地反應了一句：「我怎麼沒有感覺到？」這經典對白，日後被他不斷拿出來取笑我。

　　在日後更加親近的相處中，無論什麼時候，我都不會感覺他有強迫你的意願、行為並以愛的名義來干涉和打亂我生活的跡象，縱使給予建議都是限於他自己而言的。我感受到一種前所未有的寬大和自由的愛，它讓我第一次覺得愛原來可以這樣的淳厚、明亮、溫暖和通透，它讓我的心安穩清亮，一如碧藍如洗的藍天，乾淨得看不見一絲的雲彩。而我對他的感情也不單單是情愛，還包含有尊重、憐惜、欣賞等等很多豐富的感受，這讓我的心覺得很豐沛、很充實。這種真實的踏實感，讓我確定了這才是我想要的，而且它

的存在比我的設想要真實得多。

有一天，他突然對我說了一句：「我們好像可以結婚了。」這次的我依然愕然。對他來說，一切都是心中有數才去做的，而我就像個摸著石頭過河的瞎子，要多踩幾腳才能辨別是否安全可用。婚姻對每個人來說都是大事，事情變得複雜和凝重起來，我一下被脅迫地要去考慮很多無法預見的未來的狀況，比如物質、事業、孩子、家人……我像是一個永遠在攀登的爬山者，這次又手足無措地站在這一層臺階不知道該如何繼續下去。

就在我陷入這樣的困頓時，相繼而來的培訓課啟發了我。那節課，老師給我們做了一組意象訓練。

「……閉上眼睛想像一條路，然後往前走，突然腳下一軟，你掉進了一個坑裡，這個坑有多深，周圍的環境怎樣……如果是個很深的坑，你抬頭能看見洞口嗎？離你遠嗎？洞口有多大，有光線嗎？……這時洞口有一條繩子垂了下來，這條繩子什麼樣子？有很多條嗎？能看到是誰把繩子垂下來的嗎？……」

我的意象是：我掉進了一個山洞裡，有些陰暗，有流水的聲音，感覺很清澈，洞內有風很涼爽，我抬頭可以看見一個圓形的洞口在我的頭頂一兩米處，不遠也不是很近。洞外有明亮的太陽光，沒有形成光束從洞口射進來讓我覺得刺眼，有一條很粗的麻繩從洞口垂下來，繩子的末端要我踮起腳尖還要很費力地抓取才行。洞口有一個人的臉在往下看。那是他。

據老師的講解，坑的意象代表你目前遇見的困難或麻煩，坑的深淺代表困難的大小，坑內的環境代表困難程度，洞口和光線代表著一種救助的力量和可能，繩索的粗細、多少、長短，洞口那個出現的人或物或什麼，代表著你內心希望得到誰的救助。

意象的代表含意雖然不是唯一絕對的，但在某一種程度上是有意義的。

透過我的意象顯示的各種跡象，我仔細斟酌了當時所面臨的實際狀況與煩惱，基本上是相吻合的。我雖然不能很明確地解釋意象究竟在怎樣對人的心理發揮著作用，但是它的確清晰地呈現了我當時的真實狀況，並讓我在心中有個確認。我發現我已經大不同於以往。當發生突發事件時，我的心理承受和應變能力的加強正在顯現，而我對於自己的理解和把握也越來越準確和迅速，這為我解決當時面臨的問題提供了一條清晰的路徑。

隨後，老師介紹了空椅子技術，我邊聽邊記錄案例中的程序、步驟，卻不能理解。老師沒有做過多的解釋，就讓我們透過兩兩演練來瞭解這項技術。我根本不知道該怎樣做，就選擇來扮演來訪者。對方也是按照筆記的程序在進行。大概是在我們這樣一個熟悉的、安全的團體中的緣故，也大概是我那時急需要傾訴，諮詢師沒有過多的引導，我就很快地開始說著我的困擾和煩惱了。

「妳的這些壓力和擔心有沒有與妳的男朋友交流過？」諮詢師聽完後，問我。

「我發現我是想和他交流的，但是我不知道該怎麼說，我好像更加擔心的是交流之後他的反應……」脫口而出的這句話，讓我自己在心裡驚了一下，原來我一直在擔心他和我就此事無法溝通，因為他看起來好像從來就沒有想過相關的任何一件事情。

「那麼，現在妳把這張椅子當作是妳的男朋友，把妳想說的話對他說出來，好嗎？」諮詢師引導著。我點頭同意。

「他穿著什麼樣的衣服，什麼顏色，表情是怎樣的？」諮詢師繼續在引導。

「他穿著經常穿的白色短袖襯衣和黑色的西褲，眼睛看著我，很溫和。」我回答著。

「妳想對他說些什麼呢？」諮詢師輕輕地問著。

「我想對他說……」還未完，諮詢師打斷並提示我，不是對她說，而是對著那個代表男朋友的椅子說。

我調整了一下，腦海裡出現了那張可親的臉，然後對著椅子說道：「我這段時間一直都有些困擾，我覺得好像戀愛才剛開始，怎麼就一下子進入了談婚論嫁的現實當中，有些不能適應。而且婚姻不僅僅是我們兩個人的事情還是兩個家庭的事，我現在連你的父母也沒見過。我們也還從來沒有探討過以後要共同生活所會牽扯到的具體事宜，比如住在哪裡呀，事業的方向呀，什麼時候要有孩子呀等等，連我自己都不知道要談些什麼了……」說著說著，我又陷入苦惱了，煩惱像一團亂麻一樣向我纏繞過來。

「那麼妳現在坐在妳男朋友這張椅子上，想像妳就是他，當他聽到妳剛才說的、看到妳的表現，他會說些什麼、做些什麼呢？」諮詢師看到我說不下去了，繼續引導我。

這時老師宣佈課程結束了。在回家的捷運上，我下意識地繼續著：他看到了我的徬徨和焦慮，伸出他那大大的手握住了我的手，然後，很誠懇地望著我的眼睛說道：「當我來到妳這裡，我就已經想清楚我的選擇了，我是要和妳共度餘生的。如果妳覺得現在討論結婚太著急，我可以等，我只是說出了我的願望，不是強加給妳。至於婚姻的事情，是涉及兩個家庭，但也是我們自己的事情，首先是由我們自己做主的……」我在我的想像中有些吃驚，又有些感動，他是有可能用這樣簡單、直接、坦誠的方式面對著這些事的，而我卻在揣測著他的態度，反令自己受著煎熬，這讓我頓時明白了一個我一直都沒有弄得太明白的概念——投射。我自己覺得這是一件很難想清也是很難獲得交流的事情，於是我認為他也是這樣認為的。我正在以我的個人經驗、感受、行為為參照，去瞭解和感知他，這將是誤解的起源。

我們常常強調，在各種人的關係當中，無論是朋友、親人、同事、同學、情人等等，想要達到一種和諧的交流與相處，就要換位思考，站在別人的角度想問題。我相信，人們也都曾多次嘗試過，但是問題始終存在。我想多半都是在換位的時候把自己也無意識地帶了過去，位置是換了，但是人沒有換，所以無法全力地體會他人的感受。

這是一次極其難得的體驗，它讓我對於人際關係、人際互動有了一層新的瞭解，清晰地區分出投射。這是能夠解決人們之間的諸多矛盾的有力武器，它讓我對自己的現狀有了更加明確的認識。也因為有幸能遇見這樣一個尊重自我空間、自愛、愛他人的情人，沒有多久，我便安心地決定與他攜手步入了婚姻的殿堂。

5. 再遇意象，打開情結

情結，用我的理解來看，就是一直耿耿於懷的存在於你內心的某種情緒，積年累月，沒有漸漸散去，而是愈來愈鬱積在心中。精神分析流派提出了這個概念，指出它一定與過去的某種經歷和某件事件有聯繫，只是可能由於內心的防禦機制讓你遺忘了或歪曲了它，因此需要深挖這些情緒背後代表的事件的真實面目。

對我來說，那一直是一種情感的缺失感。14歲時父親的驟然離世，18歲背井離鄉開始一個人的漂泊，背負著對外婆的牽掛和對母親想親近但又想逃避的矛盾心情，以及不肯面對父親去世而產生的孤身一人的自憐，這些都被我時深時淺地藏在心裡。它曾在我遭遇人生中無法預估的事件和極端情緒時愈演愈烈。縱使在我的內心漸漸安定、平穩時，也會有掩不住的淡淡哀傷，甚至會在與先生的家人共同生活的時候，在感受到父母對於子女的悉心照顧，和子女對於父母的依賴時，禁不住湧出無比羨慕的心情。我覺得它就

像我心中的一個結，時有時無，我也不知道它對我意味著什麼，直到我再次遇到意象技術。

我透過朱建軍先生的《我是誰》一書中對意象有了些較為形象、具體的瞭解。在我理解，它是在經典精神分析的夢的解析技術上繁衍出來的、通俗簡易、一般大眾都能夠運用和操作的一項進行自我分析的技術。我想最令我著迷的是，它能透過自我的意象展示，比較清晰、具體地瞭解到心理問題的癥結所在，並在運用一些專業的方法引導、處理後，呈現出一定的治療效果。

而我經歷的這一次，對我來說，具有里程碑式的意義。

在結束了心理學的自學和大部分的培訓課程後，我參加了華師大針對心理諮詢師二級證書的考試和為期半年的培訓。我將心理諮詢和讀書學習做為我今後一直需要堅持、努力的方向，這是我樂意並讓我覺得充實的選擇。而讓我感覺幸運的是，機緣巧合我加入了由嚴文華老師教授指導的實習小組。嚴老師嚴謹、細膩、踏實的教學風格，如師如友如春風化雨般的個人特質，彷彿是一道陽光照亮了我苦苦找尋自我的路徑。她就像一位傳統手工藝的師傅，親自把一道道工藝的技術、要點一步步地毫無保留地傳授給你，並為每個人的不同特點預留一份屬自己的發展空間。我在其中不僅獲得了非常紮實的基本功，還透過寫實習手記鍛鍊了記錄案例的能力，這是我認為做為一名諮詢師必不可少但又很難擁有的一項技能。

就在實習進入最後一個月的月初，我們開始進行模擬考試。學校安排了模特兒做為我們考核時的來訪者。那是模擬考試的第二天，模特兒扮演了一位由於外婆的離世而產生的 PTSD（創傷後壓力症候群），我不太清楚是因為模特兒的淚水，還是因為自己處於懷孕初期較為敏感，我也被模特兒的情緒所帶動，於是在模擬考試結束後，分小組演練時我選擇了來訪者的角

色，並扮演了一位幼年意外喪失父母的年輕女性，這是我鮮少扮演來訪者是如此貼近自己的經歷。

　　也許是出於對諮詢師的一種信賴，我從傾訴開始就不自覺地融入了自己的情緒，我想起了父親和外婆，直到情緒漸漸失控，泣不成聲。外婆是自我 18 歲外出求學就被鐫刻在心裡的一份情，我一直抱著日後報答且奉養她的意願而輾轉。直到我有一天意識到「子欲孝而親不在」的現實，決定定期回去探望她時，卻見到的是一位臥床不起、不再豐腴和神采奕奕、生命即將凋零的枯瘦的老人。

　　這時，嚴老師用意象介入幫我進行處理。她先引導我想像父親和我的樣子：服裝、顏色、表情，然後引導我和父親擁抱（這是至今在我的感受中都無比幸福的擁抱）。我對父親的愛和父親對我的愛源源不斷流向彼此，直到父親的形象消失卻化作溫暖的光繼續普照著我。隨即，嚴老師引導我想像外婆和我的樣子，同樣讓我和外婆彼此擁抱。當我的愛流向外婆時，卻沒有如父親般的愛從外婆處流轉回來，我想再努力擁抱外婆時，外婆不見了，場景切換成我成年的模樣了……意象也就在這個時候結束。我獨自在窗戶那站了一會兒，身體感覺很疲憊，但是內心有個小小的聲音告訴我，原來父親的愛一直在，從不曾失去。

　　秋心中對父親去世的抱怨情緒，一直沒有得到過處理。那個 14 歲的小女孩一直以為爸爸是拋棄下自己走了，自己對爸爸這樣的愛都留不住他。沒有人告訴她：去世不是爸爸的選擇，如果他能選擇的話。沒有預見自己的死亡，不是爸爸的錯，也不是媽媽的錯，更不是秋的錯。如果爸爸能夠選擇，他一定會留在這個世界上，陪著家人，陪著媽媽和奶奶、秋和哥哥，給老人盡孝、送終，看子女成人成婚。秋的被遺棄感固著在她 14 歲那年。

距離這次經歷至今已有近半年的時間了，聚積在心裡的情結好像在一點點地變輕，我開始仔細地碰觸、一點點地翻出來見些陽光。對於父親的感情，我慢慢地清晰和明確起來，情感的依賴一部分在於父親對於我的寵愛和包容，還有一部分其實才是我情結的重點：我並沒有和父親有更多的相處時間。在父親去世前，我一直是和外婆生活在一起的，因此格外渴望他的寵愛，這樣的期望卻遭遇他逝去帶給我的失望，讓我不願相信的同時暗自在心裡憐惜自己，並抱怨他不能繼續陪伴。

嚴老師的意象引導讓我的內心真實呈現了那真切、溫暖、強大的父愛，從未缺失且一直存在。這讓我明白，人們在面臨親人的喪失，所流露出來的悲痛、感傷或者其他情緒，都不僅僅是喪失這麼簡單的一種現象，而是與他以往的生活經歷有著緊密的聯繫的。雖然都是喪失引發的，但情緒的感受可謂千差萬別，每一個人都會因自己的獨特經歷而表現不同。

自我接納會帶來與他人關係的改善。與母親關係的改善，表明秋終於不再因父親去世而對家人封閉內心了。

對於外婆，那份愛流向的阻塞，我一直都沒想得很明白。外婆的去世雖是意外也是情理之中，但內心抱有一種未償的心願。但是，它又是從何而來的呢？直到最近，與母親由原來的疏離到日漸親近，我有些頓悟般地瞭解到，自幼與外婆共同生活的我，看盡了外婆的操勞和辛苦，也自認為是最瞭解外婆需求的人，所以一直把日後照顧和奉養外婆當作我義不容辭的責任，並認為外婆最需要的也是我的照料，甚至是母親也無法替代。只是直至外婆去世，我彷彿從未履行過我這應負的責任，所以會每每想起外婆都會有一種忍不住的心酸。那沉沉的責任感，是不斷加深的內疚的泉源。

而正因為如此，我發現對於母親多年來既想親近、卻又不停迴避的矛盾心態，也是源於父親去世後見到母親淒苦、艱辛而生出的責任感，想讓她快樂、安心，要讓她享子女之福。只是那時力量薄弱的我承擔不起內心如此沉重的壓力，就用逃避來緩解，越是逃避越是不能面對。

　　直到我心裡漸漸踏實、安穩並成家，和母親之間的緊張關係才有所緩和。尤其是最近我已經有了七個月的身孕，平時和母親交流的都是養育孩子的心得和細節，母親漸漸開始表現出對我的依賴，我也逐漸感覺與母親之間流動著以往不曾有的平等關係，這讓我能夠很坦然地與母親交流。

　　這些情結被挖掘至此，已經讓我感到生命又平添了很大的張力，想禦風的翅膀則是更加的強壯和有力，這樣的力量已經帶我走向更高，看得更遠。

6. 遭遇孕期抑鬱症

　　意外地發現懷孕，恰巧在嚴老師對我的意象處理和內心積鬱的情結被打開之後。用嚴老師的話來說，是上天的禮物。

　　只是我還未曾體會到準媽媽們懷孕的雀躍、欣喜的感受時，就迅速進入了懷孕初期的反應，還有一個月的心理諮詢師的培訓不得不停止，下一個月的正式考試不得不考慮放棄。正在著手做的任何事情也都停了下來（這裡包含有正在開展的事業、有關個人發展的很多計畫）。我又屬高齡、高危險範圍，所以似乎我能選擇的就只有在家臥床靜養。有朋友恭喜我說終於可以安心地做小豬了，我也曾經以為並設想會這樣的美好，可以理所當然的終日無所事事、遊手好閒、好吃懶做地看所有自己喜歡看的書。

　　而現實是什麼呢？所有的東西我幾乎都無法下嚥，包括水，所有一切口感涼或者涼性的東西進到胃裡還沒被消化就吐個精光，包括水果。所有帶

油的一律吃不下；原來甚愛吃川菜的我，現在佐料味重一丁點就吃不下，最好是什麼都不放，只放一點點鹽……到後來發展到，我很餓的時候也開始乾嘔，所幸能吃點白米飯、白饅頭，但也不能多吃；還可以喝點牛奶，晚上摒住呼吸喝杯牛奶就趕緊睡覺，這樣至少會有一段不被噁心感覺侵蝕的安穩時光。什麼快樂的小豬、悠閒地看書，那些簡直是奢望。

秋的反應不是每一個孕婦都會遭遇到的。她的反應這麼劇烈，和她的敏感有關。敏感常常帶來諮詢中的敏銳，但也可能帶來生活當中的過度反應。

我就這樣被困在了一張床上。所有的人，有經驗的、沒經驗的都會勸解你兩句，這是正常的，不用想那麼多，也別鬱悶，為了寶寶好要有一個好心情才行。一種無力、無用感生了出來，情緒也異常煩躁起來。唯一能做的就是忍耐，向著寶寶健康發展的方向忍耐。

我感覺陷入了一種從未有過的抑鬱情緒中，我不覺得有什麼能夠救助到我的，也不去想有什麼能讓我脫離這種情緒，就任著日復一日。如果說曾經有過的一段黑暗時光，但是那是無意識的、沉溺的、無天日的感覺，而這一段則是意識清晰地感受著的煎熬和消耗，每一天都過得很慢很慢……

這樣的情況大概維持了大半個月後，我接了兩通電話。一通是現在實習小組的組員，聽說我懷孕了打電話來慰問一下我，她略問了一些我的近況，聊起她在哪個醫院檢查，說她第一次聽到寶寶的心跳時自己都被嚇了一下，還建議我待產的時候最好有導樂（註）。這是第一次，和我聊天的人沒有就我的現狀對我進行耳提面命的教誨，這讓我突然間覺得有些輕鬆。

另一通電話則是家鄉的好友，今年年初才生了一個寶寶，我們在一起

的時候都是她唧唧喳喳說的多，這次來電話，不知道是她初為人母的緣故還是我們好久沒有聯繫了，她就在電話那頭靜靜地聽我說著我怎麼發現懷孕的，又是怎麼焦慮的，身體有多不舒服，什麼事情也做不了等等。掛了電話，我心情一下好很多，我突然想給很多人打電話聊天，也突然想見很多人，傾訴的願望一下變得好強烈。正好先生在，我才發現他也被這段時間我的這種糟糕狀況弄得內心擔憂而消瘦了不少。而當我以一種自我戲謔的口吻告訴他我這段時間抑鬱了時，看到他一貫的深表理解的認真表情，我不禁從心裡高興了出來。雖然身體難受的感覺依然在，但是我覺得我的精神被解困了。

雖然這是一次短暫的抑鬱體驗，但是我從中獲得了一種經驗：抑鬱可能是與某種壓力有關。比如我，寶寶的健康和我的正常生活都由我自己負責，但是我都無法掌控了，那種失控感讓我無所適從，令我不自主地迴避所有與此相關的事。越是迴避，承載在心中的力越重，故而形成一個周而復始的惡性循環。

當我們面臨有抑鬱徵兆的人時，在瞭解了抑鬱的壓力源後，我們可以嘗試性地引導他在一定的空間裡自由地宣洩，讓他在宣洩的同時能感受一種理解和支持，這對他是一種莫大的助益；如果他最初不願表露，那麼我們

註：「導樂」是希臘語「Doula」的音譯，原意為「女性照顧女性」。在產婦分娩的全過程中，由一位富有愛心、態度和藹、善解人意、精通婦產科知識的女性始終陪伴在產婦身邊，這位陪伴女性即為「導樂」。「導樂」在整個產程中給分娩媽媽以持續的心理、生理及感情上的支持，並採用適宜技術，幫助分娩媽媽度過生產難關。在國外醫學界慣常將有過生育經歷、富有奉獻精神和接生經驗的女性稱為「導樂」，專司指導孕婦進行順利自然的分娩。

可以恰當地選擇自己或他人曾有的同樣經歷，用自我曝露的方式與他交流，這樣或許也能在某種程度上讓他感受到你是理解他的。而對於有抑鬱傾向的人，就我個人經歷而言，我覺得應該謹慎應用的幾種態度是：鼓勵、美好前景的描述、平常化、置疑等，那樣會加重他們內心的壓力，並會同時感到自己不被理解，這是一種強大的反作用力，反而使其陷入更深的抑鬱情緒中。

在體驗著自身情緒低落的同時，秋還會考慮著如何幫助像這樣的當事人。她真的是非常用心地在學習和體驗。任何事情都可能成為學習的泉源。

原本以為會是一場糟糕的心理體驗，沒想到卻有這樣的收穫，看來生活雖多磨難，但總也會相繼呈現驚喜不斷。記得有一次培訓，輪到我表達我所經歷的一種情緒時，我說了這樣一句話：「……那是我這一輩子經歷得最……」當時其他學員都笑了：「妳才多大呀，就一輩子了。」這時老師打斷了大家的笑，說：「注意，這是她的表述、她的認識與自我評價。」那時，我意識到，我內心裡認為我已經經歷了我能承受的所有，人生已經定型了，而如今，我卻對未來充滿了期待，尤其期待在生活中經歷諸多的變數。我等待著，等待在以後的漫漫長日裡破繭成蝶。

（四）後記

「心理諮詢師和來訪者一起走進他的心裡，利用他的能量來尋找問題的解決方式，從而獲得經驗提升自我。」這是我最為讚賞的關於心理諮詢的解釋。

雖然沒有累積很多的個案，但是，決定做一名心理諮詢師卻是在尋找自我的過程中，所領悟到的最為適合我且非常喜歡的選擇。我發現，我有一種天生的悲天憫人的心理，並崇尚一種大愛，我喜歡從身邊的人或者事裡獲得感動、力量和經驗，然後把它們用我的方式再傳遞出去。其實這是人類所共有的，只是大多數人疲於奔命而將它藏在內心的深處不被顯現罷了。我是幸運的，我能夠察覺出我的這份需求，它讓我幸福、滿足，所以，我將用以後的人生來慢慢享受這個過程。

心理諮詢是非常個人化的，沒有一個統一的模型標準。在我看來，除了熟練的技術、精深的專業外，個人的人格、思想內容才是讓一次諮詢順利完成的關鍵。諮詢師和來訪者互相攪動時，閃現的火花讓人頓悟，這正是相互的思想和人格的碰撞。也許這是一條助人的途徑，但是永遠不要忘記了，你才是在背後獲得真正修練的那個。如果沒有這樣的一份感悟，你可能只是為了諮詢而諮詢，永遠在原地踏步而已。

身攜七個月的寶寶，把自己從頭到腳的整理一遍，這是上天賜予我的大好良機。雖然寶寶會在肚子裡不停地東踹西踹，但是有他（她）的陪伴更強化了我寫完這些文字的意願。希望我的故事能給予正在看的人們一些啟示，無論是好的還是不好的，都是人生的一種經歷。希望你和我一起經歷這些回顧、提煉和昇華。

打掃心房（嚴文華）

收到秋的文稿，我遏制住自己立刻打開來閱讀的衝動。在忙碌中閱讀這樣的文稿，就像在忙碌的大街上喝好茶，會浪費了好茶的香醇。讓它靜靜地在我的電腦中躺了一個白天，直到我晚上有時間和空間時，我才讓自己沉浸在其中。

會有淚水盈眶。讀到父親去世後她的應對方式時。彷彿那個青春期的女孩就站在我面前，那樣封閉著心靈，渴望著關愛，卻又拒絕著別人的接近。

秋對心理描述的細膩和準確一直讓我驚嘆。這不是來自中文系的修練。反過來說，她的細膩使得她選擇了中文系，這樣她可以更得心應手地用語言來表達自己。

秋對於自己分析的深入，也讓我驚嘆。她真的是在做一件非常有意義的事：把心房打掃得乾乾淨淨，迎接寶寶的出生！

非常欣賞秋把自我意識的重心從他人身上挪到了自己內心。一個人可以全心全意地把自己奉獻給別人，但如果在這個過程當中失去了自我，那就是一件危險的事情。所以，當秋重新安置自我的重心時，她就擁有了心理諮詢師一個重要的品格：擁有清晰的自我意識。諮詢師如果沒有清晰的自我意識，不僅無法幫助到來訪者，而且很容易過度地捲入到來訪者的故事裡，被來訪者的問題所困擾。

在秋的身上，我看到了寫作療法的魔力。她是非常適合、也非常擅長用寫作來內省、成長的。和其他諮詢師一樣，透過寫作，他們理清了自己的思路，也向讀者呈現了道路的原圖，把希望傳遞給讀者：原來，即使有這些挫折和遭遇，仍然可以幸福。這些會讓我們對生活充滿渴望。

秋現在有了一個可愛的女兒，和她一樣敏感，是她的貼心寶貝。她和母親的關係有了實質性的改善。她有強烈的自我成長需求，參加了一個自我成長團隊。

通往天堂的路（五月）

個人檔案與圖畫

　　五月，女，企業職員，國家二級心理諮詢師。樂於助人，樂於自助。沒有AB型血型，卻擁有AB型性格。追求完美，仍離完美很遠。不做聰明人，以傻傻的為傲。

　　畫面上是一朵向日葵，正對著太陽在笑，而太陽也正對著向日葵在笑。整個畫面有愉悅、和諧感。這種互動可能是五月已成長的部分。但仍有一些方面五月需要繼續成長：不用那麼過於追求完美，只做自己能夠承受得住的事，而不刻意為得到別人好評承擔過多負重。成為自己心靈和身體的掌控者，而不是讓自己被掌控。

通往天堂的路（五月）

2009 年，3 月。

她以為，這輩子，可能都無法真正地開始一段戀情了。

（一）

1992 年，她讀中學。神州大地到處瀰漫著瓊瑤阿姨浪漫的氣息，無數少女心中種下了白馬王子和才子佳人的夢。

她，也不例外。

1995 年，她考進大學。大學所在的城市離故鄉千里之遙。距離足夠遠，是她選擇大學的第一要素。

報到前夕，母親鄭重其事地找她談話，中心思想為「大學期間以學業為重，專心讀書，不要談戀愛」云云。

進入大學，寢室六人，來自四個專業、六個省份，真正的雜居。大家都很期待大學校園的精彩生活，她，被大家不約而同地認為一定是最先有男朋友的人。

1998 年春節，大學的生活過去一半。步入「高年級」，同級男生開始在新入學的學妹中尋尋覓覓，寢室六人，一半已經出雙入對。她，仍舊一個人「瀟灑」。

母親的態度悄然開始轉變，暗示無效，索性明示，「有好的男生可以考慮一下」。

2000 年，畢業，各奔東西。她帶著毅然和決然留在了那個熟悉又陌生的城市。一個人，帶著一顆天真的心。

（二）

2009 年，3 月。

在這個喧囂忙碌的城市混跡十多年之後，奔三（年齡數字即將三字頭）的她仍舊需要面對一個人的自己時，她不得不承認，她必須要做點什麼了。

不是不煩惱的。

過了三十歲的年齡，身邊所有的人關心的話題只有一個：「感情婚姻問題」。遠的、近的朋友，見面總是旁敲側擊：「現在是一個人還是兩個人？」家族聚會，長輩們問得直接明瞭：「男朋友有了嗎？」特別是父母，從最初的嘮嘮叨叨，到現在的邊鼓常敲，話題無他：「男朋友男朋友」、「結婚結婚」。彷彿只要步入婚姻殿堂，幸福的天堂就此敞開大門，生活從此快樂無憂。

不是不焦慮的。

她在傳統的家庭長大，依照傳統教育，在合適的年齡談戀愛，在恰當的時候結婚，再自然而然地生育小孩，人生才算圓滿。

她也一直是這麼認為的。

從國中起，已經開始在小說、電視劇裡憧憬自己未來的感情歷程和家庭生活，英俊帥氣的男朋友、成熟穩重的老公、活潑可愛的孩子、慈祥仁愛的父母，何等溫暖的畫面，讓人無比期待的甜蜜幸福。

她絕沒有料想到，她會在明顯「大齡」（針對某一群體或標準來說，其中年齡較大的人）的階段，仍舊「享受」著一個人的瀟灑。

不是不恐懼的。

一個人吃飯，一個人逛街尚且可以忍受，一個人生病、一個人過節，甚至一個人說話，這種假想時刻都會囓噬她日益脆弱的神經。

身邊不是沒有人追求。一直都有。

追求的人不是不優秀。每個人都很優秀。

她卻不願意接受，一個都不。在她眼中，每個人都有讓她無法接受的理由，無一例外。

旁人無法理解她，而她，也無法理解她自己。

更糟糕的是，她開始在偶爾吃多的餐後強制性嘔吐了。

因為怕胖。

體重問題自國中起就開始困擾她。

她從來不是胖子，可是也從來沒有苗條過。

從小，她的胃口就很好，看到好吃的東西就失去一切自制力，即使吃飽也會忍不住再吃。暗暗地羨慕班上苗條的女生，卻不肯放棄嘴巴的享受。

進了大學，飲食口味的變化沒有對她造成任何影響。她的胃口非常適應不同的風味，體重始終保持在「展現社會主義」的水準，體型持續「豐滿」。

踏入社會，身邊的好友、同學紛紛發覺到外形的重要性，各自在或短或長的時間裡褪去嬰兒肥，與時俱進，一同進入了「享瘦」時代。

而她，開始了與體重持久而不懈地抗爭。

嘴巴，無論如何是管不住。她與別人不同。多數人遇到煩心事，情緒低落，首先會影響胃口，什麼都不想吃，什麼都吃不下，正是所謂的「茶不思飯不想」，短短幾天，也會瘦脫人形。而她獨特的排解壓力大法，就是吃，不停地吃。胃口從來沒有不好的時候，越是心情不好，越是鬱悶，越是想吃東西，胃口驚人。彷彿食物變成了鬱悶之事、惱怒之人，在風捲殘雲中一起被消滅於無形。

任何「努力」都不會沒有回報，吃進去的東西也不會白吃，統統地都變成了脂肪貼在了身上。

戰鬥，就此打響。

減肥茶、減肥藥、運動、儀器按摩、耳穴、針灸……除了抽脂，該嘗試的幾乎都嘗試了。每年夏天，大筆的銀子都會從她的口袋跑進減肥行業。在或多或少減掉了些許後，又會因為無法控制的貪食，體重再度飆升，不到冬天，已然一切照舊。

第二年夏天，周而復始。

心情經常糟糕。購物時，會因為沒有合適的尺碼或者沒有達到預期的效果轉而大吃；聚會時，會因為身材不夠苗條而自信缺乏以致縮手縮腳；打開衣櫥，除了黑色還是黑色，二十幾歲的女生，經常會從頭到腳黑色的打扮……

她瞭解自己，知道自己在感情順暢的時候體重就會自然下降，隨即線條清晰。可是，感情不順暢成了她生活的常態。

2009 年 3 月，她開始在吃多的餐後強制性嘔吐，因為她厭倦了體重不停反覆的過程，她甚至固執地認為，身材也成了她感情現狀的一個影響因素。不吃，忍不住；吃，充滿罪惡感。於是，吃過後吐出來成了看似沒辦法下的辦法，既滿足了嘴巴又少了體重增加的後顧之憂。她知道，這是極其糟糕的做法，會導致腸胃受損，會得厭食症，嚴重的還會危及生命。

神經性貪食是一種反覆發作和不可抗拒的攝食慾望及暴食行為，且伴有擔心發胖的恐懼心理，常採取引吐等極端措施以消除因暴食導致發胖的進食障礙。現代白領階層，多因不良情緒而促發程度不等的飲食障礙。

診斷要點：

一是具有持續存在進食的優勢觀念、有不可抗拒的進食慾望和難以克制的發作性暴食行為；二是有對肥胖的病態性恐懼，常採用引吐、導瀉等方法力圖抵消食物導致的發胖作用；三是常有神經性厭食的既往史；四是發作性暴食至少每週兩次，持續三個月。

問題是，她無法停止。

自救，是唯一的救贖之道，做為一個成熟的人，必須要對自己負起百分百的責任。

她決定去上心理學課程。

（三）

心理學一直是她感興趣的學科。大學時，她就曾選修部分心理學的課程，畢業後也特別關注心理學的資訊，甚至不只一次有考心理學全職研究生的念頭。現在，生命的機緣看似已到，她希望透過對心理學的研習來瞭解自己，拯救自己。

2009 年 11 月，經過半年的系統學習，她通過了國家二級心理諮詢師的考試。

2010 年 1 月，她開始學習意象對話技術。

意象對話技術是近幾年新興起來的一種心理諮詢和治療的技術，它的

基本特點就是在諮詢過程中，心理諮詢師和來訪者一起使用意象，靠這些意象的象徵意義來相互交流。它可以讓心理諮詢師直接進入來訪者的潛意識區域或心理深層，還可以直接作用於來訪者的心理深層，以調節、改變或重構來訪者的心理結構與狀態。

　　精神分析的創始人佛洛德指出，在夢裡的形象都有象徵意義，每個形象的意義是不固定的，在想像中也一樣。

　　吸引她走入意象對話技術領域的是一個叫做「花與昆蟲」的經典意象。

　　那是一次華心社團（心理諮詢師）的沙龍聚會，當天的主題就是意象體驗。引導者帶領大家在放鬆的狀態下想像花和昆蟲，並且透過花和昆蟲的各自形態以及互動來瞭解意象體驗者關於兩性關係的一些看法和狀態。

　　她看到一片燦爛的花叢，開滿五顏六色的花朵，每一朵都盛放著，迎著太陽。向日葵高高地矗立在花叢中，牡丹、月季、玫瑰各式花等層層疊疊，綻放著嬌豔的花瓣，爭奇鬥豔。

　　花叢中飛著一隻小蜜蜂，牠停在半空中，看著花，只是揮舞著翅膀看著。

　　引導者要她想像花與小蜜蜂之間的對話。

　　這應該不是很難。可是她卻有點不容易。在她的腦海中，花和小蜜蜂都沉默著，沒有言語，如果一定需要有言語，小蜜蜂也許會說「Hi，你好」，而花也只是禮貌的回答「HI，你好」。

　　引導者事後分析說，這足見她的兩性關係是不夠健康的。花朵代表女性，昆蟲代表男性，她想像中的花朵和昆蟲的形象都很好，但互動明顯不夠暢通。因為小蜜蜂只是停在半空中，並沒有落在花瓣上，花朵和昆蟲沒有接觸；花朵和昆蟲也沒有交流，即使迫於無奈，也只是禮貌性的招呼，並沒有親近感。

她的心裡愣一下。

那不就是一直困惑她的問題嗎？

從小到大，她一直都是人群中出眾的那一份子。容貌姣好，教養良好，加上性格外向，身邊總是熱熱鬧鬧，從來不缺朋友，異性好友更是關係緊密。可是，她就是無法和異性建立親密關係。做朋友完全 OK，但當有異性對她明確表示好感，並嘗試進一步靠近時，她就會迅速後退，幾匹馬也無法再將她拉回，不管對方是如何優秀、如何執著。

因著這花和這蜜蜂，她一頭栽進了意象對話技術的瀚海，栽進了自己不為自己所知的內心世界。

初學意象，老師讓大家各自用一種形象來描述自己。大家紛紛發言，熱鬧非凡。有的是一隻翱翔在廣闊天空中帶著犀利眼神的老鷹，有的是一顆鮮豔欲滴嬌嫩無比的草莓，有的是一股自由自在來去無蹤的清風……她，是一個胖乎乎的小男孩。

真奇怪，她明明已經是成熟女性，為什麼會認為自己是個男性？還是個小男孩？還胖乎乎？

老師像高人指點迷津般，為每個人都開了個病情診斷書，只憑這一個簡單的自我形象意象，就看到了每個人的內心，自知的和不自知的。

胖乎乎的小男孩，是她沒有充分成長的童年，沒有充分享受，沒有經歷完整。而男孩，亦是她現在女性魅力被壓抑的代表。只有把童年缺失的成長補上，重新感受失去的童真，她才會順利進入下一個人生階段，才能在現階段真正成為一個成年女性，無論是心理還是生理。

真的嗎？真的是這樣嗎？

她的童年，真的缺失了嗎？

她的父母是標準的高級知識份子。「文化革命」前即雙雙考入正規的

重點大學（明星大學），隨後從事專業工作一輩子。典型的傳統知識份子家庭，標準的中華民族傳統思想為行為指導準則的家庭。

她的父親，一個好丈夫、好爸爸。像那個年代絕大部分的父母一樣，他不知道如何表達愛，澀於言語。他只是努力地在那個物資匱乏的年代勤勤懇懇的工作，拼命讓他的家庭過著沒有憂慮的生活。對於孩子，他秉承著高標準嚴要求，「沒有最好，只有更好」。

記憶中最深刻的是國小時，她和姐姐就已經被剝奪了看動畫的權利，取而代之的是看新聞聯播（現在想來十分好笑，讓十歲的孩子看新聞聯播瞭解國家大事，她的父親真是志向高遠）。

嚴肅的父母，帶給她們略有些嚴肅的童年。也許吧，這是她缺失的一部分童年，在她的心裡，一直是有小小遺憾的。

（四）

深入學習意象，又一次課堂練習。

「你走在路上，一直走一直走，直到看見什麼」。

什麼樣的路？什麼樣的環境？看到什麼？在做什麼？

戈壁，茫茫戈壁，無邊無際，只有黃土。一個小男孩，孤零零地蹲在那裡，背對著漸行漸近的「她」，獨自玩耍。

她靠得更近些，孩子完全沉浸在自己的世界中，絲毫感受不到她的存在。

看著這個孩子，她只覺得內心隱隱作痛，眼淚啪嗒啪嗒的掉下來。這個只用背影示人的孩子，渾身透著孤單寂寞氣息的孩子，分明就是她自己。

她默默地流著眼淚，從背後看著孩子，體會著他的悲涼，體會著自己的悲涼。

她慢慢地走過去，從後面抱住了孩子。

孩子沒有回頭，手上的動作並沒有停止。

他，把自己，封閉在了自己的世界裡。

她哭得更厲害了，內心揪痛，痛得不能自己。

老師開始引導她說意象對話技術中的三句半咒語，

「我無條件地接納你」；

「我無條件地愛你」；

「我無條件地以你為榮」；

「因為你是我生命的一部分」。

她抱著孩子，用心對著那孩子一遍遍地說著，她想讓孩子聽到，她想走入孩子的世界，她想透過她的擁抱讓孩子感受到溫暖。

在聲聲呼喚中，孩子的眼神慢慢地變了，不再那麼默然；孩子的身體，逐漸柔軟，不再這麼僵硬。慢慢地，慢慢地，孩子的眼睛好像也矇上了層霧氣。

她知道，他聽到了，她的心聽到了。

她一直都渴望擁抱，渴望愛。

從她有記憶起，父母就不再抱她了。

她的父母是在老式家庭老式教育環境裡成長的，他們確實是好父母，但是像那個時代大部分的父母一樣，他們不會表達愛。父母生性嚴肅，又因為從事了一輩子專業工作，個性更是一絲不苟。在孩子的培育和學業上嚴格要求，在生活上細緻約束。

他們從不當面表揚孩子，儘管他們心裡對孩子十分滿意。為了讓孩子能「更上層樓」，不致產生驕傲情緒，所以，孩子永遠有不足的地方，永遠有更高的目標需要努力，永遠有別家的孩子需要看齊。

沒有表揚，沒有鼓勵。

在父母的那個年代，不會用擁抱表達情感，這幾乎是整個時代的能力喪失。

她一直都是個渴望擁有很多很多愛的孩子，比一般的愛多很多的愛。

這，也是她長大以後才發覺到的。

（五）

又是一次意象督導課。

她情緒低落。

時間已是 2010 年 4 月。

她早已不再強制性嘔吐，卻仍舊掙扎在體重和貪食的矛盾中，仍舊一個人。

低落，緣於又一段關係的無疾而終。

稱之為「關係」，因為他們還沒發展到戀情，只是見面、吃飯、發短信（簡訊），並未牽手、擁抱；稱之為「又」，因為她想不起來他是第多少個類似的角色了；而所謂「無疾而終」，就是大家始終保持著不遠不近、不冷不熱的距離，為了在一起的目的而認識，卻沒有激情，沒有衝動，淡如水。漸漸地，連見面的興趣也沒有了；於是，不需要明說，It's over。

老師看在眼裡，疼在心裡，督導課變成了一次針對個人的心理諮詢課。

從練習開始。

大家環圈而坐。每個人的左手都放在左邊一個人的手背上，去感受自己左手的感覺，去感受手背上那另一隻手的感覺。

她什麼都感受不到。她感覺不到自己左手的任何動靜，甚至無法將左手完全貼合到對方的手背上，她也感覺不到自己手背上來自另一個人左手的

任何溫度。

「要相信愛。」

老師字字珠璣：「不要因為曾經受過傷害而對愛失去信心，不要因為害怕再受傷害而關上心門，不要因為防禦而對所有的人都冷淡戒備……」老師一語中的，點出她不自知的核心問題。

她一直都恐懼愛，一直在懷疑愛，儘管，她是這麼強烈地渴望著愛。

她一直都很天真、簡單、不世故。因著這簡單、不世故，在這俗世裡摔了幾個跟斗。身上的傷疤多了，不禁懷疑自己是否過於天真，是否該改變以適應現實的環境。嘗試改變，卻又因違背了自己的真心而痛苦異常。在這掙扎中，她竟沒有意識到，她已離真愛漸行漸遠，將自己放逐，放逐到遠離愛的冰天雪地的西伯利亞。

她逃離感情，抗拒靠近，只是因為恐懼，恐懼不確定的未知。因為恐懼，她將身邊所有可能真心的、不真心的人都推到了 N 里外。不靠近就不會有心動了，不心動就不會有牽掛了，不牽掛就不怕離別，不怕離別就不會有哀傷，不哀傷就不會有心痛了吧！

她怕心痛。

多麼的悲哀，因為未知的未來，而斷送了現在當下的幸福。

「要接納自己。」

曾經的暴飲暴食是因為缺乏愛，因為愛的缺失，而用食物來填補。「沒有很多很多的愛，就要很多很多的食物，心靈不能被滿足，至少胃口要被滿足」，這是她的潛意識。要相信天真的自己是這世界上的一抹亮色，要相信真誠的自己是這世界上的一絲溫暖，要相信不世故的自己是這世界上不可多得的珍貴。要相信，不管體型如何的自己，都始終是真正的自己，這世間獨一無二的自己，最完美的自己。更何況，當擁有了愛，體型自然會變得完美。

「要愛自己。」

人這一輩子，很短，很長。人生的道路上，會有很多人，陪我們走過一段段的歲月，但只有自己，可以陪伴自己走完全程。如果我們自己都不愛自己，又有誰會來愛我們呢？過去的已經過去，我們無法重來，重要的是走好現在的每一步，不要因為對過去的悔恨和對未來的恐懼，而影響了當下可能的幸福。

再重複之前的練習，神奇地，她感受到了自己左手能量的流動，她的手能夠完全貼合到對方的手背上了，她的手在向對方傳遞著能量，源源不斷。而她的手背上，也感受到了另一邊傳來的溫度，暖暖的，行向心房。

她釋放了禁錮在身體內的能量，釋放了禁錮在內心的愛。改變，在當下發生了。

「敞開心扉，流動愛」，這是老師給她的家庭作業。「不要因為害怕摔跤就止步不前，不要因為害怕傷害就遠離愛情。敞開心扉，擁抱生命的一切可能，自會有人來為妳擋風遮雨。」這和現在世界上流行的「吸引力法則」也是異曲同工吧！只要你相信，世間奇妙的能量吸引自會將你腦海中的景象帶到你的眼前，這就是所謂的夢想成真吧！而如果你總是處於負面想法中，也會「夢想成真」，你成天擔心受怕的事情一定會發生。

她透過層層意象，看到更深刻的自己，和自己的內心不斷地對話，和更多的自己握手言和。

……

（六）

2010年10月，她已經有了相愛的男友。原來，接受對方的靠近，不難，靠近對方的靠近，不難。

2010年10月，每個見到她的人，都會讚嘆她的變化，變得更笑靨如花，更神采飛揚，更有女性魅力，韻味十足。

2010年10月，她瘦了十斤，沒有吃藥、沒有藉助任何外部力量，沒有花費任何金錢。

一路走來，她不斷地遇到未知的自己，不斷地更新自我認知，不斷地探索發現，體會著「新生命」的活力與感動。看著日益在人格上豐盈飽滿的自己，內心每天都是感恩的，喜悅的。

她相信，她一定會幸福的！

挫折的意義（嚴文華）

感動於五月的真誠和坦然。我早已在團隊活動中見過她，但卻並不知她的笑靨背後，原來有這樣的故事。當一個人敞開心靈時，我們會被那種坦誠所感動。我也第一次知道，我們的團隊活動會讓參加者受益若此。

我相信五月一定會幸福的。

以前那些挫折不是沒有意義的。她會比其他人更珍惜自己已經得到的幸福。

越渴望，越發生。她渴望得到幸福，所以會和心理學相遇，會和意象對話訓練班相遇。

她心中那個胖胖的小男孩，孤獨地背向著，是否也在你的心裡？我們每個人都有一些情結，都有一些未完成的人生命題，在任何階段，和我們相

遇。

　　逃避，看上去是最省力的方式，其實卻最費力。只有面對和接納，才是最徹底的。逃避不一定能躲過，面對不一定會難過。

　　真心地祝福五月！相信五月會幸福的！有了獲得幸福的經驗，不論遭遇什麼挫折，都會有更強的應對能力和經驗！

　　每個人應對壓力的方式不同。五月把吃做為應對壓力的方式，把體重做為與自己抗爭的平臺。儘管體重從來都和幸福指數沒有必然關係，但五月在自己身上創造出這樣的負面關係：體重越重，情緒越低落，幸福感越低；體重越輕，情緒越好，幸福感越高。在她體重的起起伏伏中，可以看到她時而是嚴苛的父母，要求自己事事必須完美，包括體重；時而是那個反抗和擺脫父母控制的孩子，不僅大吃特吃，而且吃完後還會強迫性嘔吐。她在這種抗爭中疲憊不堪。

　　如果不是透過心理學，相信五月也會尋找其他的方法來擺脫自己的困境，只不過是花費多大力氣、要多久才能找到的問題。她非常幸運地透過學習心理學，透過意象對話技術，不僅找到了自己神經性嘔吐的根源，而且改變了自己的思維模式和行為模式，找到了真愛。她不用再透過食物來滿足愛的匱乏，她擁有了愛情。她重新開啟了自己愛的能力、接納愛的能力。

Memory（晴天娃娃）

個人檔案與圖畫

83 版的射手女，長於香江畔，軍隊大院的野孩子。

由於家母秉承「放養」是硬道理的教育模式，在大院裡，任由我混跡於滿是爬牆頭、彈皮弓的男孩圈；在大家族裡，任由我窩在父輩們的藏書閣裡，囫圇吞棗般地肆意翻閱，從聊齋、七俠五義到金庸、古龍，從瓊瑤阿姨到岑凱倫、席絹，不一而足。於是乎，等到家有小女初長成的年月，也就不意外地出落成了「假小子」性子的「心有千千結」的女孩。

矛盾，辨證，對立統一著。學心理諮詢之前，就知道人的成長是因果循環的。因為那些成長走過的過去，才有這樣的當下；因為此刻的每一件小事，才有既定的不可逃脫的未來。

但是，我仍舊不瞭解自己，或者說不瞭解命運與生活的原色。二十幾年裡，反反覆覆地經歷著錯過、怨懟、憤恨、悔悟、激進、衝動……

改變，與自己和解。在遭遇大喜大悲之後，學會正視自己的情緒，直面人生，真實地接納自己，善待生命所賦予的點滴。

 從內心糾結到理順

第一幅畫

「我畫得很難看。窗戶往外開著，從窗戶裡可以看到外面的一棵樹，樹上掛著晴天娃娃。有一首歌，就叫晴天娃娃，它給人帶來好心情，每天帶來陽光。」

「我仍然是畫了晴天娃娃。幾個月之前，內心很自我糾結，而現在則理順了。」

在兩個月裡，她確實將自己理順了。她是帶著糾結進入心理諮詢的學習，甚至在小組練習中都會帶進自己真實的困擾。

第一幅圖畫中那些雜亂的線條正是她內心糾葛的寫照。在表面上，她比誰都開心，她比誰的鬼點子都多，每次玩遊戲時，她的笑鬧聲最大。但在這些表象後面，她有著深深的焦慮，有著很多糾結。她曾有一個烏鴉的意象，一隻停留在光禿禿的樹上的烏鴉，有著不安、孤單、害怕和焦慮，想要離開這個不舒適的舒適區，又被不確定性壓倒。內心的混亂和掙扎非常具象。

在我們實習結束兩個月後的一天晚上，我收到了她的郵件：「我正在

寫辭職信。剛好寫道：『束縛腳步的，從來不是翅膀而是夢想。』期待自己新一年裡有新的收穫。」我笑了，烏鴉從秋天飛到春天了。心理諮詢學習過程中的成長仍有後效，她做出了一個決定。

她做出的不只是一個決定。隨後，她的身分也由已婚人士變成了單身。那是另外一種梳理。只是不知在當時會越梳越亂還是徹底理順。從她的〈Memory〉一文來看，需要有一個過程才可能被理順。

親密關係：蝶戀花（晴天娃娃）

對意象對話的好奇，讓我參加了「花與昆蟲」意象主題的訓練(1)。照老師的說法，它是關於親密關係的自我整合。

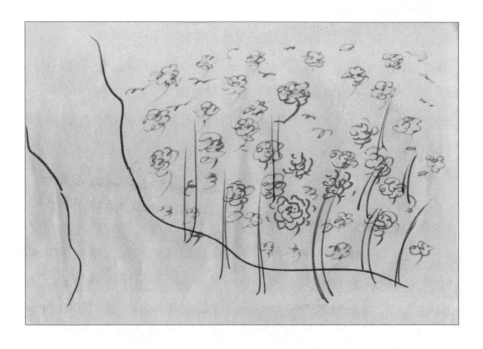

冥想：小徑，深處，花與昆蟲。

在我的意象世界裡，花是「情花」，蟲是「蝶」。蝶戀花？

當沉入冥想而身心放鬆的我，緩緩訴說著蝶與花的距離，感受；他曼舞，她等待；他守候，她期待。花給自己設了界，蝶要逾越；花沉默著，默許著，兀自抗拒著；蝶堅持著，不離不棄；終於，她的花瓣讓他停駐，他的身影與

---

(1)歷屆我所帶的心理諮詢小組的同學有每個月共同學習一次的傳統。具體資訊可見博客：http://blog.sina.com.cn/huaxin09。在 2010 年 1 月諮詢小組的學習活動中做了「花與昆蟲」這個主題的訓練。這篇手記是在該活動結束後寫的。

花蕊擁抱。花對蝶說，抱抱。

當蝶幻化成了花蕊裡最核心的花瓣，當花的色澤散發出蝶的晶瑩光澤，當陽光散滿整個花谷，回到現實的我，忽然領悟到了自身親密關係裡的弊端所在。如果，界限是我自己畫下的圈，不接納轉化蝶那一部分的自我，我如何能在現實中的親密關係裡融合？

晚上回家，一時興起，給他做了這個意象。在他眼裡的昆蟲，亦是蝶，那蝶健康、勇敢、有著自己的目的性，而他眼裡的花，幻化的平凡又不普通。蝶不知道花會對它說什麼。做到這裡的時候，我忍不住想，是否是因為我這個化身「花」的人因為我給自己的界限而帶給他這樣的困惑與感受？蝶還是飛向了花，採蜜。可是花之後如何，蝶就不知道了。最後他說，花兒凋謝了。這樣的結局啊！我忍不住想，這會是他對親密關係結局的想像嗎？

花與昆蟲：現實版（嚴文華）

晴天娃娃同學的文筆永遠是這樣迤邐。她的圖畫也是迤邐的。彷彿天上的星。好在她對圖畫的解釋是很人間的：「走到小徑深處，在右側，我回眸。玫瑰形成了一片花海。如果給這片花海取一個名字，我會取名為『情花』。在成片的花海中，我停在了一枝玫瑰面前。這並不是最豔麗、最壯觀的那枝，已含苞待放，花蕊未開，冷傲自視。它在群花中，又在群花外。如果有昆蟲，那會是一隻蝶，一隻白色的蝶。」

「花與昆蟲」是意象對話中的一個經典主題。它具有多重含意：對內，它是我們人格當中女性面具與男性面具關係的象徵；對外，它是我們親密關係互動的表達。這兩者是一致的。晴天娃娃同學的意象世界中，花兒與蝶是有抗拒的、有距離的。她能由意象領悟到親密關係的弊端，實在是了不起的悟性。只是，把這種領悟轉化為現實當中親密關係的調整，仍然需要時間和

功力。

只不過，那一句「花兒凋謝了」，有一語成讖之嫌。

Memory（晴天娃娃）

有些地方，未曾離去，已是懷念。

有些人，從未親暱，已是漸行漸遠。

而，所有物是人非的景致裡，我最喜歡你。

延誤，上航的客機秉承始終如一的穩健作風，毫無意外的延誤了。歸程，坐在麗江機場裡，翻看著單反（單眼相機）裡 400 餘張的照片，記憶，剎那間恍惚起來。曾去過哪裡，曾告別哪裡，曾遇見了誰，曾告別了誰。記錄足跡的是相冊裡的歡顏還是記憶裡的心田，或者更多的時候，模糊了的視線與交錯時光縫隙間的，只是那屬於我，獨特的 MEMORY。

一、用盡了全身力氣，卻換來半生回憶

七月流火。

伊始，訂了飛麗江的機票和客棧，帶著逃之夭夭的心情，期盼著這次旅行。

三個月前，愚人節。告別法律意義上為期 16 個月的婚姻，隻身離開。從開始到最後，從甜蜜到怨懟，原來並不需要很久，原來可怕的不是瑣碎生活，是不得不坦誠相對的彼此。很長一段時間裡，糾結自苦不得活，不原諒自己，不原諒彼此，虛幻夢魘裡反反覆覆的浮現，不得消弭。

誰曾說，情願高傲地發霉，也不要卑微地擁抱。可是婚姻裡，我們是否都該學會妥協與原諒，讓步、退後、固守、堅持，改變影響，不一而足。

那些個焦灼不堪的日子，在 BBS 開了帖子（論壇中的話題），《我的非主婦日誌》——不相信愛情的時候。

歌詞裡唱，愛讓那女孩一夜長大；家母說，無論這場婚姻是否維繫下去，生活都需要繼續，妳必須有能夠獨立生活的能力。於是洗手做羹湯，於是我這個部隊大院裡成長起來的孩子，重操童年就學會的技能，洗衣、買菜、做飯。

可是，還是不行。

窒息感無從逃匿，拿什麼繼續？

離開一種相對穩定的生活狀態，到底需要多大的勇氣？也許是天性使然，血脈裡流淌著的終究還是那江湖兒女的血性。前輩說，既然已經這樣了，那麼無論哪條路，怎樣選擇，我的人生都已經是將就了。很窩火的狀態，很真實地直指人心，刺痛。

有時候自己很鴕鳥，把頭埋入沙子裡，不問世事；有時候又很炮灰（犧牲），不在意是否木秀於林、人出於眾而被槍打出頭鳥，死得更乾脆俐落，灰飛煙滅。

一直相信，婚姻關係並不是人生必備的，但親密關係是。

我始終尋覓著可以相互滋養的關係，各自的空間，共同的成長，是兩個人並肩一起，面對這紛擾的塵世。好友的婚禮上，送過一段祝福，大意是：女人的幸福與她的背景、容貌、學歷經歷無關，只與她遇到的那個男人有關。這段話，曾深信不疑，那些日子裡，幾乎覺得自己所有的苦難都是已告別的這個男人帶來的。不知道未來在何方，不知道以後怎麼辦，如果離開這段婚姻，今後的路又該如何走。像是被貼了標籤的貨物，折價促銷，以求待售。女人，就是在再開明的城市，也依舊掙不脫世俗的眼光，千百年的輿論導向。

　　那些個不眠不休的日子裡，不時會陷入全盤否定的狀態，很累，很疲憊。身邊的朋友們甚至都還是單身，我卻已經從圍城中走出，耗盡了全身力氣，卻換來半生回憶。如果說結婚需要的是衝動，離婚之後如何繼續生活而不淪為自怨自艾、自暴自棄的女子，就該更是需要勇氣了。

　　原來歲月太長，可以寂寞可以荒涼，假如天真地唱，我也可以笑容漂亮。

　　我以為我會活得越來越好，否則對不起自己如此昂揚的驕傲。

　　可是，那或者真的只是以為。月前，一個朋友的離開，成就了那場浩劫之後的餘震怒威，現世生活、世俗種種用如此血腥的姿態，傲慢高調的閃爍出場，震撼，不容漠視。它成就了壓死駱駝的那最後一根稻草，我，如此渺小，無處可逃。

　　2010 年 6 月之前，我甚至都不會哭，隱忍著，乾涸著，低眉淺笑著；這餘震反倒讓淚水決堤，撕心裂肺。淺夏的時節，嚎啕慟哭；自虐得近乎心生歡喜，原來我還會哭，原來淚水滑過臉龐，還能感受到溫度；因為會痛，才像是還活著的證據。

　　那幾日，蛻變如洗禮。

　　震得我，雷霆巨變。

　　我很好。不吵不鬧不炫耀。不要委屈不要嘲笑。也不需要別人知道。

　　這一次，又一波，獨自承擔。家人的支持，朋友的陪伴；文字與旋律的依託，不徐不緩，才讓沉默不顯得突兀難過。

二、那些從未喪失的夢想

　　25 歲結婚不晚，26 歲離婚卻太早。25 歲跳槽還好，26 歲創業不晚。

或者，這場失敗的婚姻帶來的效果是，讓我覺得自己無所謂什麼能再失去的，反而顯得無畏了。像命運的轉折，模糊了前路，看不見歸途，於是索性如過河卒子到處亂走。綺貞唱，夢想是恐懼開出來的花朵。我想，最壞的事已經遇到，還有更壞的可能嗎？

好在，幸運的是，命運終究優待。上帝之手關上了門，倒是給我留了扇春天的窗。半年，半年時間讓一切都穩定下來，匹配度磨合漸入良性循環。三個月，一季，忙碌的工作、身邊的朋友們讓我有勇氣，考慮獨自面對自己。記得某一期的《心理月刊》，有篇寫「當我們面對分離」，具體原文不記得了，意思是為了更好的自己，更好的生活，某個時刻，一定會具備離開的勇氣。執行力從來就是源於驅動力，生活從來不是 HAVE TO，只有WANT 的願望足夠強大了，自然就改變了。

屬於我的 WANT，成型了這一場收拾行囊奔走天涯的旅行、散心或者流浪，都好。

束縛腳步的，從來不是翅膀，而是想飛的夢想。

麗江，柔軟的時光。

古城，時間是靜止的。緩慢遲鈍一般的，撥雲見日。

居住在某個客棧，徐緩中醒來，九點餘，換套長裙窩在小院裡，喝粥啃饅頭。

帶著倉促出發的行走，卻換得如此寧靜的存在。同居的客棧裡，大多是法國佬，舉家四、五口人住個小半月，他們彼此說著世界上最溫軟的語言，很開心看到別人跟他們搭訕，會英語和簡單的中文。或者，相對麗江這樣的城，我們都是過客。而過客，大多都流露著的，是巧笑嫣然的溫軟氣息。

摩梭人說我的語速太快，在這裡一切都是緩慢的；來這裡，就該是十天半月的小住，載歌載舞，坐看雲起。當地人日日看著落日餘暉，卻不知曉

日出是幾時。風吹睫毛自然醒，對我們這些水泥森林裡的棋子而言，是不得不努力去追逐的狀態。

在麗江，在束河，在雪山之巔。很多個獨自沉默的時候，想起去年的那個秋天。那一年的那月，心理諮詢師二級考試。為期六個月的培訓，每週兩個全天的課程，從初夏到深秋，忙碌到無比充實。如今想來調侃的倒是時間上的巧合，那年五月端坐課堂的自己是待嫁的新娘，如今敲打這樣文字的自己倒是又一個單身時代。

二十餘載，始終是個被夢魘困擾的孩子：跋涉、掙扎、叫囂、奔跑、血腥……懂事起就始終縈繞心頭的夢，長久地存在幾乎已成為習慣，讀心理諮詢師是個長久的夙願，為了探索自我，為了解開那屬於自己長久的夢魘。當年，心理學是高考的零志願，近十年來，遺忘和放棄掉的所謂夢想不計其數，唯有這，始終堅持不敢忘，想要更多地探知精神世界，想要知曉如何與自己的各個自我和解。

理論課程，實習演練。不同的講師，帶著自己各自特色的風格來到眼前。學習的狀態，如海綿吸水，讓我懷念高中時代，那些個馬不停蹄汲取養分以更好地成長的年代，那個日漸腐朽而困惑不已的自己。

再讀書，再充電，再進修。趁我們依舊年輕的時候。

求疑解惑，對生活、生命本相的困惑與不解，挫敗難堪與不甘。

某夜，夢魘，感慨。瀟瀟出閣那些日子裡，從來未做過任何關於嫁為人婦，關於那所屋子的夢。之後的日子，倒是不時沉溺相關其間的夢魘……離異女子的種種心情。從心理學角度自我分析一下，那些我始終不知道如何面對和承受的東西，都化作夢境裡的角色扮演，而那些被笑容與生活壓抑下去的瑣碎，也在夢境中呈現。宣洩，沉澱，不容忽視。

很喜歡意象催眠的課程。或者那真的是存在皮囊下的；抑或者只是自

我暗示的成功催眠，至少經由它，有一部分被掩埋無從正視的情緒或者記憶被挖掘出，鋪陳開來。哪怕只是微弱的觸動，卻真實地存在，改變，也在剎那間。

意象裡的世界，些許迷茫又似透著微弱的光亮，給陷入困惑不可自拔的自己溫暖的指引。前路與歸途，或者一直就在那裡，只是被矇蔽了雙眼拉上了簾；人生，就是為了不要後悔，才必須在每條自己選擇的道路上，格外堅定不移地走下去。

每每從意象中醒來，滿目芳華。

我知道，有些東西甦醒過來；我知道，有些人、事，不得急躁。

我知道，下一個晴天，總會等得到。

三、泗度無盡頭，厭倦處，微笑以待

這次旅行，無例外地帶了書、音樂、單反。上路。

一些文字一些旋律，讓人在異鄉沉溺或者勇敢，而相冊裡的照片更是成就了路途風景的典藏。總是在不久之後翻開相冊時心生感慨，驚豔了時光，溫柔了歲月的是舊日的記憶，容顏裡的笑意，還是如今此刻的自己？

玉龍雪山上的天，像極了瑞士，天很藍雲很近；束河古鎮，像極了威尼斯的小巷，轉角遇到奇蹟。而那些已經存儲在腦海裡的記憶，代表的是一個時代的過去。曾經刻骨銘記，曾經塵封背棄，連帶著那片土地上的故事，無從追憶不再惦記。這一切，似乎都在我不忍回首的歲月後，泛起不一樣的色澤，終究，漸行漸遠而淡去了傷害疼痛，徒留妖嬈，端莊，分外美麗。

也許，一切在不經意之間，在我們執著地以為的念念不忘裡，早就千帆過盡。也許，若干年後再想起，也就風雨不濟不再在意了。哼唱著小調穿著高跟鞋跋涉在山間的自己，是愉快的。高山之上，綠樹常青，淡淡的回憶，

悄然浮現，不再迷離。

莫強求，空悲切。

我想，我會忘記，忘記被給予的傷害，或許別人管那也叫寬恕，怎樣也好，只是不想總記著那些已經成為過去的傷害。我想，我會淡漠，淡漠曾被給予的溫柔，或許別人管那也叫薄情，怎樣也罷，只是不想總記著那些已經不再屬於自己的人、事。

三千多米的海拔上，心像一滴墨入了清池一般，舒緩的蔓延，染暈一片，最終卻無跡可尋。只有自己心知，那片天空下的自己，清晰、透徹。

歸程的飛機上，看到雲層上的夕陽反射在機翼上溫潤的光，暖暖的平靜。

與自己和解，與記憶相融，珍視所經歷過的一切吧！朋友發短信來說，在家整理抽屜，找到一疊舊日裡彼此的信箋，還有那連帶著收裹起來的故去當時。看著這樣的短信，泛起的是青澀的記憶。那些個字跡，那些個故事，那些彼此靠手寫心語的日子，那些考試為天、老師最大的青春。原來，只是輕易不再想起，原來，無論是年代久遠還是滄海桑田，被留下的依舊如昔的墨蹟與舊物，提醒著我們那些個被遺忘了的時光。

寫這篇文字的時候，順手點開了這些年保存在電腦裡的文檔，翻開了那個被封藏起來的紙箱。十年、十五年，從國小時代就留下的文字，手稿或者鉛字，它們整整齊齊地躺在那裡，飽含著歲月的氣息，透著潤澤，對我微笑。早幾年，會隔段時間就翻看一下，然後順手寫下幾年之後當下的感覺，有緬懷，有憧憬，有釋然，但，更多的是了然。

因為懂得，所以慈悲。

誰曾問，是否後悔走過這些來路；誰曾問，如果可以，是否希望命運可以略過那些遭遇。其實，我這樣的女子，捨不得割捨掉任何一個舊日裡的

記憶。因為有這些故去，有那些現在，才有著此刻的自己。

停下腳步，頓足，當下的才是生活。

帶著歲月洗練之後的淡定，從容不迫。

Memory。

我回來了。

晴天娃娃

2010 年·八月未央

透過文字喚醒自癒的力量（嚴文華）

晴天娃娃是典型的透過文字來療傷的女子。不在於作品是否發表，不在於文筆風格，而是用文字表達情緒、整理思路，總結過去，做好準備開始新生活。

從晴天娃娃的字裡行間可以看出，她更習慣在情緒不好時寫作，所以寫作是她負面情緒的一個容器，那些文字如同大珠、小珠，在她的筆下，跳落到她的作品中，表達著她的傷痛、徬徨、不安和抗爭，並且撫觸著這些傷痛，讓她的心安靜下來，可以有新的出發。

在晴天娃娃華麗的〈回憶〉背後，可以看到她對 16 個月的婚姻並不願太多觸及，只清淺地提及曾經以為都是他的不對。可能她不願意在公開的文字中來談及這些。可能她需要更多的時間來總結這些。可能她的為人原則就是不去追究誰是誰非。她更多地關注單身後的生活該怎麼過：以什麼態度，該做一些什麼，自己新的身分、新的定位。這是一個非常積極的信號：開始新生活。

透過並不直接的文字，在她的淺吟低唱之中，我們看到她的情緒是低落的、複雜的和變化的：她覺得離婚是一次失敗，是一次失去，是一件壞事，

讓她不再相信愛情。但同時，她也表達出：離婚後的生活該怎樣過？也許是一個契機，可以去做新的事情。家人和朋友的支持對她度過剛離婚的時日非常重要。她想重新拾回自己的夢想。她用旅遊的方式讓自己有一個緩衝，有一個離開，有一個回歸。

那些和晴天娃娃一樣喜歡文字的人，那些文字就流淌在血液中的人，可以嘗試把寫作變成自癒的工具，讓文字沉澱那些傷痛，讓文字撫觸那些傷痛，讓文字帶自己走得更遠，走得更深。

寫完這篇文字的三年之後，晴天娃娃有了自己的娃娃。她覓得佳婿，得小龍仔一枚。多愁善感的她一心一意地當起了龍媽。

我的四緣 （林娟）

個人檔案與圖畫

　　林娟，女，暱稱木木，雙魚座；基層部門管理者；愛好音樂、閱讀、旅遊。

　　1993 年大學畢業進入鋼鐵廠工作。精密機械工程專業，研究生學歷。工作以後僅從事了三年的專業工種，後轉崗於政工崗位至今。一次公派學習的機會開始接觸心理學，逐漸對之產生了興趣，並意願涉足人的心靈世界，不知不覺中以往一成不變的生活習慣發生了變化，自我感覺來自內心的能量和動力讓周圍變得豐富、精彩和充滿愛。

 從檯燈到樹木

第一幅畫

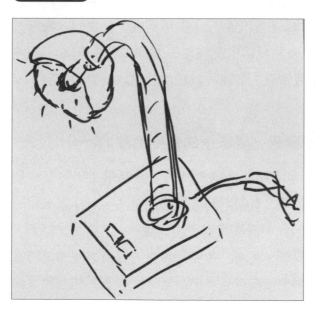

　　林娟說：「檯燈可以照亮道路，陪伴自己度過一個人的夜晚。燈光是黃色的，所以可以照亮、溫暖自己和他人。屬於個人的時間通常是晚上十點以後。」

　　雖然有燈光，但整幅畫有些冷冰冰，因為是用藍色畫成的。似乎生活當中沒有太多溫暖的事物，或者說，作畫者本人就是把這種壓抑

的溫度傳遞給別人。作畫者本人渴望獨處的時空，希望和自己的心在一起。

第二幅畫

　　這幅畫樹上結滿了各種形狀、各種顏色、各種口味的果實：香蕉、梨、蘋果、愛心、星星，還有蝴蝶和飛鳥經過。這表明作畫者想做太多的事情，想要太多的東西，有很多的愛要表達。那曝露的樹根表明，作畫者的內心深處仍有一些糾葛。

琴緣、親緣、情緣和舞緣（林娟）

　　還記得一年前，同樣是高溫酷暑，我端坐在師大階梯教室的第二排聆聽心理學的課程。二十幾個雙休日和國定假日，從早到晚，外賣的盒飯應付了午餐和晚餐；而速記不是很強的我卻也記滿了一本厚厚的筆記本，翻開它，上課和實習的情景依然讓我留戀，那種成就感依然讓我興奮和滿足。

（一）琴緣——童年的音樂夢想，成年後的音樂追夢

　　冥冥之中，我堅信自己一定會順利通過考試的，因為這半年裡有辛勤的付出，有孔明燈帶著祝福的放飛，有嚴老師最知心的魔法，有探求未知的渴望，有積聚心底的能量……因此，還沒等到最後一關——諮詢面試結束，我就報名了古箏學習並交付了學費。在老公和兒子看來，這個老婆和媽媽實在是有點瘋了，什麼年紀了還去學這玩意兒？可是當時的我真不知哪裡來的

「衝動」，首期 12 次的學費和古箏的琴費加起來六千多元（人民幣），想也不想就把信用卡刷了。很長一段時間我一邊摸著嶄新的古箏，一邊問自己怎麼會有這樣的舉動？後來終於找到答案：原來是埋藏在潛意識層面幾十年前的願望不斷地閃現，經過游離、浮現，被上升到意識層面。

那是一段兒時的情景：在孫輩中我是老大，當時奶奶就我一個孫女，我有兩個姑姑和兩個叔叔，他們都對我疼愛有加，尤其是喜歡音樂的大叔叔，經常帶我去看演出、聽音樂會。久而久之，我也對唱歌和彈琴產生了濃厚的興趣和愛好。但當時家裡是沒有條件讓我去學音樂的，我也只好跟著大叔叔偶爾去登登臺、摸摸琴，直到有一天大叔叔送了一架藍色的小三角鋼琴給我——就是那種三個木製的琴腳可以旋上去的小鋼琴。要知道在七十年代初能夠擁有這樣一個玩具已經算是比較奢侈了，我那時非常的高興，連晚上都是抱著那架鋼琴睡覺的。就是這樣，這架小鋼琴陪伴我度過了一個快樂而美好的童年。

如今，這段往事已遠離我三十五年。工作以後，戀愛、結婚、生子……忙忙碌碌似乎已成為生活的全部，有時候自己都迷惘不知道究竟要做些什麼，只是機械地重複著上班工作、下班家務、孩子教育、老人健康……似乎已經忘了自己的存在，雖然也對自己嚴格要求不斷充電，但總感覺生活裡缺了點什麼。直到去年心理諮詢師培訓期間，偶然的一場民樂演奏會重新點燃了我對音樂的渴望，我才知道這琴緣是我抹不去的愛和多年的夢。我毅然剪掉了修長的美甲，開始了擁有古箏的新生活。

「你是我學生中年齡最大的一個！」第一次見面，老師如此客觀的寒暄真讓我不知所措。

「心要靜，妳是學心理學的，怎麼反應這麼慢？」那是幾週以後開始嘗試揉弦左右手一起彈奏的那堂課上老師的質問。的確，「超齡」的我怎麼

也無法讓眼、腦、手協調起來。怎麼辦？既然選擇了就該走下去。回頭，那不是我……

「這個關，你過了，還不錯。」這是三個多月裡我聽到的老師對我的第一次肯定，那一刻我濕潤了眼眶，因為百感交集：要知道為了練成雙手協調，肩膀的肌肉僵硬了，手指腹磨出了血泡，就連握筷子都成了困難的事。

「妳是學心理學的，我對妳最嚴格，但我相信妳的承受力和毅力。」那是半年後我又一次聽到老師對我的評價。老師已不再懷疑我這個超齡學生的學習能力和進度，也不再用她慣用的方式教我這個學生了，我們儼然已成了朋友……

那是一個寧靜的下午，我的手機突然清脆地想起老師的聲音：

「林娟，我昨晚看到妳了！」那端老師興奮地呼道。

「怎麼可能？昨晚我去世博了，怎麼會？」我拼命地回憶昨晚……

「妳穿著一套藍色的衣服，在南非館前擺 POSE，是不是啊？」

「是啊是啊，老師也去了？那麼巧！昨晚可是三十幾萬人呢！」

「緣分吧！看妳那麼認真地擺 POSE，我都不忍心叫妳。」

「昨晚我是一個人去世博的，就為了追尋一張南非美女與我的魅影，找了一位陌生的遊客給我拍照，我的確很投入很認真很忘乎所以。」我一邊得意地敘述，一邊羞澀而又滿足地想著南非館彩色外牆上的盤髻美女……

「就像妳彈古箏，也很認真，所以有這麼快的進步。別怪我以前對妳批評得多，那是我看出妳對音樂的熱愛，有這份愛才會去追求、付出艱辛！」

「老師，我都要被妳說哭了。」又一次眼眶濕濕的。

「別忘了下次上課把魅照帶來讓我欣賞……」

學了八個月古箏的我，已經能彈奏一些耳熟能詳的民樂，每當流淌的

弦樂聲從自己的指尖滑過，那種舒服愉悅是無法用語言和文字來形容和描述的。偶爾我會用手機錄下來，空閒時自我欣賞和陶醉一番。身邊的同事、朋友經常會好奇地問我：「妳怎麼會去學古箏的？妳哪來的時間學呀？」我會微笑著回答：「喜歡了就會擠出時間……音樂的流動讓我寧靜和堅強！」

我知道我內心的能量，那麼有力，那麼自信。因為我堅信風雨之後終有彩虹。

（二）親緣——學習的感悟字字真切，生活的百味燈下採擷

「那天，獲悉可以查詢考試結果的短信，緊張、忐忑，心跳逐漸地加速，臉一下子熱起來，顫顫地打開電腦，雖然心底默默地告訴自己肯定沒問題的，但到那一刻還是如同當年揭曉高考分數的那一瞬。沒料經歷了數不清的考試之後，等待分曉的那一刻，心情始終是青澀的、複雜的、難以名狀的。笑而立的自己成熟有餘穩重不足，哪怕是國家二級心理諮詢師，追求不敗、完美始終未曾改變。」

這是查得考試結果當天日記中的一段。

自接觸心理學起，尤其是有著豐富教學經驗的嚴老師，讓我們嘗試動筆寫實習手記以來，我便不知不覺迷上了記隨筆，雖說剛開始純粹是為了留點什麼，記下學習過程的點滴感受、體會或成長足跡，但隨著實習的深入和組群討論的頻繁，小組成員之間的感情也在日益加深，我也由衷地對文字越來越迷戀，越來越生情，似乎自己每天的生活和工作都會因為這些文字而變得更為充實、更為生動。

「那晚真的要感謝閆濤和張琦雯，看似文靜的閆濤居然第一個自告奮勇站出來參與模擬面試接見。此時此刻我的思緒回到三個多月前團體諮詢課上，我們走到一起的情景……因為只有相似的人才會走在一起，可經過了

100 多個日日夜夜，我為什麼沒有像她一樣有勇氣站起來呢？」

這是第一次面試接見實習課後的日記中，我對自己自信和勇氣的懷疑和否定。

「9 月 19 日晚，小組又一次相聚在田家炳樓 1101 室，有兩週未見面了，突然想起嚴老師要求我們自己安排面試接見的練習，而我卻開溜了，不知學友們有沒有找對手練習過，我看到素梅是有練習的，真是好學生！我開始擔心經過那麼辛苦的四次實習，因為自己的偷懶而又重新回到起點，真的擔心！」

這是我對自己學習偷懶的自責，其實內心深處是莫名的害怕和矛盾，怕找對手練習，又怕自己落後。

「也許是為了彌補白天的恍惚與聽課的缺失，晚上的實習我由衷地興奮，很快進入狀態。我從沒有像今晚這樣在大組演練中聽得如此認真，記錄會如此完整。在以前，演練前一半我會認真傾聽，後一半我就精神逃逸了，記錄也是有一句沒一句捕捉不到有品質的資訊。可是今晚我覺得有點不一樣，是自我感覺太好了？我偷偷笑自己是不是有些自戀？」

我會自我調整了，自信在逐漸提升，似乎找到了感覺。

「與阿甘配對練習後，她來了一句『我發現妳好有諮詢師的潛質』！猛然間我被阿甘如此高度的讚揚『休克』了兩秒鐘，一直不太有自信的我突然激動和興奮起來。回過神來細想這十多天的奔波之苦，也許正如嚴老師說的『有付出一定有回報，相信自己是最棒的』！於是乎有了這樣的一點點自信，我終於敢在下午的模特兒實戰中勇敢地走進了大家鼓勵的掌聲裡。」

歷練，完全是和自己在拼，戰勝自己就能贏得最後的勝利。

回想第一次實習課自我介紹的時候，我畫了一盞檯燈，又附上「我是一盞燈，照亮前方，溫暖你我」。如今想來當時是否在投射自己？前方迷惘

的道路，究竟指向哪裡？一成不變的生活似乎缺失了溫潤的感覺，需要朋友的擁抱？自己是否有擁抱他人的能量和能力？

有朋友說：「妳把克服困難變成了自己的目標，妳戰勝了自己。」

朋友又說：「妳真實坦誠，學習中的焦慮、工作中的矛盾、生活中的無奈都被妳沉穩、善良、勇敢的『心』遊刃有餘地化解了。」

朋友也勸：「不惑之年妳還在奔波折騰，妳圖些什麼呢？」

朋友提醒：「社會好比大自然，同樣遍體鱗傷，妳要做好碰壁的心理準備。」

……

朋友們的這些勉勵對我來說可是最好的嘉獎，我有什麼理由懷疑自己不是一盞燈呢？哪怕就是一盞檯燈，它也有它的寧靜和美麗啊！

「不是要迴避，不是經不起折騰，而是想在這一站好好地整理一下行囊：該卸掉哪些？又該將哪些重新打包整裝上陣？」

給學友晴天娃娃如此的回應，恰是在告訴自己：「林娟，該做點什麼了，妳準備好了嗎？」

2010 年元月起，我開始參加華師大心理諮詢工作室的熱線接聽。當時報名參加接線純粹是為了鞏固所學的知識，累積一些實踐經驗，哪怕只是接觸或收集一些案例也是種收穫。抱著如此的心態，我加入了這樣一個志願者隊伍。

從此，每週五的晚上，下班後我顧不得晚飯匆匆往包包裡放些乾糧，直奔工作室。打進電話的人有失戀苦惱，有親子關係，有婚姻危機，有人際關係，有職業諮詢，有戀物癖……真實遠比我想像的要複雜。儘管我用盡了傾聽，用盡了共感，用盡了鼓勵，用盡了……可還是被電話那頭的求助者追著要答案、要辦法、要建議，黔驢技窮的我只好找來督導老師解救。這實在

不是輕鬆的工作，幾個小時下來，他們把我也帶到憂鬱的狀態中。

「剛開始的幾週，我很不習慣，回到家連話都不想說。但是，就是在這樣的他求助於我、我求助於老師的訓練、感悟和實踐中，慢慢地，我聽到電話那端的求助者情緒平穩了、心結打開了，尤其是當對方掛上電話前對我說『謝謝妳老師，我現在好多了』時，這種成就感的確非常非常滋潤我，我也開始喜歡上了這個工作。」

這是諮詢接聽工作後的一篇隨筆中寫到的，片片隻語卻也真實地反映了我做為一名熱線接聽的新手逐漸入門的過程，個中的痛楚、困惑、釋然和快樂躍然紙上。

我明白我生活的方向，那麼清晰那麼陽光，因為助人自助的人總是會為明天喝采！

（三）情緣——真情的力量倍添信心，親情的陪伴消融冰雪

一直認為瘦瘦的嚴老師具有強大的內心能量，她從來都是帶給我們激情和鼓勵的話語，從來都是和我們體驗每一次遊戲互動，無時無刻都在影響著我們每一個人的內心，無時無刻都在靜靜地塑造和積聚著這個團隊的氛圍和精神。記得最讓我感動的是小組最後一次實習課，她特地放下了會議主持和中心發言從外地趕回來，卻不忘帶回當地的特產給我們品嚐。我們這一群人在教與學中熟悉和進步，在成員互動中建立感情和友誼，在音樂和親切的旁白中放鬆和翱翔思緒，如此豐富，那樣奇妙，以致於在每一次勞累的實習課和以後的沙龍活動後，我們依然深深地期待著下一堂實習和下一次沙龍。

從嚴老師身上我學到了真誠、用心去愛，而成為一名心理諮詢師最基本的素質就是要有這份真誠、尊重、關懷和愛心。

公司裡一名女同事因為即將面臨施行高風險手術而擔心和焦慮，我及

時跑到醫院給她捎帶份勇氣和信心，並細心記下了她先生的手機號碼。在等待手術那緊張而深度焦灼的七個小時內，我一直用短信給守候在手術室外同事的先生以精神上的安慰和支持，直到臨近子夜手術結束。後來同事說，她先生的手機裡一直保存著當時我給他傳遞的力量和支持，不捨得刪去。幾個月後，女同事大致上康復後來上班，因為手術後遺症看到自己的身體不如別人靈活而產生消極抑鬱情緒，一時委靡不振，甚至產生輕生之念。

出於本能，我一方面用「自我曝露法」（兩年前我同樣遭受過類似的手術同樣產生負面情緒）共感她的情緒，一方面盡可能找時間找她感興趣的話題和她聊，偶爾還規定出一些任務讓她按照時間完成，並要求她完成一件彙報一件。與此同時，我還不時透過短信捎去牽掛，讓她感覺生活中並不孤獨。幾個月後，她的情緒一掃往日的憂鬱，變得輕鬆、開朗、燦爛起來。直到今天她還會逢人就說是我幫助她度過了那些可怕而灰色的日子。

我的姪子，一個胖嘟嘟的憨囡仔，打懂事起就特別喜歡我這個大姑，奶奶每次問他最喜歡誰，他脫口而出是「孃孃」。我也不知道為什麼心裡也總惦著這個胖姪子。終於有一天，我的惦念變成了擔心：國小畢業後姪子轉學到自家附近的國中就讀，離開了從小照顧他的爺爺奶奶，麻煩事就此開始了。

姪子不想上學、討厭自己的家、哭著吵著要奶奶去看他、半夜裡偷偷撥打電話找爺爺、整天無精打采、一到上學就說頭痛肚子痛……一連串類似厭學的徵兆搞得弟弟和弟媳束手無策，並由此牽連出三代親情關係的矛盾。我看在眼裡急在心裡，怎麼辦？親如兒子的姪子、年事已高的父母、手足情深的弟弟，任何一方都是最親的人，我要怎麼做才能讓大家回到之前的安定和睦呢？

就在這樣的不安中，迎接而來的假期，一直盤算著如何安撫姪子的我，

帶著兩個孩子坐上了假日旅行的航班，飛往廣袤神秘的新疆。我深知：人在不如意的時候置身大自然是最好的放鬆和減壓。一路上，兩個孩子盡情地品嚐著新疆的葡萄、哈密瓜和香梨，欣賞著北疆的風光，談論著火焰山、五彩灘、魔鬼城、喀納斯……似乎所有的不快在姪子臉上都找不到了痕跡。孩子就是這樣，喜怒哀樂悲，所有的情緒都會寫在臉上。

當我不經意地問他現在的學校環境好不好？學校午餐好不好吃？有沒有乒乓球打（姪子從小喜歡打乒乓球）？回家作業多不多？……姪子都一一做了簡單的介紹和回答，只是當提到「回家」兩字時，臉上的神色便突然黯淡下來，輕輕地說了一句：「不想回那個家。」其實也就是在這樣的邊看風景邊聊天的過程中，我得知了姪子這一個月來反常的原因所在。

長假後我每週一次騎上單車去弟弟家看姪子，每次都帶著不同的東西：有新疆旅遊的精美相冊、有奶奶為他做的紅燒肉、有爺爺給他買的球拍、有哥哥（我兒子）送給他的魔術方塊等等，讓他感覺大家依然在他身邊，與他很近。當然每次去看姪子，最重要的事情就是關照弟弟和弟媳一定要耐心不能急於求成，孩子的過渡是需要時間的，更何況他從小在爺爺奶奶身邊長大，突然之間讓他離開最親近的人，孩子一定是有想法和情緒的，即使是父母也不可能瞬間佔據他心裡全部的空間，我們應該像小溪流水一樣緩緩地去滋潤和澆灌他……

今年暑假，胖姪子好幾次來我家玩，從他喜悅的眼神和紅撲的臉龐，我意識到他現在狀態不錯。有一次還告訴我他在地區青少年乒乓比賽中拿到了很好的名次，得了一架能飛的直升機模型，爸爸媽媽還特地帶他出去旅遊了一次。我由衷地為他鼓掌高興，為孩子健康快樂地成長而驕傲！

我渴望情感的動力，那麼美妙那麼滋潤，因為愛的力量如此超凡偉大！

（四）舞緣——踢踏的魅力無與倫比，舞者的靈魂感動常在

那是一年前，我在琴行初學古箏，當時訂購的古箏還未送到家，我就經常在琴行的練琴房學彈。後來，耳邊總有動感十足的曲子響起，我由衷地被那些熟悉的音樂吸引，不時地站起身來，耳朵貼著虛掩著琴房門出神。然後是整齊響亮的踢踏聲，於是我又隨著這樣的聲音尋去，悄悄地踮著腳尖探頭舞蹈房，如此陌生的舞步卻又是如此奔放的激情！

只見一位個子不太高的長者在教授踢踏舞！他頭戴一頂鑲有紅色「M」標記的黑色鴨舌帽，黑灰色眉毛下鑲嵌著一對炯炯有神的眼睛，一把灰白色的鬍鬚修剪得清爽有致，脖子上有一個十字架項鍊，身著一套時尚的運動裝，微微露出裡面紅色的格子襯衣，腳著一雙繫帶的黑色皮鞋，踩著地板發出悅耳的聲音。一身裝束加上他保持得相當好的身材給人一種精神抖擻、乾淨俐落而又不乏慈祥可親的感覺，無論從哪個角度你都會在瞬間對他產生好感，想要接近他。就在我專注得未返回琴房的當口，長者走近了我。

「發現妳好幾次了，一定是個喜歡舞蹈的學生吧！收妳為我的關門弟子！」

此後，我便正式成了他的學生，我將古箏課換到了週四，而把每週二晚上的時間交給了這位長者和踢踏舞。

他姓梁，名一，很好記的名字。舞蹈老師一般是年輕的人，梁老師78歲的高齡，依然擁有著優美的體態和優雅的氣質。在學舞的日子裡，我們一直是非常輕鬆和快樂的，即便是某天練到腿都抬不動，我們還是會興高采烈地回家。

梁老師的身世頗多坎坷。1949年，16歲的梁一離開上海到臺灣讀書，做過印鈔工人，在聯誼社和兵哥們一起學跳舞。為學習正宗的踢踏舞，他歷盡艱辛遠赴美國百老匯學習。後來，連鄧麗君這樣的名歌星都慕名找他學

舞。這期間他還因為掉了護照成為無國籍的人，在監獄裡被關了五年三個月。後來，梁老師回到闊別 30 多年的上海，年過半百的他又開始了第二次舞蹈生涯。

為了心中事業，為了教他在國內的學生們，在婚姻與舞蹈之間，他選擇了後者。當時兩歲的女兒隨母親去英國定居，從此杳無音訊。再次與女兒相逢已是 2004 年。時隔 32 年。其間有多少對夢想的苦苦追尋，對親人的苦苦等待！

學舞的日子就這樣像聽故事般地從「踢踏踢踏」的腳尖滑過，不知不覺我們這幫愛舞人已身懷不少「絕技」，盤算著等到世博會期間要去園區秀一下。而梁老師也非常鼓勵和主張我們在大眾中間傳播和普及這種文化，雖說它是西方文化，但踢踏舞的美是不言而喻的，它同樣也是起源於民間的藝術，老師還說會幫我們專門設計和編排一段呢！

那天結束訓練的時候，梁老師說他要去看病，可能會暫停兩個月時間，什麼時候開課，助教會提前通知我們，但是這期間要求我們自己一定要堅持練習。基於職業的敏感，我悄悄地問老師是什麼病？是否需要我幫助？梁老師定睛地看了看我，用他深邃的眼神，說：「還是不說的好，需要的話我一定找妳。」於是，就這樣，我帶著老師的書，帶著老師的眼神，帶著老師的叮嚀回家了。

世博會開幕了，忙碌著觀博、忙碌著接待親朋好友，很快進入了盛夏季節。為什麼已經三個月了，助教還不通知我們開課？正在思量的當下，接到了梁老師去世的噩耗。剎那間，當著同事的面，我悲痛、遺憾、後悔、傷心的眼淚混在一起滾落下來，悲痛失去了一位德高望重的藝術大師，遺憾在一起的日子竟然沒有一張與老師的合影，遺憾我們還沒有回饋給老師什麼，後悔老師最需要關心的時候卻沒有去看他一次，傷心和老師的相處竟然如此

短暫，而老師卻把我們每一個學生都當作他的孩子呵護……

也許世間的事情就是那麼巧合，兩個月前我預訂的那場舞蹈演出居然與梁老師的追悼會在同一天，也許上天有靈，讓我用自己特有的方式來追憶我的踢踏舞老師——梁一。

直到今天，我還依稀記得老師在舞蹈課上，不時地從他滿口假牙的嘴裡蹦出的肺腑之言：

「如果跟著音樂跑，生活就是一齣舞蹈。」

「首先要把我們的心打開，能容納別人的東西進來。」

「人生都有很多輸，不一定贏的，可是輸要輸得有價值嘛！」

「跳舞是第一位的，我會躺在棺材裡面跳踢踏舞……」

我景仰靈魂的聖潔，那麼通透那麼純淨，因為追求和超越如此之淨美脫俗。

讓音樂和舞蹈進駐我們的靈魂（嚴文華）

在林娟的身上，我看到她在補少女時代的功課：學心理諮詢、學琴、學舞蹈以及關愛他人。

她的第一幅畫是檯燈，雖然有燈光，但給人的感覺是冷冰冰的，是被擺放在房間裡的一件東西，其價值只有在工作之餘、夜晚才能得到展現。她的第二幅畫雖然有些雜亂，但畢竟是生長在大自然中，生機勃勃，和生命本身更貼近。

對林娟來說，學習心理諮詢的過程，其實是她打通自己靈魂任督二脈的過程。她的靈魂是生機勃勃的、具有靈性的、渴望美麗的，所以，當她走在這條道路上時，音樂、舞蹈和愛都成為她表達自己的工具，也是她在讓自己的生命更豐富、更完滿。

生命中有些相遇，像是註定，其實也是追尋的結果。林娟如果不是透

過心理學的課程成長到做自己想做的事情，不會決定去學音樂——音樂也是打開心靈的一種方式。不走進琴行，就不會有機會接觸到踢踏舞老師。沒有幾次在門口駐足，就不會有梁老師收為關門弟子的際遇。

舞蹈本身是一種語言，它幫助我們表達我們自己。喜歡舞蹈的人一定是覺得舞蹈這種語言能表達自己。但林娟喜歡踢踏舞，除了她喜歡舞蹈之外，還源於她被老師超越舞蹈的精神所感動。舞蹈著，生活著，追求著，夢想著，熱愛著，珍惜著。在舞蹈中，這種精神會一直傳遞下去。音樂和舞蹈的靈魂，就在於讓人們的生活更加感性、更加細膩、更加豐富和更加美麗。心理學也如此。

只是，在這些忙碌而熱鬧的音樂、舞蹈背後，林娟還是要面對一個問題：「我到底要什麼？生命中什麼對我最重要？我的追求是什麼？」她需要藉這些表達，疏通內心的一些困擾和糾葛，回歸到本源，讓生命真正綻放和絢爛，而不是看上去豐富多彩。

愛像漣漪（林娟）

還記得國慶前夕，老師收到我的書稿後特地回覆我，說要找一個特別的時間享受我的文字，還說一定要給我回應。我就這樣默默地期待著，感覺是淡淡的滿足，因為第一次當了回「作家」，完成了六千餘字的故事；同時也會默默地緊張，畢竟對自己第一次當「作家」還不自信，擔心自己的文字太初級太淺顯。

緩緩地讀著老師的心語，不知不覺眼眶被字裡行間的那份被讀懂而淚光閃閃，為失去的也為獲得的，為曾經的也為未來的，為熱愛的也為堅持的，為現實的更為夢想的……真的非常感謝老師的回應和共情，每每讓我幸福著、溫暖著、精彩著，越來越感覺內心的能量在一點一點地積聚，愛與自信像漣漪和花蕾不斷地綻放、絢爛！

三、接納他人

留下真情從頭說 （毛鴨）

檔案與圖畫

毛鴨，二十世紀六十年代末生於北京。主修過英語和心理學。

因不堪忍受父母長期的感情不和，於 90 年代初離開北京。原以為遠離故土，就會忘卻往事。然而在自己走進婚姻特別是成為人母後，意識到原生家庭打在自己身上的烙印，已經或多或少地影響到自己的再生家庭，遂走進心理學的殿堂尋找撫平傷痛的良藥。

現在正逐步走出陰影，處於恢復階段。

 ## 從孤獨的狗到藍天、藍夢

第一幅畫

「我畫了一隻孤獨的狗。我之所以喜歡狗、用狗代表自己，是因為狗很忠誠。不論主人遇到怎樣的狀況，是貧是賤，牠都不會背叛。我這麼看重忠誠，和我的家庭有關。我覺得父親背叛了母親，所以我恨父親。而哥哥站在父親一邊，我也恨哥哥。我忠誠於媽媽，我一直站在她這一邊。我對她絕對忠誠。我還畫了一條小溪，一條很淺的小溪，因為小溪也代表我，很清澈，但容易受傷害。我還畫了綠色，因為歷經磨難之後，我走出了壓抑，看到了春天的綠色，儘管仍有淡淡的憂傷。」

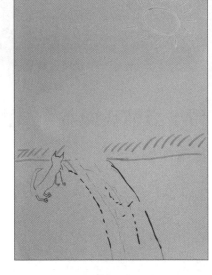

　　這是一隻孤獨的狗的背影。毛鴨的臉上一直沒有笑意，寫滿了孤獨。我當時的回應是：「父親和母親之間的關係，應該由他們自己去解決，妳不應該背負著他們的責任。那些忠誠，對妳來說太沉重了。」她立刻語氣激烈地說：「父親的情人對我很不好，好多年裡她不讓父親聯繫我們。」是，對父親的恨的背後，是對父愛的渴望。「所以，當孩子成為愛的爭奪工具或武器時，家庭的關係就會非常複雜。」

　　當時有一個組員問：「如果讓妳在哥哥、父親、妳先生、妳的媽媽和妳的孩子之間做選擇，只能選擇一個人時，妳會選擇誰？」她先去掉了前兩位，如果只能選一個，她留下了孩子。

　　看到她臉上越來越黯淡的神情，我說了一句：「你們覺得愛給予了就會少嗎？這道測量的背後隱含的一個假設就是：愛是有限的，給了一個人就不能給另外的人。你們同意這樣的假設嗎？請你們告訴我，太陽是否做過這樣的限制：我照耀了這棵樹，我就不能照耀那棵樹？我給這朵花的陽光多一些，給那朵花的陽光必定少一些？當愛流動起來時，它不會越給予越稀少的。」

　　這幅畫中透露出來的生機在於那條小溪、那些綠色和那個太陽。作畫者需要做的功課在於面對和接納。面對自己，面對自己所有的經歷，面對自己所有的感受，面對自己的情緒。接納自己，接納所有的感受，接納所有的情緒。當那隻狗能面對自己、接納自己、欣賞自己時，牠或許會轉身，或許會轉化成其他事物。我不知道會轉化成什麼事物，但一定不會孤獨、淒涼、

憤恨、被遺棄。

第二幅畫

「這幅畫的題目叫『藍藍的天、藍藍的夢』。是暴風雨過後，天氣轉好，風平浪靜。頭一天不好過，現在呈現一片祥和。那艘帆船正在積蓄能量，將來如果再有暴風雨，就會有更多準備。」

當她被問及第一幅畫時，她說：「當我畫那幅畫時，我記得很清楚畫了一隻孤獨的狗。那時的我不能釋懷，像鑽進牛角尖裡一樣。而我現在意識到，退一步，海闊天空。我開始包容不愉快，把傷痛放下。充滿希望和勇氣。」

大家在片刻的靜默之後，爆發出熱烈的掌聲。你不得不為之動容，這樣的時刻，這樣的團隊。

她說得很對。從那個執著的、孤單而怨恨的狗，到擁有浩瀚大海般的胸懷，這是多麼巨大的成長！從毛鴨的第二幅畫來看，這樣的進步來之不易，如她畫中的比喻，在她內心曾掀起過驚濤駭浪，經歷過狂風暴雨，幾番天翻地覆，最終有了祥和。那些濃烈的顏色，代表著她的內心仍然有濃郁

的、不能化解的情緒，這是她將來的功課。她也很清楚，將來仍然會有暴風雨。但她正在積蓄能量，願意航行得更遠。天上那三隻飛鳥和帆船相互映襯，代表著她感受到的社會支持。那輪紅日，是真正能給她代來溫暖感的

光明和愛。下面的片段呈現了她在心理諮詢學習中成長的片段。

把我求助的心放在你的掌心（毛鴨）

　　第五次實習的開場，是清涼月帶的情緒表演活動：同一句臺詞，用不同的語氣、不同的表情、不同的身體語言來傳達不同的情緒。

　　很湊巧，嚴老師和我都表演同一種情緒：悲傷。老師在表演之前先是忍不住要笑，好不容易不笑了故作悲傷地抹著眼角唸完臺詞，看完她的表演，我的感受是：要想讓一個快樂的人表演悲傷太難了。

　　輪到我表演時，我很自然地進入了角色，表演完畢時，我注意到同學們有幾秒鐘的靜默，他們注視著我，彷彿期待著我的表演能繼續。嚴老師一語點破：毛鴨是本色表演。一點不錯，只有悲傷的人才會把悲傷的情緒演繹得淋漓盡致。

　　其實我能做一個真實的來訪者，將我真實的經歷帶到婚姻和親子的個案演練中，但我遲遲不敢上去。曾經幻想自己來到華師大的心理諮詢中心，一個諮詢室一個諮詢室地看過去，把腦袋伸進去給每個房間裡的諮詢師相一相面，直到看到那個我認為足夠親和、足夠寬容、足夠善解人意的傾訴對象，然後定定心地坐在她（他）面前，一點一點地訴說，一塊一塊地取紙巾擦淚，因為我知道對面的那個人會誠心誠意地陪伴我，直到我哭夠說夠為止。

　　接下來的一次實習課，臨時請文文扮演我的諮詢師，我就這樣上場了。

　　我呈現給大家的是我六年前剛做母親時的精神狀態，雖然已經過去六年，但一提起那段經歷仍然會鼻子發酸。在想哭還沒完全哭出來之前，我問自己：忍住不哭行嗎？哭了會讓人覺得妳的情緒太不穩定。內心說：我實在忍不住，已經忍了那麼久，這次就讓我隨著我的心而去吧！是啊！妳確實忍

了太久了，今天就摘下面具讓大家感受一下妳真實的另一面吧！彷彿是防洪大壩得到了開閘洩洪的指令，淚水奪眶而出，滑過臉頰時，我的心已不再忐忑。

從小到大，父母極不喜歡我哭，每次我掉淚都不會得到任何同情。久而久之，我形成了在眾人面前掉淚的羞恥感。記得還是跟老公在交往的時候，一次跟他談起自己童年的種種不快，有些鼻子發酸，但我習慣性地克制著自己，硬是不讓眼淚流出來。老公看著我壓抑的樣子，他的眼淚先流了下來，他問我：「我是妳最親的人，為什麼在我面前妳都不能放心地哭出來呀？」聽了他的話，我的眼淚奪眶而出……是啊！在父母強硬的態度面前，我雖顯出無淚的「堅強」，殊不知，眼淚沒有了，對親人親密的依戀也就減少了。

這兩個沒有任何心理學知識的可憐人，他們不明白，在我決定從此不再在他們面前掉淚的那一刻，我的心靈之門也向他們關閉了。我的先生用他的柔情喚醒了我的柔情，從此我明白，眼淚不僅僅只是脆弱的象徵，它也代表著信任、同情和力量。

淚光中，我看到文文吃驚而不知所措的表情。實習課至今已接近過半，大多數同學還沒見過真正的來訪者，我的沉重是他們始料未及的。

演練結束後，嚴老師讓每個同學談談他們觀察時的內心感受。大家雖然有些沉重，但全都體驗到心理諮詢的真實氛圍。老師講到，心理諮詢的原則永遠是來訪者的情緒（或情感）第一、事實第二，因為和有限的諮詢技術相比，人與人的心靈相通才是真正有力量的。

今天我把淚水滴進同學們的心裡，把我求助的心放在大家的掌心，期盼以此換來我們共同的成長。

饒軍同學在他的手記裡回應到：

　　毛鴨的經歷，讓我有種似曾相識的感受，我們都有相同的時代經歷：缺乏的情感交流，不當的情感指導，我覺得這不僅是某個家庭的問題，可能更是當時的社會情感交流匱乏留下的烙印，只是妳碰到的更深一點，受到傷害更重一點。

　　我曾經自豪地告訴別人我已經 N 年沒有流過眼淚，我從來不哭，那是弱者的表現。帶著這種觀點，我去了部隊，辛苦的日子過了不少，我個人也從士兵到排、連、營的不斷升遷，但情感的閘門依然在高位停滯，用那句「不苟言笑」來形容更為確切。

　　十幾年的軍旅生涯結束了，我發現自己不會和人交流了，我曾歸因於社會人員複雜，而部隊戰友卻真誠、坦率，後來發現是自己缺乏和別人進行深入交流的能力。就這樣誤打誤撞地進入到心理專業的學習，我感到自己心中的困惑和與人交流的渴望。

　　慢慢地，我發現自己感情的閘門變低了，我會為生活中一些小事開心，我會為過去認為不屑的事關注、融入、快樂，我才知道心理學是那樣的有魅力。毛鴨，我覺得妳在迅速成長，而且比我想的更好更快。

來訪者的眼淚：諮詢記錄（嚴文華）

　　下面是毛鴨同學上文中提到的那次訓練的實錄。

　　諮詢師：我是這裡的諮詢師，我姓文，怎樣稱呼妳？

　　來訪者：我叫毛鴨。

　　諮詢師：妳今天到這裡來，我有什麼可以幫助妳？

　　來訪者：我心情不好。最近當了媽媽，我每天照顧孩子很累。孩子身體不好。我覺得自己承受不了。孩子出生後，我發現他是過敏體質。牛奶過敏。他現在六個月了，可以添加副食品了，結果他蛋黃也過敏。其他還有很

多過敏源。他現在只能喝豆漿、喝粥。他出生時體重有6斤，最近一次體檢，他的體重沒有達到正常範圍，真是受罪（嘆一口氣）。

（照顧孩子累，這是正常的，但「承受不了」就需要引起重視。過敏體質可能是一個原因，還有沒有其他原因？最近體重離正常差多遠？「受罪」是指自己受罪還是孩子受罪？這個詞非常重，值得追問。）

諮詢師：孩子現在多大了？

（來訪者說了長長的一段話，諮詢師沒有任何回應，既沒有在情緒層面關注來訪者的焦慮，也沒有對其事實進行梳理，而是立刻關注在問題上。這個問題，其實來訪者已經提到了。可以看出諮詢師真的是太緊張了，所以無法專注地傾聽。）

來訪者：六個月了。我很擔心他營養不夠。

諮詢師：妳擔心他營養不夠，那醫生是怎麼說的？

（轉換到醫生的角度看問題，較好的轉換。）

來訪者：醫生說不要吃過敏食物，等他自動脫敏（減少過敏症狀）。但我不知道要等多久

（深深地嘆了一口氣。）

諮詢師：妳最擔心的是什麼？

（聽出了來訪者嘆氣背後的擔心。）

來訪者：其實，在孩子出生前我就在擔心。因為我家族中有哮喘病史，我是在非常不放心的情況下有了這個孩子。不生吧，孩子不受罪；生吧，明知道哮喘會遺傳，而且沒有特效藥。孩子出生時是8斤，長了6個月只有17斤，我覺得是我的問題，我對不起孩子了（語氣沉重）。

諮詢師：妳很內疚。

（非常好的一個共感，聽到了來訪者的情緒。）

來訪者：對。

諮詢師：妳是看到孩子會內疚？

（非常好，確認內疚的具體場景。）

來訪者：不光看到孩子內疚，我只要想到孩子就會內疚。

諮詢師：那妳和老公談過這個問題嗎？

（其實可以再順著內疚去看看內疚裡面到底是什麼。但諮詢師很快跳到另外一個問題上去。談到老公的話題，是確認其社會支援系統的，這是一個好的主題，但可以稍晚一些再談。目前可以繼續關注在來訪者本人身上。）

來訪者：談過。我老公很樂觀，他說反正在大城市，總歸可以治好的。但我知道這很難。鄧麗君不就是突發哮喘，說去就去了。我不抱希望（語氣凝重）。我不想看到他嘴唇發紫、喘不過來氣的樣子，我真的不想看到……

（眼淚流下來）（來訪者的自動想法是非常負面的，跳出來的是那些最為悲慘的畫面。她內心裡最為恐懼的是死亡。）

諮詢師：是否可以緩解呢？

來訪者：醫生說隨著長大可以緩解。但到什麼時候可以長大啊？

（仍然在哭）

諮詢師：妳不要激動。人總要往好的方向想，妳說是吧？

（可以看到諮詢師明顯的有些不知所措。那句「妳不要激動」，與其說是講給來訪者聽的，不如說是講給自己聽的。那些安慰的話非常蒼白、非常空洞。）

來訪者：我不知道這個過程有多長。如果孩子一直喝豆漿加粥，他能強健嗎？

諮詢師：妳擔心他不夠強健？

（聽到了來訪者的擔心。）

來訪者：是的。醫生說長大後會好的，但什麼時候才算是長大啊？他不光對吃的東西過敏，還有很多過敏的。我穿的羊毛衫他過敏，家裡的沙發他過敏。你能想像出嗎？我家裡的沙發都是用厚厚的保鮮膜包裹起來的。

（過敏的嚴重性進一步在細節中展現出來。在最初時，這個畫面並沒有完全出來。來訪者對諮詢師有了一定的信任後才會做更多揭示的。）

諮詢師：對一切都要包裹？

來訪者：是的，他需要太精心的呵護。我太累了。

（當下的「精心呵護」並沒有讓來訪者累到這種程度。她生活在了未來，想到了孩子一輩子都需要這樣的照顧，這樣的畫面會讓她太累。）

諮詢師：我相信他長大以後會緩解的。

（這樣的安慰非常蒼白、空洞，無法觸動來訪者的心靈。）

來訪者：我也只能這樣安慰自己，但心裡真的很著急。

諮詢師：妳先生比妳樂觀？

（轉換視角。但這種轉換與其說是為了來訪者考慮，不如說是諮詢師想要逃開。）

來訪者：對。但白天我一個人守著孩子，不像他那麼想得開。他下班回來安慰我一下，我會覺得好一些。

諮詢師：妳有工作嗎？

來訪者：現在在家帶孩子，就暫時沒有工作。

諮詢師：那……妳想過沒有，換一種方式，不讓自己全心沉浸在孩子身上？

（諮詢師想到了轉移注意力的方法，但這種建議提出得太貿然，沒有瞭解全部情況後直接提出，而且不是發自來訪者內心，所以推動力非常有

限。）

來訪者：我現在沒有時間。每天夜裡要爬起來三次，白天要換尿布，要給他吃、要陪他玩，沒有時間做其他事情。

諮詢師：妳想去做嗎？如果妳有人分擔。

（這一點面質得很好。先不要考慮是否能實現，只考慮其意願。）

來訪者：當然想。但我很擔心別人照顧不好孩子。

（來訪者有當媽媽的焦慮。）

諮詢師：（停頓了較長時間後）妳最想解決什麼？

來訪者：讓我的心情好起來，不要以淚洗面。

（非常明確自己想解決的點。）

諮詢師：妳想解決情緒低落的問題。

（諮詢師聽懂了。）

來訪者：對。

諮詢師：那妳以前遇到壓力會怎樣做？

（從來訪者過去的經驗中挖掘解決資源，是可取的。）

來訪者：我會聽聽音樂。以前懷孕時常聽音樂，現在發現只要我放這些音樂，孩子就會專注地聽。如果天氣好，我會推著孩子出去曬曬太陽。

（這兩點都非常好，可以借用為正性的資源。）

諮詢師：妳先生很忙嗎？

（再次跳到其社會支援系統上，想要替來訪者找到分擔者。但這種方法屬於諮詢師跳上跳下地蹦，而把來訪者當作灌輸對象，沒有讓來訪者自己成為解決問題的主角。其實可以更為直接地問：「妳覺得是否有可能找到人幫妳分擔？」）

來訪者：他常常加班。

諮詢師：他照顧孩子嗎？

（這樣的提問往往隱含著假設：「妳先生應該幫妳照顧孩子。」這樣的假設會是一種誘導，來訪者或者會因先生沒有照顧孩子而對先生產生更強烈的怨恨，或者會因為想要維護面子而編造答案。）

來訪者：夜裡他常起來。

諮詢師：沒有其他人可以幫妳嗎？

來訪者：婆婆一直在家陪我。但她文化水準不高，是從農村來的，育兒方面我和她有不少衝突。我心情不好時不願意和她說話。

諮詢師：所以妳不放心把孩子交給婆婆？

（這個回應較好，是在很好傾聽的基礎上提出的。）

來訪者：是的。她在飲食等各方面屬於粗放型，我屬於精細型，我們倆不合。

由於時間到，諮詢結束。照例是組員們的回應時間。只是，我看到好幾位組員的眼睛紅紅的——她們隨著來訪者一同落過淚。

按照慣例，組隊個案演練結束，是學員的回應和我的評論。但那一天，我感受到教室裡氣氛非常不一樣：很多人都是眼中帶淚。我覺得我需要先處理一下情緒層面的問題，再進入諮詢技術的學習。一是要讓毛鴨感到安心和自在，二是要讓大家看到流淚的背後是什麼情緒。這是一個很好的整個團隊成長的機遇。當一個成員呈現出信任，而所有的人又能給予共感，這一定會帶著整個團隊走向更深的信任。我從信任和共感切入，請大家先談這個個案在他們內心激起的情緒。

第一位被點到的組員說了一段很精彩的話，但無關乎自己的情緒，而只是對個案評論。看來，說出自己的情緒不是一件容易的事情。在不斷地追問中，大家開始回歸自己的情緒。下面是一些組員被觸發的情緒：

「聽著她講，我真想拉著她的手，陪伴她，安慰她。」這位組員的眼圈紅紅的，可能剛才一直在落淚。

「我感受到悲憫。悲天憫人。我想要說明她。」

「我覺得內心很悲傷。」

「來訪者開始哭時，我不知所措，內心慌亂。」

「我想到父母養育我長大，真的很不容易。」在來訪者身上看到自己父母的影子。

「我有同情……有悲傷……有慌亂。我覺得把自己剛才的情緒表達出來不是一件容易的事情。」

「我的情緒低落，我不知該怎樣幫到來訪者。」

「我想要安慰來訪者。」

「我感到悲傷，想到幫助她。」

「我想用自己得病的事例告訴來訪者：可以更積極、更樂觀。」

我相信，當毛鴨聽到大家的這些回應時，她會感受到安心。她知道所有的人關注她、懂她、包容她、接納她、想要幫助她。她的眼淚不僅流在了她的臉上，也滴進了大家的心裡。

從諮詢技術的角度看，每個人內心激起的情緒反應都是不同的。來訪者的資訊如果是那投入池塘的石子，這些情緒反應就是那被蕩漾開的漣漪。很多人的情緒都是自己內在情緒的投射，其實也是自己要處理的功課。只有當我們能夠讀懂來訪者的情緒，但又能跳出這些情緒時，才能真正幫來訪者處理情緒。但對初學者來說，可以只做第一層要求：讀懂來訪者的情緒。這一層面上，可以和來訪者同哭。這很好，因為聽懂了、讀懂了，可以同頻率了。但僅僅有這些還不夠，還要瞭解自己對來訪者的情緒做出了怎樣的情緒反應，這些情緒反應如何影響了自己的諮詢行為。經過這一層的處理後，才

有可能既身處其中，又身處其外。

就毛鴨而言，她的開放、她的坦誠、她的勇敢，都是她正在成長的信號。

留下真情從頭說（毛鴨）

（一）飛越瘋人院

1.給我一個溫暖的家

一陣扭打聲把三歲的我從睡夢中驚醒。睜眼一看，就在我的身邊，父親用雙手掐住母親的脖子，母親已經憋得滿臉通紅。我驚恐萬狀，嚇得放聲大哭。這是我深愛著的兩個人呀！怎麼打起來了呢？年幼的我除了哭不知該怎麼辦，和我們同居一室的奶奶大聲叫著勸兩個人住手。

終於休戰了，母親氣哼哼地穿好衣服，下床走出房間，臨走前拋給奶奶一句話：「你養的好兒子，這樣欺負我。」奶奶一句話也沒說，從抽屜裡拿出一瓶紅藥水給父親擦傷，淚珠從她臉上滑過，滴滴答答地落在地上。那應該是委屈的眼淚吧！哪個母親養大了孩子是為了讓他欺負自己的家人呢？

奶奶可能還有另外一些情緒吧！比如看到兒子被打傷後的心疼，比如無法阻止事態惡化的無助感，比如在兒子身上看到自己丈夫身影的氣惱感……只不過在毛鴨的眼睛中，她只能看到替母親委屈這一點。

七年後的一天早上。吃飯時，父親湊到母親的耳邊低聲說了幾句什麼，母親頓時淚光盈盈，非常傷心的樣子，可是父親的臉上居然掠過了一絲微

笑，這笑讓我感覺脊背陣陣發冷。十歲的我意識到肯定有什麼大事要發生了，而且母親無力應對。沒過幾天，母親告訴我，父親愛上了另一個女人，要跟自己離婚。母親的原話是：「妳爸不要我們了。」於是，對那個奪走父親的女人，我恨之入骨。

晚上，父親以為我睡著了，便開始對母親進行離婚總動員，那真稱得上是威逼利誘，內容無非是如果母親同意離婚有什麼好處，如果母親不同意離婚則如何如何，所用的語言污穢得讓我無法下筆。

幾天後的一個晚上我發燒了，父母讓我躺在大屋的床上，兩個人到隔壁哥哥的小房間繼續離婚大戰。恍惚之間我聽到隔壁的房間裡傳來了廝打的聲音，心裡很著急，一來怕媽媽不是對手會吃虧，二來哥哥已經臨近高考，他們這樣在哥哥寫作業的桌旁鬧實在不應該。我掙扎著爬起來，來到哥哥的房門前，沒想到房門被反鎖住了，大概是父母不想讓鄰居聽到他們在鬧離婚，在八十年代初離婚還不多見。媽媽在慘叫，我拼命地砸門，準備拼盡全力保護媽媽，因為爸爸已經不要我們了，我不能再失去媽媽。

終於哥哥開了門，17歲的哥哥站在一邊看著廝打中的父母，毫無介入之意。我哭著衝了上去，夾在父母中間大聲央求父親不要再打母親，他倆激戰猶酣根本不買我的帳，推搡之間我已被撞出鼻血。樓上的鄰居也聽到動靜來我家勸說，他們指著滿臉是血的我說：「看在孩子的份上你們平靜下來好好地談，不要再打了。」

父親住了手，把我抱到床上用紙替我擦掉血跡，面對鄰居一言不發。母親激動地對鄰居訴說父親如何如何地沒良心和忘恩負義。勸架的鄰居走後，母親在屋子裡踱來踱去，嘴裡反反覆覆地重複著父親年輕時稱呼母親的暱稱，人已經有些神經兮兮了。我感覺這婚如果真離了，母親也就沒命了。

被遺棄感和憤恨就這樣被種植進毛鴨的心田。不單純是母親的知覺，父親的行為也在驗證著這些說法的正確性。

哥哥的反應為什麼會和毛鴨完全不同？個性和年齡使然。另外，他採取了隔絕和麻木的策略，也是一種自我保護。

不久後母親回了外婆家，一去就是半年。那時家裡沒裝電話，我想媽媽想得厲害，在寫完作業後會自己跑到離家不遠的公車站等媽媽。因為不知道母親哪天會回來，所以只好天天去等她。看到戴著眼鏡、梳著短髮的中年女子，我就會歡天喜地地飛奔過去，走近才發現那只是一個從遠處看很像母親的人，我知道我想媽媽想得有點發癲了。母親不在的這半年裡，我學會了使用煤氣爐，中午回家能自己熱飯吃，晚上回家能自覺地完成作業，而且期末的考試成績並未受到離婚事件的影響，依然優良。

但我很盼望母親早點回家，因為沒有母親的家真的不像一個家：爸爸成天陰沉著臉不跟我和哥哥說話，不順心時會打罵我們；而對父母的事，哥哥也不願跟我做任何交流。想媽媽的時候我會給媽媽寫信，父親很關心信的內容，當他得知我在信中告訴母親自她走後我們常常吃冷饅頭時勃然大怒，生怕外婆一家人得知他疏於照顧我和哥哥的事實。

母親看了我的信很心疼，寫信來要父親在我放寒假後把我送上開往外婆家的火車，想和我一起過年，但被父親拒絕了。他對我說：「如果妳去了外婆家，他們會對妳說很多我的壞話，妳聽信了這些話會讓我很被動。」我說我只是想去看媽媽，其他的事我不關心，結果父親把我打了一頓，要我再也別提去外婆家的事。對這個法西斯式的父親，兒時的我內心充滿了怨恨，自從他跟母親提出離婚之後，那曾經高大的男子漢形象在我心目中就蕩然無存。沒有了尊敬，父親對我的管教不但發揮不到任何作用，反而使我變得更加叛逆。

孩子成為父母冷戰的工具，被拉扯著，且無力保護自己。

在母親的要求下，父母雙方的上司出面勸合。上司們勸父親不要離婚的主要理由是在「文革」期間父親被打成反革命時母親沒有拋棄他，死心塌地等了他七年。在父親蹲牛棚的漫長歲月裡，母親一人帶著剛出生不久的我和七歲的哥哥做為黑幫家屬，被下放到河南農村接受勞動改造。那段日子，母親白天下田勞動，晚上還要照顧我和哥哥，即使累得患了急性肝炎，也從沒想過要跟父親劃清界限。現在父親摘掉反革命帽子恢復了工作，就移情別戀不要糟糠之妻，於情於理說不過去。面對上司的此番勸說，父親無言以對，表示對母親確實懷有感激之情。至此，離婚的事暫時不了了之。

父親依舊像從前那樣長年出差在外，只是春節回來待幾天。而母親也滿足於這種男主外女主內的運作模式，無怨無悔地繼續操持家務，照顧孩子。直到有一天，無意中從父親的司機口中得知父親和以前的相好 Julia 已在香港共事並同居，母親才如夢初醒。

又是和從前一樣的大吵大鬧，又是要求上司出面調解。但這時已是九十年代初，離婚已是比較普遍的現象，上司們這次無心過問這件事了。無奈之下，母親又去找 Julia 的丈夫攤牌，旨在透過 Julia 的丈夫把 Julia 勸回家以達到讓我父親也回心轉意的目的。可是當 Julia 丈夫得知自己的妻子和我父親之間的事情時，大受刺激，因為 Julia 和我父親交往這麼多年從未對她的丈夫透露過半點風聲。不久後 Julia 的丈夫就和 Julia 離了婚。這下 Julia 沒了退路，更是抓住父親不放，連春節都不允許父親回家了。

對母親形象的新認識：對夫妻衝突的處理方式直接、懦弱、無法維護自己的權益。

Julia 把老公和她離婚全歸罪於母親，她認為自己是個有能力有身分的女人，而被老公一腳踢掉是非常沒面子的事。聽父親說，她很想來找母親理論一番，但忍住了。我懷著驚訝的心情見識了「不知廉恥」的實證，並且正告父親，如果 Julia 敢來家裡跟母親鬧，我會要她好看。那年我已二十一歲。

那段時間，幾乎所有的節日父親都不回北京探望母親了，我猜這可能是 Julia 對母親實施報復行動的一部分，因為以後發生的事證明了我的推測：九十年代初父親把哥哥招到自己的公司裡幫忙，但不允許哥哥把公司的地址透露給母親，也不允許哥哥給母親打電話，只有在父親允許的情況下，哥哥才可以回北京探望母親。哥哥很聽 Julia 和父親的話，一去兩年，沒給母親打過一通電話，而且兩年後回京探視時，對他在外面的工作隻字不提。

在哥哥離開北京後的兩年，Julia 又給我打電話說，她想把我安排進一家銀行的國際部工作，那裡不僅工作環境好待遇高，而且出國機會也很多。我問她有什麼交換條件，她重申了和哥哥一模一樣的要求：工作地址不能給我媽，不能給我媽留我的電話號碼。我當即回絕了她，心想這個女人真歹毒，奪走了母親的老公還不夠，還要連孩子也一個一個地奪走，想徹底孤立我的母親，在她已經滴血的傷口上撒鹽。

父親專門打電話來責怪我：「妳怎麼那麼笨呢！Julia 給妳安排的機會多好，妳怎麼能意氣用事就這樣放棄了呢？她不讓妳給你媽打電話，妳可以表面答應她，背著她悄悄打嘛！」我告訴父親這是他的做事風格但不是我的，我喜歡表裡如一。

哥哥為什麼會對父親和 Julia 言聽計從？他會怎樣看待自己父母的分居？怎樣看待父親的行為？父母的婚姻對他有怎樣的影響？從這個故事中，我們看到每個孩子看待父母婚姻的角度和方式都不同。

　　首都機場的候機大廳內，母親哭成了淚人，因為我要遠離母親去南方闖蕩，那年我二十四歲。母親說：「妳爸和妳哥走的時候我都沒這麼難過，可是妳這一走我心裡真的空落落的。」是啊！看起來最不可能離開母親的女兒也要對母親撒手不管了。可是這究竟怪誰呢？從十歲到二十四歲，目睹了父母馬拉松式的離婚戰，聽夠了母親對父親的種種抱怨，卻始終未能看到她為自己的未來做個明智的決斷。

　　每當我問母親：「爸爸已經不會回來了，妳為什麼還不跟他離婚？」母親都會瞪著眼睛對我吼：「妳是不是妳爸的說客？不管他在外面做了什麼，只要他還是我們家的人，外面人就不敢欺負我們。如果妳爸真的走了，我們會更被別人瞧不起。」我無法理解她的觀點，只覺得母親骨子裡的依賴性根深蒂固。

> 母親擔心被誰瞧不起？這種擔心帶來她對離婚深深的恐懼，或者說，她對被遺棄有深深的恐懼。

　　母親對我恩重如山：她生了我；那是在父親被打成反革命蹲牛棚的時候，我出生了。父親請了一個月的產假來照料母親，臨走時對母親說：「我不能幫妳照顧兩個孩子了，如果實在不行，就帶好大的（哥哥），放棄這個小的吧！」母親沒有放棄我，頑強地把我帶大，即使在做為黑幫家屬下放農村那最艱苦的兩年裡，她也從未放棄過我。母親回憶那段歲月時曾對我說：「看著妳亮亮的大眼睛，拉著妳的小手，看著妳一天天的長大，我心裡非常快樂。」

　　唐山大地震時，北京地區震感強烈，因地震發生在深夜，我貪睡不願起床，母親就抱著我下樓，在樓道裡被她身後的人推了一把摔下樓去把腳都扭傷了。小時候，家裡燒的是蜂窩煤爐，一到冬天窗門緊閉時，屋裡的一氧

化碳就特別濃。一次我和母親都感到嚴重的頭暈，我先栽倒在地失去知覺，母親也暈得摔倒了，但還有意識。她明白，如果她也暈過去我們母女就完了。母親用一隻手抱著我，另一隻手匍匐前進，一點一點地爬到了屋外，我倆就此脫險。

細細算來，這是一個給了我四次生命的人。而今，我依然要離她而去，去開創我自己的人生。因為固守一份死亡的婚姻是她的選擇，由此而產生的各種後果應該由她自己去承擔。在我成人之後，母親心情不好時仍會打罵我，我知道她只是拿我出氣而已，但我不願意活得沒有尊嚴，更不願意和她一起成為這樁失敗婚姻的殉葬品，那是她的選擇、她的生活，但不是我的。

毛鴨終於能夠區分自己和母親了。父母有可能沒有意識到，他們以愛的名義剝奪了孩子的生活。孩子只有再次與其分離，或區分清楚，才能擁有完整的自我和生活。

我告訴母親，我會把我工作公司的具體地址以及電話及時通知她，絕不會像哥哥那樣走了之後就音信全無，母親總算止住了眼淚。

2. 浪跡天涯

晚上十點左右，我乘坐的航班降落到海口機場，堂弟（叔叔的兒子）和哥哥一起來接我。到叔叔家打工是我到海南的第一站，聽說最近幾年叔叔和父親在合夥做生意時產生了許多衝突，關係已經不如從前和諧了。這次也是應叔叔的主動邀請，我到他自己開的貿易公司幫忙，以便我學習一些國際貿易方面的知識。不知什麼原因，哥哥也從 Julia 和父親的公司中退出，加入了叔叔的公司。有了他的加盟，更堅定了我把叔叔家當作跳板的想法，因為根據我對哥哥的瞭解，他看中的公司多半不適合我。

當晚，堂弟跟我談到的一些情況更加重了我的擔憂。叔叔和嬸嬸曾經非常恩愛，但近些年不知為何也跟我父母一樣被第三者插了足：現在叔叔在外面有個小蜜（情婦），整日不問公司的業務，有時還徹夜不歸。嬸嬸跟母親一樣絕不離婚，將吵鬧進行到底。她認為叔叔之所以會搞婚外情，父親和Julia的示範作用很大。自從叔叔和父親及Julia開始合夥做生意，人就有了負面的變化。堂弟雖然厭惡他父親的風流行為，但又沒什麼辦法。在這樣一個不團結的集體中，我究竟能學到什麼呢？

毛鴨又捲進了另外一個上輩人之間有糾葛的家庭。這對她來說將是另外一場考驗。

四月的海南，到夜晚還有幾絲涼意，我問嬸嬸家裡有沒有厚一點的被子，因為我蓋的那條太薄了夜間有點冷，嬸嬸答道：「妳堂弟睡在地上也就蓋那麼一條薄被，妳有床睡還要厚被？」我知道為了我這次來，堂弟特意把他的床讓給了我，嬸嬸心疼兒子我能理解。叔叔老早就答應要給堂弟再買一張床，可是不知什麼原因買床的事一拖再拖。嬸嬸心裡埋怨叔叔對兒子不夠關心，怒氣出到了我身上。

當時叔叔給我開的工資是六百元一個月，扣除兩百五十元的伙食費後拿到手的是三百五十元，給母親寄一百元後自己留下的零用錢已是少得可憐。那是我人生中最窮困的日子。每當看到叔叔嬸嬸帶著堂弟開著車出去辦事，而我要去車棚取自行車出門時，看車的阿姨會問我：「他們是妳什麼人？」「是我叔叔。」阿姨驚訝地說：「叔叔應該是很親的呀！」是啊，多少應該的事就沒有在現實中發生，而對那些不應該但仍然發生了的事我只有去面對和適應它。

缺錢缺到極點的時候，我的床頭櫃裡居然真的出現了一打子錢，正好

一百張面值五元的錢，用銀行的捆鈔紙紮成整齊的一小本，一共五百元。誰這麼好心，在我正等錢用的時候給我雪中送炭呀？不問清楚錢的來源這錢我不能要。拿著這打鈔票先問了嬸嬸和堂弟，從他倆那一臉的困惑可以斷定他們不是送錢的人。

走進叔叔的辦公室，告訴他我的抽屜裡多了五百元錢的怪事，叔叔的眼睛一直不敢直視我，我說找不到送錢的人那我只好把錢上交給公司了，放下了錢我出了叔叔的辦公室。沒過兩天，叔叔要嬸嬸把財務的業務交給我，要我學著做會計，嬸嬸看我的眼神裡除了平時的不屑又多了明顯的戒備，畢竟財務大權一直以來都是由嬸嬸把持著，她怎麼可能輕易交給我呢？事情至此，我猜那五百元錢是叔叔放在我的抽屜裡的，目的是想測試我是否貪財，如果我不貪，他就培養我做會計。這種測試如果發生在陌生人之間也許還好接受一些，但它卻發生在叔叔和他一直看著長大的姪女之間，感覺怪怪的。

那段日子，經常有小蜜來電話找叔叔，一接到她的電話叔叔就會離開，要嗎半天，要嗎乾脆一晚上都不回家。嬸嬸心情不好，經常拿我出氣。她認定叔叔是跟著父親和 Julia 一起做生意後學會搞外遇的，對我的父親她有埋怨，言語尖酸刻薄，極盡諷刺挖苦之能事，以抬高她自己和她最寵愛的堂弟。我見過我母親這副樣子，所以對嬸嬸懷有幾許憐憫和同情。

父親終於從香港來海口看哥哥和我了，家裡做了一桌菜，叔叔嬸嬸一家三口和我家的三個人聚在一起。酒過三巡，堂弟的情緒漸漸激動起來，指責叔叔在外面亂來早晚會遭報應。堂弟又抄起桌上的飯碗向叔叔砸去，那碗在叔叔的左耳下方撞得粉碎，鮮血頓時從叔叔的耳垂流下來。見到了血，堂弟似乎更加激惹，跑到廚房抽出一把菜刀回過身來要砍叔叔。我看著這一幕的感覺就像是小的時候看到自己的爸爸掐著媽媽的脖子，心都快被撕碎了。

那天叔叔一家人離開後，父親心情很低落，一副垂頭喪氣的樣子。叔叔臨走時脫下了身上帶血的白襯衫，我把它泡在盛有洗衣粉的臉盆裡，血水

化開後滿盆皆紅。看著我在洗叔叔的血衣，父親非常沉重，半天不說一句話。我猜他可能比從前更深刻地體會到自己的婚外情給孩子們造成的刻骨銘心的傷害。父親同意我離開叔叔家，並且勸哥哥也盡早離開。

爸爸告訴我，Julia 和他在海口已經買了房子，哥哥現在就住在裡面，如果我願意，可以和哥哥同住在這間房子裡，但對媽媽要保密。我雖然心裡有點彆扭，但因暫時沒找到管住宿的公司，也只好答應和哥哥同住。因此，有了近距離接觸 Julia 的機會。

沒過多久，Julia 來海南辦事，我見到了這個讓父親鍾愛有加的女人。雖然這是我和她的第一次會面，但在此之前，我們已通過幾次電話。每次跟她交談，都是話不投機。這次恰逢 Julia 和她先生剛離婚不久，據哥哥說，離婚對 Julia 的打擊很大，所以最近她比較神經質。

Julia 是個女強人，聰明、敬業、業務能力強是父親經常稱讚她的幾個優點。當年因為兩個人在工作上有共同語言，又配合默契才日久生情。說起她和父親的交往，Julia 說父親對她很好，可是一旦工作起來父親不太會顧及其他的事，心裡只想著工作。她說和父親相愛後的日子並不輕鬆，因為爸爸是個工作狂，她也是工作狂，兩個工作狂在一起那就只有工作，而且她必須對父親的事業進行卓有成效的幫助，那就更不容易了。這些話我都默默地聽著，沒說什麼。

說到底，Julia、母親和父親都是愛的欲求沒有得到滿足的人。所以 Julia 有了父親還不夠，仍然非常沒有安全感，畢竟父親沒有把婚姻給她，所以她要控制父親的一切，包括她的子女，以此對付毛鴨的母親，也以此抗議父親沒有和她結婚這一點。毛鴨的父親不僅在法律上犯了重婚罪，而且在精神上毀了兩位女性。

和 Julia 的第二次接觸是在 12 年後的夏天,我回北京辦事。那時父親被查出患了皮膚癌,剛做過一場大手術,手術很成功,父親逃過一劫。在手術的前前後後,Julia 鞍前馬後地侍候父親,並特意在腫瘤醫院旁邊買了房子,以方便父親回醫院複查。因為父親動手術時我已臨產,他怕我擔心所以當時沒告訴我。直到手術後半年才通報了病情。經過這場大病,Julia 似乎想通了許多,她主動讓我父親恢復跟我的聯繫。其實這些年,父親一直背著她悄悄地跟我聯繫。看到父親和 Julia 多年來的彼此扶持,想到 Julia 對父親的不離不棄,心裡多多少少對她有了幾分感謝,也許我早該接受他們在一起的事實了。

一晃四年過去了,2009 年年底我回京探視父親時,他告訴我:Julia 第一次承認年輕時背著她的老公跟我父親好的行為,是對不起她的老公也對不起我的母親的。Julia 跟父親說 2010 年是毛鴨年,她打算把我一家三口人請到她和父親的家裡住。父親說,為了在父親臨終時能見到我們,現在開始要跟 Julia 把關係弄得客氣一些,要我和她盡量在面子上過得去,這一點我也同意。但他又提出讓我帶孩子來看他和 Julia,要孩子稱 Julia 為姥姥(北方人對外婆的稱呼),而且不許孩子在 Julia 面前提起他的親外婆。我拒絕了父親帶孩子去看 Julia 的要求。

(二)奶奶的悲劇

寫這一部分時,是我心最痛的時候。但我無法迴避,只有面對。我始終認為對奶奶的死我們一家人有不可推卸的責任。雖然並非像我嬸嬸所說的那樣卑鄙,但我至今有深深的自責。

奶奶生活在男人可以納妾的時代。她是爺爺的結髮妻子,育有三個孩子,老大是我父親,老二是姑媽,老三就是那個在海南的叔叔。爺爺當年在

山東老家經商做得小有名氣，有人眼紅就綁架他來勒索錢。家人用錢把他贖出來後，爺爺認為此地不可久留，於是背井離鄉來到了大上海。

在上海謀生期間爺爺又娶了第二個妻子，對於納妾，奶奶雖然不願意但也無可奈何。她從老家來到上海和爺爺以及爺爺的小妾同住。爺爺寵愛小妾，對奶奶十分冷淡。那時連奶奶生的三個孩子在小妾生的九個孩子面前都沒什麼地位，小妾甚至猖狂到敢一腳把我奶奶從樓梯上踹下去的地步。我父親就是在這樣的家庭環境裡長大的。

奶奶當時可能已有癔症或精神分裂症。那麼多年壓抑而扭曲的生活，在她心裡留下了巨大的陰影。年輕時她的生活環境非常不安全，而她無法和小妾做任何抗衡，於是，在她年老時，她對周圍充滿了敵意、警惕和懷疑，不敢在白天做任何抗爭和表達，但在夜深人靜時破口大罵——她的內心已被怯懦化，即使小妾很早就不存在了，她依然不敢光明正大地表達自己。可見年輕時被壓抑之深。那時有多少個不眠之夜她只能在心裡咒罵和流淚？她的冤屈和咒罵豈是幾個夜晚表達得完的？她是爺爺冷淡婚姻的受害者，孩子們則是她負面情緒的受害者。

奶奶的三個孩子獨立後，奶奶會輪流到三個孩子家小住。聽大人們說，奶奶性情古怪，很難相處，所以她在每個孩子家中都住不長久。大人提到很多關於奶奶古怪脾氣的事情：奶奶在姑媽家做客時，有一次說自己的十塊錢找不到了，硬說是姑媽偷了她十塊錢，姑媽覺得冤枉就跑到火車站去臥軌自殺，被姑父勸了回來。從這件事發生後，姑媽就乾脆不許奶奶去她家了。

奶奶住在叔叔家時，白天一個人睡覺，晚上等叔叔嬸嬸都下班回來了，就開始破口大罵，能一直罵到半夜。等第二天叔嬸都去上班了，奶奶又睡

覺。住在我家的情況也好不到哪裡去，母親說，她剛跟父親結婚時公司只分了一間新房給他們住，奶奶硬是要住進他們這一間房，我父母睡在大床上，奶奶睡在地上，新婚的小夫妻十分不方便。一次，母親去上班前忘記把痰盂裡的小便倒掉並清洗，奶奶誤以為母親故意把痰盂留給她倒，大怒，衝到母親單位的門口，在地上一邊打滾一邊哭著說她的媳婦欺負她，連母親公司裡的上司都被驚動了，造成了很壞的影響。那件事之後，母親和奶奶之間的衝突無法調和。

奶奶成了名副其實的燙手山芋。三個孩子雖然會寄生活費給老人，但奶奶可能不光需要錢，所以她明知孩子們不歡迎，仍會定期上門來住。

聽著長輩們對奶奶的議論，我內心對這個老人也沒太多好感，覺得她是一個不理解兒女不為兒女著想的人。現在學過心理學後才明白，其實奶奶有嚴重的心理障礙。只是在八十年代初的中國，對大部分國人來說「心理學」還是個陌生的名詞，就更別提焦慮症、強迫症和抑鬱症等專有名詞了。

那是奶奶最後一次到我家住，那時我已經上國中了。奶奶剛到的一段日子會比較安寧，大家都相安無事。奶奶和我同住在一個房間裡，兩張單人床每人一張。奶奶在半夜經常會醒來，她睡不著就會起床在屋裡活動腿腳，鍛鍊身體。有時我醒來看到她在做運動，會跟她說一兩句話，奶奶不願驚動我，通常要我繼續睡。

這種半夜經常醒來的睡覺方式並沒有給我帶來不便，反倒是我和奶奶溝通的一種方式。那段日子，每當我回家開始寫作業，奶奶會饒有興趣地湊到我跟前看我寫字，她不識字，所以會很驚訝於我能一口氣寫出那麼多的字，而且對我非常佩服。

母親買回家的零食，我會拿來和奶奶分著吃。每當這時，她會高興地跟我提起，她在另外兩個孩子家住時，她會跟他們講起她的長孫女（就是

我）對她有多好。奶奶是小腳女人，負重行走不方便，每天，我會幫她把開水燒好灌進熱水瓶。在她準備洗漱的時候，我會把她最喜歡用的香皂放到她的手邊，每當這個時候，奶奶都會開心地說：「妳幫我拿過來了呀！我的小心肝。」那段日子家裡的氣氛還算正常，母親和奶奶很少衝突。

毛鴨的善良和助人意願，在她小時候即已顯現。

　　但好景不常，沒過多久，奶奶說白天家裡只有她一個人，實在太孤單了，她不想在我家住要去另一家住，要父親或母親請假送她去，因為叔叔和姑媽家都需要坐火車才能到。父母為了請假的事吵架，誰也不想耽誤自己的工作。最後，沒有理會奶奶的要求，父母要奶奶耐心等等，看叔叔有機會來北京出差的時候再送奶奶回去住。奶奶很不情願地等著，度日如年，情緒越來越不穩定，脾氣越來越大。現在回想起來，一個心理有障礙的老人，對無法排解的寂寞有恐懼感是完全可以理解的事，但那時我們不懂這一點，沒能引起足夠的重視，只以為奶奶是不懂事，又要給我們找麻煩。

　　漸漸，奶奶與父母的口角多了起來。母親要我從奶奶的房間裡搬出來，要奶奶一個人好好反省一下自己過分的行為。我沒多想，很快就從奶奶的房間搬到了母親的房間。奶奶不理解我為什麼會向著母親：「大人吵架妳為什麼總向著妳媽？本來我和妳沒仇，這下我們倆也結仇了。」我沒做任何解釋，因為我認為說了也是白說。

　　奶奶和我們說的話越來越少，吃的飯也越來越少。這期間，嬸嬸來過一次，得知我們正在孤立奶奶讓她認真反省，嬸嬸也很配合，沒跟奶奶說一句話，奶奶就再也沒提去叔叔家的事。

　　一天奶奶哭著跟父親說：「我想死。」父親回了一句：「想死就去死吧！」

對於鄉下人罵「去死吧」之類的話，很多人都認為是說說而已，沒必要當真，當時我們也是這樣認為的。終於有一天的中午，我進奶奶的房間給她送中飯時看到了悽慘的一幕：奶奶自殺了。全家人都傻了。沒想到讓她閉門思過，弄出了這樣的下場。父親哭得很傷心，但人已經不在了，哭有什麼用呢？

我也在找我自己的種種不是，如果我不從奶奶的房間裡搬出來，而是一直陪伴著她，在她心情不好的時候給她情感上的安慰，還像從前那樣與她和睦相處，她也許不會在七十多歲還要走上這條道路。我真不應該在她那麼需要精神支援的時候對她那樣冷漠。

奶奶走後，父母和哥哥都不願意碰她睡過的床。我搬回了奶奶的房間，靜靜地躺在她生前睡過的床上，閉上眼睛，回想著奶奶的音容笑貌。就在這時，奶奶來到了我的身旁，她眼裡充滿了怨恨，俯下身瞪著我，一言不發。

我睜開眼去找她時，那清晰的影像化作一片黑煙散去了。奶奶太生我的氣，不想再跟我做任何溝通。我想對奶奶說：「我不求您的寬恕，只希望您能明白：那時那刻，我們不知道自己在做什麼，我們太無知了。」

心理學的積極意義絕不僅僅只產生在諮詢室中，它在普通百姓的平常生活中也有巨大的應用空間。如果將一般性心理障礙的防治知識普及開來，大眾會大大受益，我奶奶的悲劇也不會重演。

（三）陽光燦爛的日子──完美父愛

「咚咚咚」一陣敲門聲，十歲的我打開門來，只見一個高姚的中年男子站在門口。原來他是父母中學時代的同班同學──錢。錢這次來北京是專門到母親所在的學校學習英語的，他所在的公司需要既懂專業又懂英文的人，於是送他到北京進修。

錢來母親所在的大學裡學習英文時，已經四十三歲了，班上的同學都

是二十歲而且有英文基礎的年輕人，和這些人做同學錢很有壓力。由於他努力勤奮，英語老師經常拿他做榜樣。多年後錢回憶起這段經歷說：「那時會愁得睡不著覺，著急自己的英語老是開不了口，我們幾個年紀大的進修生都有這個苦惱。」可是那時我一點也沒發現他有什麼心理壓力，因為他每次來我家都是笑瞇瞇的，對哥哥和我十分耐心。他瞭解到我父母的關係不好，在給父母做觀念勸說的同時，對哥哥和我也關心備至。自從他來以後，這個沉悶的家終於有了笑聲。

錢下課後，通常會在食堂吃過晚飯後來看我們，和我們聊天或一起討論功課。錢的脾氣極好，從不對我們發火。討論功課時如果遇到我和他有不同意見時，他會認真聆聽我的觀點，然後非常平等地和我一起探討，不會因為我是個孩子就不把我的話當回事。有一次討論數學題，我早已看出某個數不能被 3 整除，叫他不要再費勁，因為老師說過，一個數的每個數字相加後如果不是 3 的倍數那它就不能被 3 整除。錢沒學過這個定律，他一定要在草稿紙上除到了小數點後的 N 多位後才甘休，這種精益求精的鑽研精神來自他對科學認真客觀的態度。這是一個名副其實的良師益友。

記得中國女排與日本進行世錦賽的冠亞軍決賽時，錢特意到我家看電視直播，他緊張得像個孩子，每當排球從中國隊員的手中扣下去時，錢的腿也會跟著向前伸一下，彷彿是在和中國女排們一起使勁。我正好坐在他身邊，被他踢了一腳又一腳。直到哥哥和我實在忍不住笑出聲來時，錢才意識到自己看球賽看得太專注了。

一次，中國男足在跟某支外國球隊比賽時獲勝，錢興奮得從椅子上一躍而起，拍著巴掌一蹦一蹦地跳到電視機前，大叫：「贏啦！贏啦！」然後用手熱烈地拍了幾下母親的肩膀，開心得像個孩子。每當這時，母親會難得開心地微笑。這是一個充滿熱情和童心的人。

由於有父親的形象做對比，毛鴨才會從錢的身上汲取到這麼多的愛，才會把一滴雨露都吸收為愛的甘霖。

　　家裡高壓鍋的閥門不知丟到哪裡去了，母親找了幾家商店都沒有，就湊合著用，很危險。錢專門抽時間到更遠的幾家商店去找，終於買回了我們需要的閥門。雖然只花了兩毛錢，但母親由衷地感謝。這是一個用心的人。

　　小時候，我常常在衛生間（廁所）裡一邊方便一邊放聲歌唱，一次洗好手唱完歌出了衛生間差點撞到正好站在門口的錢，他好像凝神聽了良久而且意猶未盡，見我出來他問：「剛才的歌是妳唱的嗎？」我點頭，他說：「真好聽。」這是一個會真誠地欣賞別人的人。

　　一次，錢跟我聊起他的女兒，說到女兒上大學後少有機會見到錢，這次錢回老家的路上碰巧路過女兒讀書的城市，女兒特意來火車站和父親進行短暫的會面。錢平靜而深情地說：「在月臺上，女兒看到我叫了聲爸爸就哭了，她給我帶來一隻燒雞。」

　　聽到這兒我想：有你這麼好的爸爸，如果是我好久沒看到，我也會哭，我也要把零錢存起來給你買好吃的。

　　「列車啟動的時候，女兒目送著我很不捨。那個列車員非常照顧我們，一直等到女兒出了我們的視野才把車門關上。我注意到女兒的鞋帶沒繫好，都那麼大了怎麼還不知道自己照顧好自己。」聽著他娓娓的敘述，我彷彿看到了月臺上的一切，這溫馨的父女見面的場面已經印在了我的心底。這是一個對你完全開放、願意與你分享幸福的人。

能在記憶中有這些亮色的人，會是一個感恩的人，把愛看成是奢侈的人，一點點愛就可滋潤心田，就可以照亮前方的路，就可以溫暖冰冷的心。

　　每次放假又開學，錢從老家回到北京，他都會給我們帶好多老家的特色食品。第一次拿來的時候，我和哥哥都不敢碰，因為父親每次出差回來，箱子裡也有很多吃的，但不經允許我們絕對不能吃，因為有相當一部分是用來送禮的，真正留給我們的禮物少得可憐。看著我們不吃他買的東西，錢很奇怪，問道：「怎麼不吃呀，就是給你們買的呀！」有了這一次，下次他再帶來的食品，我們就不請自取。對他，我們不管說什麼還是做什麼都不用擔心會有什麼不良後果。這是一個讓人有安全感的人。

　　記得錢結束了英語學習出國工作一段時間後重返北京看望我們，他帶給母親一瓶保加利亞玫瑰香水，刻有別致圖案的木頭外殼。這香水只要滴一兩滴滿屋就可以香上一兩天。後來從《參考消息》上看到，這種香水是液體黃金，價格十分昂貴。而錢拿來的時候對它的價格隻字未提，就好像是拿了一個很普通的物品，無言地把它放在母親的手裡。這是一個付出之後不求回報的人。

　　記得在哥哥聯考前夕，他需要填報志願而父親出差在外，無法指導哥哥如何填寫。錢用了一整晚的時間，根據哥哥的具體情況幫他分析報考哪家學校勝算更大且更適合。燈光下，錢與哥哥一起討論的身影，至今我都歷歷在目。這是一個像父親一樣關心著我們的人。

　　多年之後回憶起這段時光，錢對我說：「那時你們的父母關係不好，我覺得你們很可憐，所以就想盡量多給你們一點愛。我只是盡了一個長輩應該盡的義務。」樸實無華的語言映襯出光彩奪目的心靈。在我最需要引領的階段，他的出現猶如久旱乾裂的土地上滴入的甘露，漆黑寒冷的深夜裡溫暖的篝火。有了這份滋潤和溫暖，我的一生因此而得救。

　　雖然錢和我們相處的時間只有不到兩年，但他把愛的種子播撒到我的心田。這顆種子雖然樸實無華，但在我最艱難最需要支援的時候，它就像一

個始終點亮在我內心深處的火把，在我冷得發抖的時候，回到那裡用它取暖，在我迷茫的時候讓它照亮方向。有了這份能量，我在迷亂複雜的塵世中沒有偏離正道太遠。

（四）真情永遠

電影《唐山大地震》中有一個情節：姐姐在墓地裡看到母親每年往女兒的墓穴裡放的教科書，感動得徹底原諒了母親。看完這一段，我哼了一聲：「每年往墓穴裡扔幾本書就可以一筆勾銷了，這女兒可真好商量。」老公看著我一語道破：「妳還沒原諒妳爸，是嗎？」是啊，我不光是沒徹底原諒父親，而且也沒放過我自己。

父親和電影中的母親一樣有重男輕女的傾向，他早在我出生時就對母親說過可以放棄我，但一定要帶大哥哥。在我長大後，他給哥哥買房買車，但不會給我買。對此他的解釋是：「妳將來嫁了人，如果關係不好鬧起離婚，房產證上寫的是妳的名字，那不就會被別人分走一半嗎。我要防止這種事的發生。」

在海南父親買了三棟房子，房產證上寫了除我和母親外所有人的名字。就連我們沒找到工作之前，父親給哥哥的生活費都要多於給我的。再加上父親平時對我的粗暴態度，我幾乎準備跟這個生了我的男人一刀兩斷。

1998 年我離開海南和老公一起來到上海發展。那段時間正好是 Julia 不讓父親和我聯繫的時間，我也打定主意要跟這個傷我太深的人再見。但無論我走到哪裡，父親總會主動詢問我的新住址、新電話，也會把他的電話及時留給我。在上海我搬過兩次家，每次他都會親自過來看我們的居住狀況，詢問我們工作和收入的情況，當然這一切都是背著 Julia 悄悄做的。雖然父親對我們一毛不拔，但有這份關心已經很難得了。

來上海的前兩年，我沒有主動給他打過一次電話，一來是 Julia 看得太緊，我不想再給父親惹麻煩，二來是因為我對他有怨恨，不想搭理他。父親感覺到了我的怨恨，每次來看我時都會強調：他到了這把年紀，最需要的是兒女的寬恕。他問我能不能把以前的不愉快忘記，並且對從前經常動手打我正式道過兩次歉。當時的我似乎沒能完全放下從前的痛，對他一直不冷不熱。

直到有一次，我夢見父親生病了，醒來後思來想去不放心，照著他留給我的號碼打了過去，問他近來是否一切都好。接到我的電話父親興奮得說話都有些語無倫次了，我這才意識到父親太想跟我改善關係了。真的應了電影中姐姐的養父說的那句話：親人畢竟是親人。

一天在家中，我驚訝地看到：父母背對著我並排站立，父親用手搭在母親的肩頭，正側過臉去溫柔地吻母親的嘴唇。一個信誓旦旦地要跟糟糠之妻離婚的男人在內心深處對結髮妻子居然還留有這樣的柔情。我不禁感慨，天地之間，父母與孩子的親情，男人與女人的愛情，也許真是一種不生不滅的東西。大可不必因為某時某刻的缺失而痛苦，也完全不應該因為某時某刻的獲得而得意。雖然命運中常有不公平的事發生，但如果你相信那只是某一段時間裡的狀況而並非永遠，你就能在不公平的境遇中樂觀應對，能在舐舐著流血傷口的同時心存感恩。

（五）留下真情從頭說

在諮詢師實習的課程中，嚴老師講道：不要孤立地去看待一件事情，要從整體去感受，讓感覺流動起來。對於「流動」的理解，到目前為止，我僅限於回想傷害你的人曾經善待你的時候。

夕陽照進我家窄小的廚房，那是晚飯時分。五歲左右的我跑回家第一

件事就是衝進廚房找吃的。灶臺上只剩下我的那份飯，其他三個人已經吃好把碗泡進了水池。碧綠的黃瓜和拍碎的大蒜拌在一起發出誘人的香味，濃濃的醬油把一盤白色的麵條襯托得色彩鮮明，這是我最愛吃的父親做的冷麵。

狼吞虎嚥地吃完美味，將盤子往水池裡一扔，把腦袋伸進我家僅有的一間臥室，只見父母正坐在那張能睡下我們四個人的大床上聊天。他倆臉上帶著恬靜的微笑，好像在說一件十分開心的事。這是一個擁擠而清貧的四口之家，我和哥哥沒有智慧玩具，沒有高檔服裝，也沒有品種繁多的零食，只有父母對我們無盡的愛。看著父母傾心交談的樣子，我的內心充滿了溫馨和安全感。那是留在我記憶中為數不多的父母和睦相處的情景。

上國中時，一次皮膚過敏，渾身是皰，我癢得難受，把很多地方抓破了。父親知道後讓我不要再抓，並小心地在我的患處上藥，因為過敏處很多，上一遍藥需要不少耐心。上完了身上的藥，他讓我躺在床上把腳伸出來給他上藥，腳部的藥塗好後，他發現我的腳指甲很長，又很小心地幫我剪指甲。等到這一切都完成後，還安靜地陪我坐了一會兒。難得父親對我這樣耐心，所以我對這件事記憶深刻。

我上國小時，一天放學的時候，大家正往校門方向走，從學校圍牆的外面突然飛進來一塊很大的石頭，正好砸到我的腳踝上，痛得我大哭了起來。哥哥看到我一瘸一拐的樣子他心疼極了，那天他居然耐心地一直把我扶到了家，一路上不停地問我：「還疼嗎？」

那天晚上雨下得很大，因為積水太深，許多公車的發動機熄火。等我趕到車站，末班車已經沒有了。等了許久，才和幾個跟我一樣錯過末班車的人合夥叫了一輛計程車，到家的時候已經是凌晨兩點了。哥哥還沒睡，他把家裡每個房間的燈都打開了，正像熱鍋上的螞蟻似的坐立不安，那是在為我擔心。看到我安全到家，他總算放了心。

　　就算是一心要拆散父母的 Julia 也並非一無是處。一次，我和父親為了
Julia 大吵了一架，父親把我們吵架的事告訴了 Julia，並說我對他們的婚外
情意見很大。大概是父親談到此事時顯得非常痛苦吧！Julia 專門打電話給
我，勸我不要生父親的氣，她哭著告訴我：「其實妳爸很愛妳。」那時我才
知道，父親和 Julia 並不像我想像的那樣只顧自己，不關心別人的感受。

　　……

　　參加二級諮詢師實習時，同組的清涼月也建議我，用絲絲的溫情化解
厚硬的堅冰，這工作聽起來好像難度不小，但我畢竟已經開始嘗試了。堅冰
正在化解中，雖然進度有些慢。

　　每當有心結化不開的時候，我會懷念錢和我們在一起的日子，因為感
受父母的愛要經過破冰的過程，而感受錢的關懷卻純淨簡單得多。從 1992
年一直到 2002 年，錢一直在國際組織中擔任副總幹事，這是中國人在該機
構中做到的最高級別。在這十年當中，他實做高效的工作為該機構做出了卓
越的貢獻。

　　2010 年的夏天，上海熱得出奇。我帶著六歲的兒子坐上高速列車，僅
十八分鐘就到達了昆山，探望他及他的夫人。一場雷雨過後，難得的清涼。
錢匆匆從辦公室開車回家叫我和寶寶：「趁著涼快咱們快出去兜一圈。」

　　重元寺裡有一座高達三十三米的觀音塑像，氣勢恢弘。在觀音的足部、
腰部和頭部，有三處可以供遊人跪拜的地方。那天正好電梯故障，三十三米
高的塑像我們是爬樓梯上去的。錢已經七十三歲，他的小腿在前兩年做手術
時植入了一根鈦鋼管，但他上樓時依然如履平地，走得比我還快。終於到頂
部，看到了觀音低眉垂眼、含笑安詳的臉部。三個人來到外面的圍欄處，四
處眺望。若大個寺院，此時只有我們三個遊人。吹著清風，聽著風鈴叮呤呤
的脆響，幸福感悄然升起。身邊有我摯愛的人，有寬容的菩薩，我的心沐浴

在一片寧靜之中，瞇起眼睛，意念清風，靜享人生……

所有的經歷都可以營養我們（嚴文華）

　　讀著毛鴨的文字，有淚水在眼中打轉。第一次見到毛鴨時，是她來我們諮詢小組中旁聽課程。雖然是旁聽生的身分，但她居然講到了自己內心深處對父親的怨恨。我知道那是需要勇氣的，因為她不是一個特別願意敞開自己的人。而且，我知道，她的抑鬱情緒是深重的：那一天幾個小時的課程下來，小組裡的人不知笑過多少次；而她，從一開始到結束都沒有笑過。她的嘴角都是習慣性地下彎著。

　　後來，她成為小組正式成員，幾次成為小組成長里程碑的推進力：她帶給大家青蘋果，並且給大家分享青蘋果背後愛的故事，讓每個人都把青蘋果和愛聯繫在一起；她在全組面前扮演來訪者時，用了她自己真實的個案，讓全組同學在落淚的同時體會有血有肉的共感；她在 MSN 群上不僅自己寫剖析靈魂的手記，還給很多組員寫回應文章，用自己的真心幫助每個人……她的進步真的是神速的，每次都看得到。

　　只是，我不知道，在她的那些付出背後，有著那麼沉重的過去。現在想來，她那時的每一點進步，都是多麼不容易！她身上背負了太多東西，壓了她那麼多年，她正在一點一點做清理。這是一件多麼浩大的工程！但她有勇氣面對。

　　讀了毛鴨的故事，我一個很深的感慨是：每個人能從自己經歷中汲取到的營養，其實並不一定是我們表面看到的那樣。因為父母的離婚大戰、父親的婚外戀，毛鴨的童年、青少年和成年都處在陰影下。但是，毛鴨身上的敏銳、同理心、深刻性、悲天憫人、願意幫助他人等的品格，也是在其中發展起來的。不要過像父母那樣的生活，這是她成長的推動力之一，她現在做

到了。而惡劣環境之所以能夠成為滋養她心靈的養分，在於她心底有盛放這些優良品格的容器，有這片土壤，也在於她遇到了愛，得到了愛，並且具有愛的能力。

重新整理與父母的關係（嚴文華）

在毛鴨的成長中，她花了很多精力來處理與父母的關係。小時候，她理所當然地和母親站在同一陣線裡，憎惡著父親。這一方面來自於她親身經歷、親眼目睹著的父親的言行，另一方面也來自母親對父親的評價。這種憎惡是很難消除的，因為已經融進她的血液中。

但我們的血液中還有其他的東西在流動。那就是愛。每個孩子都渴望父親的愛，這是與生俱來的、沒有任何附加條件的。

曾有一位不惑之年的女性來訪者在諮詢室裡嚎啕大哭：「我愛媽媽呀！我就是愛她呀！她走了我就是想她呀！不管她做了什麼，我就是想她啊！」在她五歲時，母親離家出走，與人私奔。從此，「媽媽」兩個字成為家裡的禁語，誰也不能再提起。一夜之間，不僅媽媽消失了，連這個詞也從世界上消失了。她不知發生了什麼，她只是哭著要媽媽。被毒打之後她開始禁口，她被植入了仇恨，被植入了不能再想那個女人的禁令。宗教也無法讓她的心安定下來：她應該愛所有的人，但她不能愛生她的人。她的內心衝突得非常厲害。

直到她自己做了媽媽、經歷了人生很多的波折，在諮詢室裡一次又一次剝離那些負面的感受和禁令之後，她才終於對自己說：「我可以愛她，她是我媽媽。不管她做了什麼，她生下了我，她愛過我。我可以純粹地愛她。愛她，和別人無關。不論別人對她的評價是什麼，她是我媽媽。」

對於毛鴨，她也同樣經歷著這樣的過程。

毛鴨的家族中，那種怨氣戾氣太深重了，從奶奶一直到她三個孩子的家庭中。奶奶被爺爺冷淡、被小妾欺負，在一個很大的家庭中艱難度日。三個孩子在複雜的家庭中長大，個性當中也都有乖戾的一面：老大（父親）和自己的妻子大打出手，全無護犢溫情；老二（姑媽）會因為被冤枉偷了 10 塊錢而要臥軌自殺；老三（叔叔）的孩子對父親拔刀相見。他們都是不懂得如何表達愛的人。毛鴨父親的做法和當年爺爺的做法何其像：讓兩個女人去爭鬥，自己置身度外。幸好，這樣的傳遞到了毛鴨這裡開始終結。從這個鏈條上掙脫出來並不容易，毛鴨付出的是幾十年處於情緒低落中的代價。

毛鴨身上有罕見的勇氣。她背負了數代人的恩恩怨怨，從爺爺奶奶到爸爸媽媽、叔叔嬸嬸。那些沉重的東西可以把她壓垮。但她不僅沒有倒下，反而一直在前行，並且組建了自己的幸福家庭，同時也幫助了爸爸和媽媽。這也是一個奇蹟。

在她和相處的過程中，我能感受到她的純、她的真和她的善良，她對關懷的敏感，以及盡一切的可能去成長，並且給予他人愛的回饋。父母的怨恨沒有生養出她對生活的怨恨，她打破了家庭中世世代代相傳的詛咒。

從某種意義上說，毛鴨選擇了去承受家族中的恩怨，比如說她到叔叔家的決定，她不迴避，或者說她被吸引著再次體驗被拋棄的命運——被自己的親人再次拋棄。後來她離開叔叔，其實是在終結這種感覺。所以，對身處這種命運的人，離開環境不啻為一種好的選擇：當毛鴨離開母親時，她選擇了離開哀怨；當毛鴨離開叔叔家時，她選擇了離開薄情；當毛鴨離開哥哥時，她選擇了離開被控制；當毛鴨離開父親時，她選擇了過自己的生活。當她終於內心強大，能夠面對所有的人和事時，她幫助了所有的人，而她自己，則成為一個能夠平靜地面對所經歷的一切的人。

父母和父母輩的人身上仍然有著不完美，自己曾經被他們傷害過，但

即使這樣，我們可以不贊同他們的做法，但可以接納他們，可以愛他們。只要我們的心足夠純粹，我們的心足夠有承載力。

深深地祝福毛鴨，一直走在愛的路上……

美玉如她（毛鴨先生）

傷害一個人是如此的容易，而要一個人去忘記傷害卻是如此的難。是的，傷害往往發生在無意中，或發生在自我的心態中，而受到的傷害是最直接最刻骨銘心的，特別是來自自己親人的傷害。單純、善良、敏感、具有同情心是毛鴨的本質，在這一本質的人的身上，親人的傷害將產生極大、極深刻的影響，而毛鴨一直在抗爭，在努力，想瞭解問題的來龍去脈，於是她常常感到無盡的痛苦。然而，這一切還是沒有改變她的本質。

記得我第一次帶她回老家後，在回到我們當時的工作地後，她做的第一件事是要我立刻給我叔叔寄錢，我問她寄錢幹什麼，她說：「你沒有發現叔叔生活很艱苦嗎？叔叔用好的青菜給我們包餃子，但發黃的菜葉都不捨得扔。」我照她說的給我叔叔寄去了三百元（人民幣），沒過幾天我們就收到叔叔寫來的一封信，信中叔叔飽含熱淚地告訴我們，我們走後他的口袋裡只剩下二十元，可是這二十元是他一家四口一個月的伙食費和兩個孩子上學的學費，如果不是我們寄去的三百元（人民幣），他真不知該怎麼生活。

原來毛鴨在我老家的日子裡與家人聊天的時候瞭解到叔叔的生活狀況，知道我叔叔一個月 200 多元（人民幣）的工資在支撐一個家的生活，所以她特別留意叔叔的生活情況，而我卻渾然不知。後來，每到我叔叔的小孩要開學或過年過節的時候，毛鴨都提醒我給我叔叔寄錢。其實毛鴨在這段時間正糾結於她自己的叔叔、父親對她的不斷的傷害之中，而她還能如此關心一個她只見過一面的男朋友的叔叔。我驚嘆於如此巨大的傷害沒有改變毛鴨優

秀的本質，真是彌足珍貴！

在我的心目中，毛鴨是一塊沒有雕琢過的美玉原石，質樸、純粹、天然，而外表與普通原石一樣，而且還稜角分明。也正是由於她的本質，使得她感受到的傷害比其他人要深得多，她對待親人是百分之百的投入，因而一旦受到傷害也是百分之百的痛。在她的心目中似乎只有黑與白，而沒有灰色。為此，我常常向她描繪這是一個具有各式各樣顏色的形形色色的世界，而且還是在不斷變化著的彩色世界。

今天看到她寫的這篇文稿，我知道她的內心很痛，也很累。她一直以來想盡力地拋開這讓她心痛的一切，而這一切還是在糾纏著她。透過學習，我知道她不再想去拋開與忘記，而是選擇了勇敢地面對，努力使自己不斷地成長成一棵參天大樹，讓自己能抵禦任何風暴。

現在，她看到的不光是頭上濃密的烏雲，還看到了雲縫中灑下的縷縷陽光。過去的痛苦將成為她成長的養分，使她更加堅強。我相信，她即將長成一棵參天大樹，笑著面對風雨。生活的磨練，必然將她雕琢成一塊美玉。我將永遠珍藏，永遠愛惜。

愛的療癒（嚴文華）

讀了毛鴨先生的這段文字，內心又被深深地觸動了。

是我提議毛鴨讓她先生寫一段讀後感的。很早就感覺到她先生是她的心理諮詢師，是因為她曾經提到過一個細節：「有一次我和先生講起自己過往的事情，心裡很難過很難過，但從小我就被父親告知『不能哭！不許哭！』，所以那天講的時候，我忍著沒有哭。我先生哭了，他哭著說：『在最愛妳的人面前，妳都不能哭出來嗎？』那時我的淚水才流下來。我才知道：

原來，眼淚還意味著愛。」這個細節讓我對他先生留下了深刻印象。她先生說的話很像心理諮詢師說的話：「在愛妳的人面前，可以安心地哭，可以放心地哭，可以投入地哭，可以安全地哭。」他對毛鴨有很強的共感，有很強的支持，也有很強的理解。所以，毛鴨的安全感在與他的互動中會慢慢重建起來。

在某種程度上，毛鴨是幸運的，因為婚姻中補足的是她在原生家庭中曾經缺失的愛、支持、信任、開放、流動、尊重、欣賞、認可。這些因素，可以讓一隻毛鴨變成天鵝。可以想見，如果毛鴨遇到的是相反類型的人，有可能被強化的是不安全感和不信任感，從而更加無法面對自己、接納自己，永遠只是一隻毛鴨。

十分好奇，毛鴨的先生有著怎樣的人生成長道路，使得他擁有了如此的慧眼，能透過毛鴨身上的種種糾結，看到她金子般善良的心。是怎樣的角色榜樣，使他擁有這麼強的保護慾，可以讓毛鴨有一個安全的港灣。呵呵，那又是另外一段故事了。

毛鴨的經歷對很多人來說是有意義的：即使原生家庭不幸福，仍然可以擁有幸福的生活。不在於起點在哪裡，而在於我們追求的終點是什麼，我們是怎樣邁向這個終點的。父輩們有他們的生活，我們有我們的生活。

非常欣賞毛鴨先生所說「永遠珍藏，永遠愛惜」。深深地祝福他們一家！有愛的路會越來越光明。

寫完這篇文字之後，毛鴨的孩子開始上學了。她的重心轉移到孩子的學校生活上，替孩子操心和累。藉著孩子的成長，她有機會重建自己的安全感和信任感。這對她是一個全新的命題。

接線員日記 （魯克）

個人檔案與圖畫

魯克，男，1981 年出生，天蠍座。

2006 年至上海工作，工作領域主要為企業培訓。

2009 年取得國家心理諮詢師二級資格證書。

自我感覺外表熱情，內心卻時刻企盼著靜謐的空間。分享一句同樣是一位朋友分享給我的譯文：「唯有無憂無慮的寂靜，君臨一切。永恆，把一切籠罩。」

第一幅畫

「海豚是天性自由的動物，聰明、活潑。以前在培訓活動時我就選擇過用牠代表自己。我覺得海豚躍出水面是為了博得別人的喜歡，想要迎合別人。但牠跳起來時顯示了靈活性。這不是公園裡的海豚，是大海裡的海豚，所以擁有自由。」

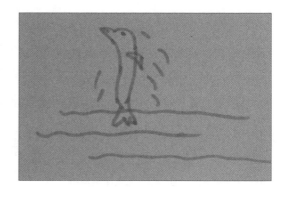

第二幅畫

「從海豚到樓房。最大的變化是充實，不再為別人的眼光而活。」

這兩幅畫讓我深思很久。從海豚到樓房，在我看來是一種退步，那些靈氣、聰明和活潑被壓抑了，取而代之的是死氣沉沉的、中規中矩的樓房，他的生活中似乎發生了一些重大變化。但這與他在諮詢小組的表現不相符合啊！這位學員在我的實習教授指導手記中出現頻率最高，因為所有的活動都有他的貢獻和參與。他有足夠的開放度，有足夠的愉快感。那為什麼會出現從海豚到樓房的變化呢？

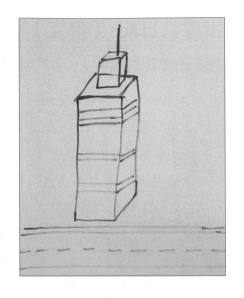

他的自我解讀是：「我第一幅畫畫了一個海豚，可能表示一種輕鬆愉悅，而又喜歡招惹注意、為別人而生活的內容多一些。而在我們學習接近末尾的時候，我頭腦裡的第一反應就是要畫一棟樓。於是就保持了這個想法，沒再做修改。我自己來解讀的話，可能當時覺得自己學到很多東西，內心更加充實、踏實，即使外觀與海豚相比並不亮麗；而此時我對自己更加瞭解，對一些問題看得更坦然，即使不能當即改善，也知道自己的努力方向了——海豚雖然舞得漂亮，但內心似乎比較緊張；同時，我更加關注內心的豐富，內心裡充滿能量，這可能與海豚關注於別人的評價不同。」這樣的解讀是有意義的：踏實、收穫、穩重是他主要的成長。但這種狀態，只是他當下的一個片刻，在將來的某一刻，他會把海豚的輕靈和大樓的厚重結合起來，二者並不矛盾，也不衝突。輕靈而踏實，將是一種很好的狀態。

接線員日記（魯克）

2010 年 8 月，海口

我現在面對著瓊州海峽，不過是深夜，所以看不見遠處的行船，看不見天海相接，只有閃爍的燈塔和股股潮汐聲。

當視覺的繁華褪去，心便隨著濤聲貼著潮汐在海天之間湧動。每每面對大海，不安和躁動與細胞都飛離了肢體。我想原因可能在於這靜謐、氣息，和回歸母體的環境很類似吧！

不禁回想到，這裡是我目前為止到達的中國最南的地方。從高中寄宿開始，我就不斷進行在逃離家鄉的路程上，直至現在在幾千里之外的上海工作。毫不掩飾地說，面對我身後那個離婚世家，心中溢滿的並不完全是愛。那裡曾經有情緒多變的母親（已疾故）、酗酒成性的父親、分崩離析的兄弟姐妹，以及各自分崩離析或搖搖欲墜的家庭。

潮汐裡走出一對挽手的情侶。我想不僅僅是我對婚姻的悲觀讓我開始如此判斷：他們多大程度上是一對夫妻呢？如果兩人的生活情調一直保鮮得可以，真是難得……我不知自己生命中如何以及何時開始與另一個恰當的人相扶到老。

大學裡沉悶的倫理課，讓我唯一記住的講詞是：如果人類能活到 150 歲，那麼婚姻倫理可能要重寫；因為用 100 多年來面對同一個人，這對一個人的耐力是極大的考驗。當所有學員的目光從瞌睡與迷離中聚焦到老師身上時，她蜻蜓點水般地繼續讀課本。她不是用這句話在譁眾。

多年之後我回到老家，與姐姐攀談。她不禁談起那岌岌可危的家庭現狀。我說我們都在重複老媽的婚姻模式，她想了幾秒鐘，使勁點頭：「是啊是啊！」

老媽以及後續結婚的子女，都是在親情冰冷的環境中，與另一個看起來很溫暖的人匆忙結合。而生活的歷史證明，婚姻模式容易形成惡性循環；

另外，如果你的個性使你不能輕易妥協，就要始終堅持自己的原則去尋找生活的另一半。

接線日記一

來訪者：某女士，26歲，畢業二年。

「我現在遭受職業選擇上的嚴重打擊，受不了。我想辭職去峨眉山出家。」

「我畢業後一直想在自己嚮往的大城市紮根。而兩次比較穩定的工作機會都因為自己懸而未決錯失了。以後也不會有這樣的機會了。」

「如何懸而未決？」（我想透過當時的情形探究一下對方的性格。）

「我也不好說，反正當時多方諮詢，後來自己也迷惑了，就放棄這些機會了。」

「能告訴我你當時迷惑了，是指什麼？考慮了什麼？」

「我反正當時……當時就想了很多，什麼都想，一會兒想這個，一會兒想那個……」

經過再次追問，她仍然給了這樣不甚清晰的答覆。要麼是有什麼更深的東西她自己也不願意去碰觸，要麼就是來訪者在表達和整理自己思路的時候有困難，造成她在做某些決定時顯得力不從心，不能明辨。

「你現在去出家的決定是否和你當初的決定存在共同之處呢？你有沒有想過，還有其他方法嗎？我能做些什麼事情可以挽回局面？」

「當然，還是去大城市投履歷。但那樣太辛苦了，不是我要的。」

從這句回答來看，來訪者在生活中不具備完全的獨立性，某些過於優

註：接線這裡指接心理諮詢熱線電話。

厚的生活環境會讓她有過於主觀的世界觀。

「你家裡只有你一個孩子嗎？冒昧地猜一下，你父母是不是從小比較寵你？」（從對方談話氣勢來看，不太敏感，應該能承受得住這樣的問話。）

「是的，我從小想要什麼都能得到。」

「你以前的決定，現在讓自己後悔了。現在的決定，以後是否會後悔？」

任何抉擇都需要用堅強的理性去戰勝一時的感性，雖然後者嫵媚多奇，瑰麗叢生。「跟著你的心」可以是一種選擇，你需要承擔得起代價。

2010 年 9 月，呼和浩特

此時，我在飛往呼和浩特的航班上。

我喜歡行走，那彷彿給了我生命中莫大的養分。我可以安靜地觀察車窗外的生命，同時期待下一個終點裡特殊的陽光。

離開一個地方，彷彿也離開了一部分自己。飛向天空時回望，生活的脈絡清晰起來。俯望異地山水，目光裡又閃爍起新的期待。

五年前，我辭職後隻身來到上海。發覺有這麼多自由的土地讓我去踩踏。

在一個出門便迎著秋風和藍天的週末，我背著球拍出去等公交（公車）。抬頭看見綠得發光的樹葉在風中搖，再聚焦，幾片典型的高原雲慢慢行走……這故鄉的味道讓我一下子不知身處何方，立在那裡不想動。時空的轉換在一生當中，有時是漫長的選擇。而在某些時刻，你不得不跳出身來怔一下。

這是我五年以後再次踏上西北高原。從弦窗望去，陰山山脈在無邊無際地蔓延。「天蒼蒼，野茫茫；風吹草低見牛羊」。這片土地孕育了怎樣的性情人生，蒙古長調可以寄之：空曠，逶迤，濃情，蒼涼。

「你為什麼還不結婚？」

「這個問題我回答過你。」

「我是怕因為我而耽誤了你。」

「你還沒那麼大魅力。」

我和她輕描淡寫而又殘酷的談話在四年之後繼續。奔四（年齡即將四字頭）的我們誰都未曾因年齡的增長而對成家一事有過太多焦慮。她只是用「我不需要，又為什麼去擁有它」來回應我的質疑。

2010 年 11 月，長沙

一口啤酒下肚，氣體在胃裡翻滾。而雙頰早已滑過鹹鹹的淚水。

宵夜店的老媽媽蹣跚地端過熱湯，蒸氣繞過她關切的臉，上升到頭上的槐樹冠裡。我抬頭看，它們消失不見了。

我只是告訴司機要隨便吃點東西，他便把我帶到這個樸實的小店裡。身處異地，望著路邊的流明，百感交集。

我更願意把自己定義成一個孤獨的行者。裡面那層悲情的東西曾時時翻滾出來，到我的胃裡，外表依然是我行我素的馬大哈（粗心大意）。當房間的每個角落裡都瀰漫了我一個人的各種情緒時，我感覺那時的我是最真實的我。

我可能需要一次徹底的治療。

接線日記二

「我就覺得……我覺得我老公有點問題。」電話另一端，一個表達清晰，停頓有序的青年女子。

「妳覺得妳老公有什麼樣的問題呢？」

「我覺得他性格有問題。我覺得他很敏感，想很多事。」

「比如說？」

「比如說我給同學發個短信（簡訊），他不當面問或當面看，而是總想趁我不注意時偷偷瞄幾眼。我和他說過這件事，我說你可以當我的面看啊！也可以直接問我啊！可是他就是改不了。好像是個老毛病似的。」

「是不是用敏感多疑這樣的詞來形容他更確切一點？」（我想盡快確定是否屬於人格障礙。）

「對對，是的。另外，其他的脾氣一直以來也挺怪的。他不允許別人對他有一點責備什麼的。」

「能舉個例子嗎？責備他以後，他會怎樣？」

「就是有時候吧！就不理我了，像個小孩子，心情不好會持續好幾天。」

「那他怎麼看？」

「他其實也覺得自己有問題。我覺得這可能和他從小的成長環境有關。」

看來來訪者及其丈夫對問題都有過體察和分析，也難怪她會用這種平靜的語氣來談這件事，並相扶到現在也沒在夫妻關係上出現大的問題。（此時我的腦海裡已經閃現出父親的影子。）

「他從小成長環境是什麼樣的呢？」

「他從小就在母親身邊長大。」

「妳的看法有一定道理，妳有沒有把妳的這個想法和他說呢？」

「他那樣的脾氣，我當面說的話，他肯定受不了。我就是看了電視節目，不知道他這樣的問題能不能用你們的電視上的那種心理輔導的方法解決。」

我自己的父親。

家庭親戚眾多，關係複雜，母親有時會背著父親照顧一下自己的兄弟姐妹——雖然都是些微不足道的幫助。可是父親有時會偷偷地端著胳膊在屋外聽母親的談話，偷偷清點家裡的物品。我當時就以為這不是一個大男人該做出來的事。

此外，父親更是不允許你當面和他有任何頂撞，那對他來說彷彿是天大的恥辱。在喝了酒的情況下，與別人的爭辯更經常會天翻地覆。

母親也對此糾結萬分，在幾次驚天動地的「戰爭」之後，每每欲結束這種生活之累。然而當她看到我，拉起我的手，就抹著眼淚繼續生活了。多年後回想，如果那時我懂事，我一定支持他們分開生活。不僅為了他們。

多年以後，我回到老家，和姐姐討論父親如此古怪性格的成因時，她說，據她所知，父親小的時候在眾多兄弟姐妹中不怎麼被他的父母認可。我不知道這是否是父親性格的成因，問題是，如果你理解了，就會去原諒並接納嗎？這是責任問題，還是高度問題，還是時間問題？

2010 年 12 月，上海

從浦東機場叫了計程車，奔入上海燈火闌珊的夜。

電話響起，是老爸。

「小克嗎？……哦，我沒什麼事。」

幾句寒暄後，我聞出了酒氣。

「爸，你又喝酒了吧！」

「啥？……哦，沒有。哎……喝什麼啊！」

「是不是發生了什麼事？」（此話出口，我才發現我還從未如此用標準的諮詢師的問話來對待過老爸。）

「哎……你姐他們……他們來說我，說我……」

老爸一直敏感多疑，再加上一點酒精，就更會產生很多荒唐的想法。

「他們說什麼了？」

「他們說我這也不行，那也不行……他們是不想讓我活了。」

「你又喝多了，不明就裡地亂講。」這是我一貫用來對付他的話。但這次我沒這樣說。

「不是嗎，你做什麼成功過啊？」這是我心裡面一直存在的潛臺詞。這個我也沒有說。

我選擇了靜聽。

「你說，我這輩子算是什麼也沒有做成啊（一陣哽咽）……我也不想活了……」接下來是隱隱約約的哭聲。做為一個年近花甲的男人，聽了兒女的幾句話（且不說是否有此事，因為附近的哥哥姐姐都和我一樣對他的脾性深惡痛絕，沒人會去招惹他），就失態成這樣……

然而，以上想法轉瞬即逝了。我覺得我是不是該用另一種態度來對待他？

「哎……我什麼也沒有啊！」

「爸，你聽我說，你還有我呢！」

「啥？……」

我又重複了一遍。那邊的他，大聲痛哭起來。

待他稍平復，我說：「爸，你別聽他們的。他們在亂講，一點也不理解你。你還有我呢！我理解你。爸……這些年……你一點也不容易啊！」

「哎……我的好兒子啊！我知道了，我有你。我有你……」

我禁不住抹了下眼角。

「我……我沒事了。你好好工作……」

2011 年 1 月，瀋陽

瀋陽的外表，亮麗，厚重。計程車司機打開了一檔似乎是心理諮詢的電臺節目。

「我現在在外面喜歡上了一個男人。」一個中年女子的聲音，說話不是很有節奏，感覺思路也斷斷續續的。

「嗯，然後呢？」聽起來是一個滿有經驗的老師在做引導。

「我和他見了幾次面。他在外面賓館長期開了一個房間，我們相處得很好。可是現在……他居然有了另一個小情人。比他小十幾歲呢！我受不了……」

當事人還沒說完，主持老師插話：「妳是說你們現在都有家庭，妳和另一個男人有了那種關係。而他現在又有了另一個小情人，是嗎？」主持人在向當事人重述並確認我也感覺很彆扭的內容。

「是的。」

「那妳打這通電話想做什麼？」主持人在確認諮詢目標，但語氣有點不對。

「我想透過這個節目，找到他，當面說出所有的愛和恨……」

「妳現在照我說的做一個動作好嗎？」

（我當時以為主持人要使用空椅子技術，但這應該為時尚早吧？）

「做什麼？」

「把你的右手舉起來……舉起來了嗎？」

「舉起來了。」

「好，現在，請妳用力往自己臉上使勁打一下，使勁打一下！」

一片寂靜。司機扶方向盤的手也停了一下。我沒有聽錯。

「……妳老公有什麼地方對不起妳？妳沒有羞恥嗎？」

聽到這裡，我一臉無奈地向窗外望去。

「司機，能換別臺嗎？」

接線日記三

「我現在⋯⋯我現在心裡難受。」一個二十歲左右男孩的聲音。

「難受？能告訴我發生了什麼事嗎？」

幾秒鐘的停頓後，他嘆了口氣。我沒有插話，怕打擾他醞釀情緒或整理思路。

「我現在就一個人待著⋯⋯難受。」

「你現在在哪裡呢？」（發現話題不對，擔心他有過分的舉動，追問他的具體環境）

「我在中山公園椅子上坐著。」（沒大事）

在繼續小心的追問中，他仍然不談發生了什麼，有可能根本不在意我的問話，也有可能不願切入話題，也有可能一時難以理清事實。於是我決定不去觸碰事實，而是跟著他的情緒走。

「你現在一個人坐在公園裡想事情，有一段時間了是嗎？」

「嗯。是的。」

「可能因為剛剛發生的感情問題感到很難過是嗎？」

「是的。我也不知為什麼會這麼難過⋯⋯以前都是我拒絕別人，而現在，那個人拒絕了我。」

看來，是青年遇到了感情挫折。但據其所言經歷了頗多「拒絕」的歷練，再加上他清晰、緩慢的語調，我推斷其遇到的波折還不至於刻骨銘心。於是我決定把他往現實中拉。

「你有比較好的朋友嗎？你會把這些煩心事和他們講嗎？」（慣用句式，用以判斷其社會支援系統和交往脾性。）

「沒什麼朋友。一個人來到這個城市不久。」

我突然有些動容。（諮詢師自身類似的經歷）。

「於是你心情不好的時候就一個人處理，比如到公園裡發呆一會兒是嗎？」

「是的。不過和你聊天舒服一些了。」

「首先，從你的問話裡，我感覺你現在主要的問題是因為遭到別人的拒絕而產生的不被尊重的感覺。」

「嗯……」

「讓我們一起來想一下，你現在被別人拒絕了，有種失落和無助感，是嗎？那麼以前被你拒絕的人，他們也應該是同樣的落寞吧？」

「嗯……我想是的。」

「那麼他們後來都去做什麼了呢？」

「呵呵……」（對方笑了一下，不說話了）「老師，我以前也打過你們的電話。但是，我覺得還是你最能理解我的心境。」

2011 年 2 月，石家莊

大巴（大型巴士）乘務員在微笑地播報著行程安排。北方的室內總是溫暖而有序。

車窗外，掠過一棵棵白楊樹。顯然是有風吹過，粗大的樹枝都在微微搖曳，因為北方冬季的風是凌厲而乾脆的，繁葉盡失，散落在地面，遮蓋了裸露的樹根。夏日裡的招搖，全化成了此時的沉默了。……我並未感覺得到這些光禿的群體在冬日裡有任何孤寂的眼神。你看他們堅強而皸裂的體表，你看他們愈是粗壯的莖和根……

前排的小男孩，突然叫著旁邊的媽媽，指向路旁的一棵樹興奮不已：一個巢，安安穩穩地築在枝丫中間……

如何安放我們的原生家庭（嚴文華）

在大千世界中，我們透過別人看清自己。魯克透過做心理諮詢熱線電話的接線員，透過別人的諮詢問題，看到自己的問題之所在；透過在不同的時空中穿行，感受家的意義；透過不停地逃避，追問愛的真諦。而他在當下所要完成的，是如何看待父親，如何看待父母與母親。做完這個功課，或者在完成這個功課的過程中，他會有更加清晰的自我意識，也許會開始面對自己的問題，不再逃避親密關係的建立。他的第二幅畫，分明流露出對安定生活的渴望。

做為成年人，每個人都面臨著重新定義與父母的關係、重塑父母形象的任務。魯克和他的姐妹們不欣賞、不接受父親的行為，但他們沒有太多選擇：要嘛不理睬父親，要嘛接納他。前者非常容易做到，而後者，則需要巨大的勇氣和包容，因為魯克的父親似乎是一個不能承擔責任、小氣同時又酗酒成性的人——從隻言片語中甚至可以做這種推測：他也許在人格中有些缺陷，或者在心理上有些障礙。

做為子女，他們不欣賞這樣的父親形象；做為成人，他們不欣賞這樣的丈夫形象。小小的魯克當年一定有保護母親的願望和行動，因為父親沒有盡到的責任，子女往往會無意中擔當起來。魯克正走在接納父親的道路上，他和姐姐探討父親個性的成因，在父親醉酒後打來電話時沒有指責或敷衍，而是用溫暖的話語寬慰父親，他試圖透過別人的故事，來尋找和父親和解的道路。

在魯克的眼中，婚姻的不幸具有傳染性，父親和母親的不幸福，似乎都在下一代身上重演了。這可能也是魯克遲遲不走進婚姻的原因之一。與其成為一齣悲劇，不如沒有開始，這應該是他內心的聲音吧！

和現實的父親和解，對魯克來說仍然需要時間。但他可以把自己內心

中那些父性的力量整合在一起。我們內心中父親的形象可以和現實中的不一樣。完成了內在對父親的接納,更容易幫助我們處理在現實中與父親的關係。

　　和內心中的父親、母親達成和解,做到接納,我們也就更能接納自己,更有可能和別人建立親密關係。那個巢,也更有可能安穩。

你不像一個老師（嚴文華）

個人檔案與圖畫

　　一直都以為老師只能有一種形象：不苟言笑，嚴肅而嚴格。我一直也是這樣做的。直到我跟著心理諮詢班的學員一起成長，才知道：原來老師可以有多種形象，嚴格可以和慈愛並存，批評可以和微笑並存，原則可以和成長並存。那些嚴肅是我的職業面具。我之所以要戴這個職業面具，是因為內心的不安全感。當我內心足夠安全時，我可以安心地脫下這層面具。當我更加接納自己的不完美、別人的缺點時，我可能不像老師，但「不像老師」是當老師的另外一個境界。

──從教 17 年時題記

第一幅畫

　　「我用荷花代表自己，因為我最近一個很深的感悟：不論環境怎樣，只要願意，一個人就可以汲取他（她）所需要的營養。荷花就是這樣，不論水中是怎樣的物質，它都可以成長為盛開的蓮花。」

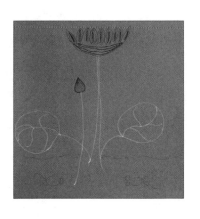

　　畫面中是一朵盛開的蓮花，一朵含苞待放的花蕾，兩片荷葉，水中有兩條魚在相向而游。

第二幅畫

　　「我的這幅畫題目是『流動‧整合』。非常自由自在，有一些意識、

潛意識或行動在流淌。然後有一些玫瑰色的光照在這些流動上。在很深很深的地方,這些流動有共同的根,被一個漂亮的蝴蝶結繫在一起。而在兩旁, 則散落著一些思想的火花或晶瑩的花兒。」

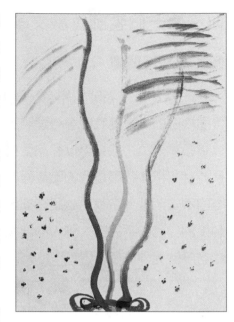

和第一幅畫的蓮朵相比,這幅畫代表著我在自己的潛意識中走得更遠、挖得更深,那些流動也更順暢。在帶團隊的過程中,在寫手記的過程中,在與組員們互動的過程中,我不斷地澄清一些東西,不斷地接受回應並自省,我想,這些都是那些蓮花吸收到的營養,因而可以有更深的根。

嚴厲的老師(嚴文華)

不知是否和自己的姓有關,我一直以嚴師的形象出現在學生面前。我從來沒有想過這個形象有什麼不妥,需要改變,或者可以改變。一個學期又一個學期地過去,一批又一批的學生來了又走,每一屆學生,我似乎都是這樣帶領的。我對學生嚴格要求,不僅僅是紀律上要求其不遲到、不早退、不能無故缺課,有任何事情必須交正規的請假單;而且在學業上要求也很高,批改卷子也是從嚴不從寬。我對學生的批評多於表揚。在期末學生給我寫回應時,就會有學生在不具名的回應表上寫:「這個學期您一共只笑過三次。其實我們更喜歡您笑。」

有時候學生違反了紀律,雖然我會有心軟,但仍然會按規則來辦。

有一次，一名學生在開學時選了我的課，但一週後退選了，選了另外一門課，再也沒有出現在教室裡，所以我就把她的名字劃掉了。但期末考試時她突然出現在教室裡，要求參加考試。原來，她在重新選課後沒有確認過自己是否選上，在期末考試前她才發現自己退課沒退成，選課沒選上。這樣她退選的那門課上會出現一個零分，而新選的那門課則因沒有她的名字而無法登記成績。

我告訴她沒有出勤記錄，按照學校規定，就沒有資格參加考試，況且我沒有多印試卷，無法給她。她急了：「老師，妳知道嗎？我整整複習了一個星期，妳就給我一次機會吧！」旁邊的學習委員說他可以去複印一份卷子。看得出同學還是很想幫她。

我到教室外面給教務打了電話，問這種情況該怎麼辦，因為我還從來沒有遇到過。教務說先讓同學們正常考試最重要：「妳先給她一份卷子做吧！反正妳可以隨後再決定是否給她成績。」

我聽從了教務的建議，讓這名學生參加了考試。我看看她的答卷，答得真不錯，比有些出勤了一個學期的同學還答得好，可以看出她是一個學習能力非常強、也願意花工夫的學生。但我仔細考慮了一下，決定還是不給她成績：如果給她成績，既違反學校規定，對其他同學也是不公平的。我當面對她講清楚了。

接下來我的煩惱就開始了。我不時接到她的電話，一開始時她是一個勁地求情，我只能板著臉聽，然後向她重申紀律和規則——我不能容忍有人破壞規則。後來她就在電話中哭，邊哭邊說。她哭的時候我的心會軟，但內心的原則控制力又很強，弄得我很衝突，我的情緒會變壞。要堅持住自己的原則真不容易。我覺得自己的臉黑了好幾天。

現在回過頭去想，我那種嚴厲的拒絕使得那個學生一次又一次地打電

話，之所以這麼做，因為她覺得她的要求沒有被我聽懂、被我聽進去，她需要一遍一遍表達自己，而且一次比一次更強烈。她想感化我的嚴厲。而我如果當時能回應給她以下資訊，我相信她不會再一次一次打電話給我：「我完全理解妳的處境，我聽懂了妳的苦衷，我看到了妳的努力，我個人也非常感動於妳的勤奮補救。只是妳目前這種解決方式不妥，妳應該更多和學校教務管理部門溝通，想辦法去解決問題，而不是從我這裡尋找突破。」

嚴格和微笑可以並存

自我開始帶領心理諮詢小組實習後，我嚴厲的職業外殼開始發生鬆動。我開始思考自己為什麼會擁有嚴厲的職業形象，為什麼我會對學生要求那麼嚴格。我察覺到是我內在的不安全感在發生主導作用。以前我覺得只有做一個嚴厲的老師、和學生保持距離的老師，我才會是一個完美的老師，是一個有權威的老師。「如果我都不嚴厲了，我該怎麼做一個老師？」這樣的思考讓我有了改變的契機。最近發生的事情可以展現出我這種改變。

這一年的期末，期末考試我照例用寫學術論文的考核形式，我覺得這樣能夠提高學生的科學研究能力。在一開學時我就宣佈了交論文的日期，提前幾週我每次課都會強調一下交論文的最後時間：上午 10 點之後，將不接受任何論文。那天 10 點之後，助教幫我查了一下，還有一位同學沒有交。我覺得很奇怪，因為這位同學平時學習認真，還幾次來跟我討論他要寫的題目，不像不要學分的樣子。發生了什麼事情嗎？我讓助教聯繫他。

下午三點，我接到了這位同學的電話。「老師，教室裡為什麼沒有人？難道今天不上課嗎？」我一時哭笑不得。原來，他最後一次課因為公假沒來上，以為這天還會上最後一堂課，上完課後才交論文。他平時是個獨行俠，所以也沒有同學提醒他。當我告訴他事情經過後，他說：「老師，我能不能

申請論文晚交幾天？」

「發生了什麼事情嗎？」

「嗯，就是我還沒有寫完。你要求 3000 ～ 5000 字，但我現在只寫了 1000 多字。」

「為什麼沒有寫完呢？」

「我寫不出來。」

「我記得你很早就跟我討論過你的選題，動手比較早，為什麼會寫不出來呢？」

「嗯……就是寫不出來。」

我告訴他我的決定：「我能夠給你的機會就是你現在立刻把論文送到辦公室來。」

當這個學生出現在我的辦公室以後，我微笑著請他坐下來，和他談了一會兒。我問他花了多少時間寫論文？「兩三天吧！」我把其他同學做的論文給他看，問他這些論文可能的工作量是多少。他隨手翻開一篇說：「他們做了很久，我知道的，因為我還幫助他們找了被試（註）呢！」

「那你覺得你花的時間足夠了嗎？」

「我事情很多的！」他辯解道，但隨後他聳聳肩說：「我知道，這是一個藉口。期末還有誰不忙！」

「我察覺到你身上有一種惰性的力量，這種惰性的力量不僅會使得你晚交論文，也會妨礙你去實現自己的目標，是這樣嗎？」

他再次點頭。

「如果你努力，你將來有遠大的前程，我從這門課上你的表現中可以看出這一點。但如果你不克服這種惰性，你會不停地絆跤，你覺得我說的對

註：被試，被試者的簡稱，常用於心理學、神經科學和醫學的研究中，通常指在做某些科學實驗時的被測試或者被實驗的人員，如果是被測試的動物，則叫做實驗動物。

嗎？」

「我確實有惰性。」他在反省。

「另外，我想確認一下，最後交論文的時間是我在一開學就宣佈的，你不清楚嗎？」

「反正每次聽了我都沒有往心裡去。我想反正最後你還會提前說的。」

「我確實說了。」

「哦！那我最後一次課因為公假沒有去。」

「那你課後問過同學有什麼重要資訊嗎？或者有同學主動提醒你交期末論文的時間嗎？」

「都沒有。」

「你怎麼看待『都沒有』？」

「你是想提醒我今後要對 deadline 更嚴肅一些，並且和同學多一些溝通是嗎？」

「你是個聰明的學生，所以你知道怎樣做可以更好。」

當我起身送這位同學離開時，他一定認為我是一位嚴格的老師，但並不是嚴苛的老師。他能夠體會我對學生的愛護。他是有缺點的，我已經向他指出，但我同時還接納了他。按照我過去的做法，我一定會對這位學生嚴厲批評。但現在，我更多是從學生成長的角度去看問題。我可以要求很嚴格，但並不等於我要做一個心如磐石的老師。是我在心理諮詢中的實踐，是我的心理諮詢學生教會我怎樣嚴格與微笑並存的。

「你不像一個老師」

我帶的心理諮詢學員都是有工作經驗的人。他們有的比我年輕，有的比我年長。儘管在心理諮詢方面他們是新手，但在其他方面，他們可能比我

更睿智、更專業、更有經驗。他們有的在教育系統從事一線教育工作，有的在企業裡擔任高層主管，有的是醫院的醫生或護士，有的是全職媽媽……他們帶了各自的經驗、背景和動機，在心理諮詢小組中和我相遇。

開始帶諮詢小組實習時，我把重點放在技術層面。那時滿腦子都在琢磨如何把面試會面中的點點滴滴、各方面都教會大家，不斷地摸索和總結要實踐的方面。我盡量把所有的知識都結構化，轉化成能夠教授的方面，對大家嚴格要求。在學員去參加考試前，每次我們都要先模擬面試，這代表了學員的最高水準。每次類比完我都會感覺缺了點什麼，但缺什麼我說不出。

慢慢地，我琢磨出來：心理諮詢面試會面的訓練和其他課程都不一樣，在這門課程上很多內容都是無法結構化教授的，比如說共感，比如說引導和支持，它有太多的靈活性和變化性，機械地把它們結構化，只能帶出機器人一樣的諮詢師。任何一個學員，都是帶了他（她）的整體自我投入在諮詢中，所以，諮詢技術的訓練應該從提高諮詢師的素質開始。

怎樣提高學員們的整體素質？無意當中，學員們給了我很多啟發。有學員帶了自己真實的問題在團體練習或小組角色扮演練習中呈現。在每一個新的諮詢小組中，我都有被叫去救場的經歷：有的學員在現場痛哭流涕，有的學員說自己有自殺傾向，有的學員情緒一下子很低落……我開始思考該如何去做。在學員還沒有達到相應的諮詢技巧時，唯一能夠托住這些問題的方案是學員之間的相互信任、心靈敞開。這就需要營造諮詢小組相互信任、開放自己的氛圍。

於是，從最初的無意識做一些團隊活動，到有意識地設計一些團隊活動，同時增加了讓大家更深入地瞭解、更深地信任、更多地開放心靈的活動。我們用到了一些互動遊戲，用到了放鬆訓練，用到了音樂、舞蹈、演劇等各種形式。這些活動，讓學員們變得有安全感，對團隊有了更高的信任

度，彼此的接納程度更高。

在這樣的團隊中，我也必須成長，只有我開放了自己、接納了他們、信任了他們，整個團隊才可能進入到開放、信任和安全的境界。學員們用各種方式碰觸著我的個人邊界，當他們的心靈敞開時，我的心也會被觸動；當他們歡欣鼓舞時，我也由衷的高興；當他們流淚時，我也會流淚。我沒有辦法像以前那樣遠遠地站在學生的圈子之外，高高地待在老師的位置上。

他們在召喚我以平等的身分加入這個團隊。我遲疑：「平等？這是不是意味著我沒有權威？」猶猶豫豫地脫下自己嚴厲的老師面具，發現沒有人看輕我。沒有人因為我一直在微笑而不再把我當作老師。我發現，自己可以安心地做真實的自己，包括安心地犯錯誤。既然我可以犯錯誤，學生為什麼不可以犯錯誤？所以當學生犯錯誤時，我更容易理解他們，更願意幫助他人。

以前，每次帶一個新的實習小組時，我都會做一次諮詢示範。每次示範其實我都很緊張，生怕自己做得不夠完美。和學員們一樣，我也不知道自己面對的來訪者會扮演一個怎樣的角色、有怎樣的症狀，每次都是現場發揮的。最近，我又做了一次示範，示範結束請學員們評論。其中一位學員問來訪者：「請問你的諮詢目標是什麼？」

我一下子醒悟過來，噗嗤一下笑起來：「哎呀！平時我都告訴你們要確定諮詢目標，我自己怎麼忘記了？大家將來不要學我啊！」大家跟著也笑了。我體會到那位學員的良苦用心：不好意思直接點出來，而去問來訪者。

事後我回想這個細節，我感嘆：如果我要求的是完美的教師形象，當學生小心翼翼地指出我的錯誤時，我會尷尬，說不定還會絞盡腦汁為自己辯解，找出很多理由說為什麼這個個案不用問諮詢目標。而火眼金睛的學生怎會不明白其中的真相？

但我現在對自己的要求是真實呈現，我可以接受自己的缺點，我也不要求學生心目中有一個完美的老師形象，所以我可以接受學生指出我缺點的做法，學生也可以接受我出錯的事實。以前不接受自己的不完美時，就不會擁有真正的自信，總以為自己犯了錯誤就不會有人尊重自己了。現在有了自我接納，就擁有了真正的自信，真實就是力量。肯定會有人因為我犯錯就不再尊重我或尊重變少一些，但那又有什麼關係呢？我知道我是誰。更何況一旦把自信從外部來源轉移到內部後，自我接納遠比別人的接納重要。

在眾多諮詢小組學員給我的回應中，我最為欣賞的是這一條：「妳的確不像一位老師，妳像一位朋友，更像一盞指路明燈，為我們指明方向。」

我現在仍然是一位嚴格的老師，將來也會這樣。但嚴格與慈愛並存，我只是用嚴格的外皮包裹了我的愛。學生們知道我對他們的要求很高。他們很努力，但他們也不怕犯錯誤。他們不會因為我的友善而不去完成我提出的任務，也不會因為犯了錯誤就自我放棄，因為他們知道自己會被接納。友善和愛的力量，有時要比嚴厲更大。

四、結語（一）：自我意識的發展是我們終生的命題

　　整本書的內容都圍繞著自我意識發展這個主題。第一篇的成長圖畫對比分析，我們可以看到作畫者們透過心理學的學習後，呈現了不同的自我部分，或者同一自我部分發生的變化；第二篇的成長故事，我們可以看到作者們展開的畫卷中呈現了自我意識的形成、危機、調整及重建的過程。而參與本書寫作的過程，則讓很多人進一步明晰了自我意識。

自我意識：形成和發展

　　自我意識其實回答的是「我是誰」這個問題。個體在出生時還不能被稱為社會化的人，他（她）只是一個生物意義上的人。根據 Mesd 的理論，如果個體具備了想像自己在他人心目中的形象的能力，就產生了自我。而這個過程是透過觀點採擇（perspective taking）得到發展的。當人們能夠修正自己的行為，使之符合所知覺到的他人的期望時，就成了社會人。

　　而觀點採擇是人類透過與其他人的溝通（包括語言和非言語的信號）來實現的。這種溝通和社會交互在自我的形成過程中至關重要，因為它使得自我的形成更加穩固，更加不可替代。發展到一定程度，即使我們周圍沒有其他人，我們也會在心裡以其他人的眼光來看待自己，從而做出符合特定他人期望以及社會期望的事情來。做符合特定他人期望的事，往往是在自我發展的前期，我們根據父母的期望來行事；做符合社會期望的事情，這其實是

採納社會上大多數人的觀點，來進行自我約束。

對於自我的核心，學者們有不同的看法。Kuli 和 W. James 認為是情緒，Mesd 認為是認知。

在自我理論當中，最有影響的是 Erikson 的心理社會發展模型。他假定人生的特定階段會產生特定需求，如果這些需求被滿足了，個體就會順利發展到下一個階段，如果沒有被滿足，就會停滯在該階段，或退回到前一階段。和 Freud 不同，他更多地從心理需求上而不是從力比多的角度來描述，而且這些需求都和人們如何看待自我有關。

在 0～1 歲，信任對不信任。當嬰兒感受到溫暖、持續的照顧時，就能建立起信任感；如果缺乏照料和回應時，就建立起不信任感。這些信任感是今後人際關係，尤其是親密人際關係的基礎。

在 1～3 歲，自主性對羞怯和懷疑。如嬰幼兒能夠自由探索周圍環境，就會擁有自主性；如果受到抑制，就會發展出羞怯和懷疑。

在 3～5 歲，自發性對內疚感。如兒童能夠積極操縱環境、進行各種嘗試，就會發展出自發性；如果父母不認可其努力並且對其進行過度批評，兒童就會發展出內疚感。

在 6～12 歲，勤奮對自卑。在國小階段，如果學生能夠透過學習掌握與社會相適應的工具和技能，就會發展出勤奮；如果他們的努力不被認可或被認為很差時，就可能發展出自卑。

在青春期，同一性對角色混亂。在青少年期，如果能夠明確「我是誰」、擁有穩定而整合特徵的人會發展出同一性；無法建立穩定和整合特徵的個體將面臨角色混亂。

在成人早期，親密對孤獨。如果個體能夠建立與他人持久的親密關係，就會發展出親密感，否則發展出孤獨感。

在成年中期，個體對社會做出貢獻，並且繁衍下一代，透過工作、努

力和撫養孩子來實現；如果只關注個人的幸福或認為生活是無意義的，則發展出現停滯。

在成年後期，完整對絕望。當個體回首自己的一生時有滿足感，有尊嚴地走向死亡，則發展出完整。如果遺憾成為主導，那麼就會發展出絕望。

在本書的故事中，大部分人的故事涉及成人早期和中期，還有一些人的故事會追溯至青春期和青春前期。下面我們就來進行具體的分析。

他們的自我意識：家庭的影響是主旋律

在十一個故事中，有七個故事講到家庭或家庭的影響。有的是以原生家庭為主線展開的，有的是以自己當下家庭狀況為主線的，還有的是家庭對自己的影響。

有三個故事是以原生家庭為主線展開的，其中毛鴨的故事中，原生家庭關係最為複雜，她被纏繞在上一輩人的恩怨當中：母親被父親遺棄，但懦弱而又依賴，堅決不離婚；父親有了婚外情，並且堂而皇之地與情人共同生活多年；父親情人想要控制毛鴨及其哥哥，哥哥對其言聽計從，並且干涉毛鴨的生活；嬸嬸對叔叔婚外情之事記恨在心，並遷怒於毛鴨，而堂弟甚至對叔叔拔刀相見；奶奶則因年輕時被爺爺冷淡、被小妾欺凌而有嚴重的心理疾病，因子女的不理解而自殺⋯⋯這樣複雜而又負面的一個家族動態圖，很容易讓身陷其中的毛鴨發展出情緒和認知方面的問題。

她確實也發展出了這兩方面的問題：在情緒方面她有強烈的抑鬱情緒，在認知方面她更多不是發展出對自己的認同，而是對母親的認同、對父親的不認同，並且把所有的人都照這個標準進行劃分。Erikson 所言及的自卑、同一性混亂和孤獨，她都在相應的年齡階段發展出來了。比較幸運的是，她最終意識到要與這一切分離。最初她與母親分離，不僅僅是空間上的，更是

心理上的。她仍然愛母親，但她有自己的生活。她拒絕了父親情人對她生活的操控，擺脫了哥哥對她生活的干涉，對父親，是一種遠距離的觀望。最終，她建立了自己的親密關係，組成了自己的家庭，擁有了自己的孩子，滿足了親密和生殖這兩個需求。

魯克的故事中也寫到了母親與父親婚姻惡化的關係，母親為了孩子，雖然最終沒有與酗酒成性、脾氣古怪的父親離婚，但其實比離了婚更糟糕：整個家庭都是冷冰冰的、沒有親情；母親因鬱鬱寡歡而生病去世。比這些更糟糕的是，他的兄弟姐妹為了逃離這個沒有親情的家而組成的家庭也都各自不幸福。這個負向的傳遞鏈會不會在魯克這裡中止呢？現在還不清楚，因為他一直不敢走進婚姻。

他也建了一個看上去功能良好的防禦系統，外在的自我和內在的自我相差甚遠。外在的自我可以談笑風生地工作、與人交往，但內在的自我則低落、抑鬱、無助和自我否定。從他清晰的剖折中，可以看到他已反省到這些，並且正在改變對父親的態度：從不接受到慢慢開始接納。他需要補上同一性的課，並學會和他人建立親密關係。

秋在故事當中寫到了父親早逝。父親早逝之時，她已發展出自主性、自發性和勤奮。父親的離開帶來了她的自閉，她發展出一套防禦系統，用來隔絕真實自我。而在親密關係建立過程中遇到的挫折使得她的自我意識出現危機，她體會到了和父親離世時相同的被遺棄感，同時從情緒的谷底走了出來。直到她成功地發展出親密關係，她自我意識的確定感和清晰感也明確起來。

在學習心理諮詢的過程中，她處理了對父親離世的抱怨、遺憾和悲傷；在初為人母的歷程中，她和母親的關係得到了修復和加強。父親的離世曾讓她們躲進各自的殼裡為同一個人悲傷，但卻無法交流。現在，新生命的孕育

把她們重新聯結在一起。

還有的故事以自己當下家庭狀況為主線，如晴天娃娃對婚姻破裂的總結和回顧；其他故事有提及家庭影響因素的，如洪信提到因父母信佛，自己最終皈依佛門；五月提到父母對自己要求嚴格，自己從小缺乏認可，發展出對親密關係的恐懼，以及對體重的過度擔憂；阿喆提到由於父母管教過嚴，自己發展出自卑感；林娟提到自己改變的一個方面就是能夠用心理學知識去幫助家人。

從這些成長故事中可以看出，家庭在中國人的發展中發揮著重要作用。父母的婚姻狀態、婚姻品質都對子女當時及成年以後的生活有著重要影響。但比每個人的起點在哪裡更重要的，是所走的方向。人們無法選擇他們所在的家庭，無法選擇自己的父母，但卻可以選擇他們成為一個什麼樣的人，該用什麼態度對待父母。

自我意識的發展：終生的命題

目前成長故事中的 11 個人都處於青年或中年期。他（她）們都是在反思中成長。可以看到，透過心理學的學習，他們的自我概念變得更加清晰、統合和積極。由於自我是非常核心的一個概念，它的變化會帶來系統性的變化，如在認知、情緒、與他人互動方面均會有變化。

在認知層面，麗君意識到世界未必就是自己看到的樣子。自我意識改變後，她開始拆除禁錮自己的灰色城堡，並建立與之抗衡的能量庫。阿喆意識到自己可以做更多的事情，幫助自己，幫助別人。晴天娃娃意識到單身其實提供了實現自己夢想的機會。嚴文華意識到職業面具的厚重其實是和內心的不安全感聯繫在一起。

在情緒層面，毛鴨的抑鬱程度大大減輕，更多地體驗到愉快的情緒。

五月的內疚和自責大大降低，因為她不再有強制性嘔吐了。林娟體會到更多美的享受，心情更加愉悅。

在與他人互動方面，很多人會有變化。五月在自我意識上的變化，帶來了她的愛情。她終於願意讓那隻一直在半空中飛舞的蜜蜂停在了花朵上。愛可以在她的心中流動。她的體重也不再成為她反抗自己、反抗父母的工具了，她自然而然地瘦了下來。林娟在自我意識上的變化，使得她與周圍人的互動更加溫暖、更加有力。她能夠有方法、有技巧地幫助別人。

在毛鴨身上，她對媽媽一如既往地愛，但她不再單純用忠實於母親來支持她，而是用對生活的熱愛去感染和影響母親。她曾提到在「非典（非典型肺炎；SARS）」期間，她懷孕在身，而母親遠在北京，處於隔離區，每天兩個人在電話中都是淚灑滿襟，感覺再也不會相見。她意識到這樣消沉下去對老人非常不好。她先感受到生命的希望，然後去影響母親，每天電話中不再是交流又死亡多少人，而是死亡人數又下降了多少，在哪些地方病情又得到了控制，她肚子中的寶寶又有了怎樣的新變化……很快地，母親的狀態發生了變化，以前悲觀地說看不到寶寶的出生了，後來就會期待看著寶寶長大。

另外，在對待爸爸的態度上，她仍然沒有完全原諒爸爸當年的做法，但她開始試著去接納他，甚至試著去接納父親的情人。生活的複雜性遠遠超越了對和錯的判斷，對別人的錯誤也要予以接納。這是她正在學習的功課。

魯克也面臨同樣的命題：父親身上有很多缺點、酗酒成性、性格古怪、難以相處，給母親和子女帶來了諸多痛苦。但他依然要接納這樣一個人，這個人就是來給他上這一課的：接納不是一件容易的事。可以想見，接納了父親，魯克的自我意識會再次發生變化，他對自己身上那些沉淪、低落、自我否定會更好地接納，他的自我意識會整合得更好，整個人會更強大。

自我的發展，是我們終生的命題。

五、結語（二）：嘗試寫作療法 用文字建構你的秘密花園

　　本書第二篇的構成，非常像是透過寫作來探詢自我意識的寫作療法。相信讀者朋友們對此會非常感興趣，在這裡對寫作療法做一介紹。

　　寫作療法是指透過文字，對個人心理成長過程中的事件、感受、情緒、思想、態度和洞察進行記錄，從而達到內心整合。它和圖畫、音樂、舞蹈等一樣，都屬於表達性方法，只不過它的媒介是文字。

邀請那些文字

　　如何開始？如果你習慣用紙筆來記錄自己的想法，那很好，請準備一本專門的本子和一支筆——「專門」的意思是這個本子只用來記你的想法，上面不會出現任何其他無關的內容和東西。你可以挑選那種讓你很喜歡、非常賞心悅目的本子，以及你用起來得心應手的筆，這兩樣東西會讓你把寫東西和愉悅聯繫在一起。

　　如果你習慣在電腦上敲打出你的想法，那很好，你可以新建一個檔，設定好它的格式，讓你自己想寫時就可以開始寫。如果需要，你可以給這個檔加密——只有你有許可權閱讀它。通常你還可以養成一個習慣，在固定的時間裡開始寫作，比如在每天早上起床後的半小時內、晚上睡覺前半小時內或是午餐後等等。可以根據自己的情況靈活確定。

　　當你做完這些準備工作，那些文字就如同翩飛的蝴蝶，受邀來到你的

花園裡作客。

　　寫什麼？在最開始，也許你可以採用自由寫作法，即不規定任何主題，只是記下自己的想法。等自己習慣這種方式後，可以開始命題寫作。可以是那些讓自己近來情緒有巨大變化和起伏的事件，也可以是那些在成長中一直縈繞在心頭的重大人生事件。記下發生了什麼，你的情緒是什麼，你的行為是什麼。

寫作為什麼會承載我們的心靈？

　　很多人看過《走出非洲》（Out of Africa）這部影片後，都對女主角用講故事的方式款待客人、度過長夜的方式留下了深刻印象。這部自傳式電影中，女主角的原型 Karen Blixen（筆名 Isak Dinesen）就是透過講故事和寫作來療癒自己的傷痛：丈夫不忠，農場被焚，情人失事。她曾說過：「如果把悲傷放進故事中，那我們就能承受所有的悲傷。」

　　寫作為什麼能承載我們的心靈？因為我們寫作的過程也是讓文字替我們分擔的過程，文字幫助連結我們的心靈和理智。寫作能夠讓人們如同從蠶繭中抽絲般把紛亂的思緒理清楚，把頭腦中的各種信號和聲音用文字表達出來，反思已發生的事情，減輕心靈的負擔，讓人們走向生命更深的地方，尋找人生和生命的意義。

　　由於寫作是一個自發的過程，所以完全可以按每個人的方式來自由展開，不會有外在的強加和監督，讓人們有足夠的自由度和開放度。透過文字讓人們調動更多的內在資源連結社會自我和真實自我，探索更完滿的人生。

　　寫作也可以增加我們的控制感，對已經發生的事情，對各種情緒，對各種計畫，一旦寫下來，那些含糊不清的部分會得到理清，那些暴怒、哀傷、難過、沮喪的情緒將得到明確的描述。一旦我們寫下文字，那些想法就會脫

離我們的頭腦，成為一個被我們觀察的客體，從而給了我們中立看待自己的可能性，給了我們第三隻眼睛看自己的可能性。

本書的幾位作者在完成自己成長的回溯後，都深有感觸。洪信提及寫完後自己像一隻河蚌洗去殼上和身體裡的泥沙一樣，身心為之輕鬆。也許是偶然，也許有關係，他在寫完後生病一星期，身體也像是排出了毒素，感覺有一些東西被去掉了。秋已在文中提及這次寫作是一次迎接寶寶到來的心靈沐浴。虹的寫作斷斷續續，所花時間遠比預想的要長，因中間觸及傷痛之處時，她需要停下來做些處理。其他作者也都表達出寫完後似乎是完成了清理，準備新的出發。

建議：你可以這樣做

保持其具有的私密性。它應該是私密的，是只屬於你自己的，除非你特別肯定，否則不要把它展示和公開，這樣你才會有安全感，你才會願意敞開。那些只流於表現形式的文字並不能幫助人們多少。只有反思性的文字才能真正讓我們的身體和精神產生抗體和免疫能力。但如果你寫作時即考慮到別人會怎樣閱讀它、理解它、批判它或讚揚它，你就不會那樣敞開和具有深度了。

從這個意義上說，那些網路上的博客，不是真正意義上的私人化作品，它寫作的目的之一就是為了分享。而對真正的寫作療法來說，寫下文字的目標不是為了取悅別人，不是為了向別人證明自己、表白自己，也不是為了留給後人做紀念，只是為了讓心靈和大腦更好地瞭解發生了什麼。

本書中的部分作者也是遵循這樣的規則，在他（她）們的書稿中，充滿著坦誠和直接。在出版之前，我們對這些文字作了修改，確保各位作者的生活不會因出版而受到不良影響。另外，為了貫徹私密性，也需要為你的筆

記本找一個專門的地方存放，確保它不會在沒有你允許的情況下被別人閱讀。心理學中有安全島技術，你可以用文字建構你的安全島，建構你的秘密花園。那些花兒，就會隨著文字繁繁密密地開放。

只是記錄想法而不帶批判性。只是寫下任何你想到的東西，不帶批判、不帶審視，只是記錄自己的想法。只有不審查，那些想法、慾念、衝動才會自然地流淌成文字的河流。寫作不是為了讓超我審查本我，而是讓它們相互認識，所以不要不敢表達真實的想法和情緒，想怎麼寫就怎麼寫。

在各種類型的事件中保持記錄的平衡性。不要只記錄某一特定類型的事件或情緒。既記下那些失敗，也寫下那些成功。既記下那些悲傷，也寫下那些歡樂。有一些採用寫作療法的人會只在遇到挫折、感到沮喪時才寫文字，還有一些只在遇到開心的事情時才動筆。這兩種類型的人應該綜合一下：寫作療法中應包含積極和消極事件，應該在積極和消極感受之間有一個平衡。寫作的頻率可以根據每個人的具體情況而定，但寫作的內容應具有平衡性。這樣人們才能從寫作中汲取各種營養要素。翻看這些記錄時，才是非常全面和真實的回顧，從中得到的啟發才會更多。

時空回溯。每過一段時間，你可以重讀自己寫下的東西，在旁邊寫上批註，寫下你的新感悟。有時你可能會驚嘆於自己當時曾有那麼理性的思考，或那麼不同尋常的解決方案，有時你可能會感嘆於當時多麼不理性和狹隘，有時你可能會感嘆自己那麼快就脫身事外了。這樣的回溯可以讓你看到自己成長的痕跡，讓你看到自己通常的行為模式，也讓你更好地思考將來可以怎樣做。

建議：請不要這樣做

不要把自己的角色設定為一位作家。有些人一直不敢動筆——本書的作者從最初報名時的幾十位變成目前的十幾位，其中一個原因就是有些人害怕動筆，不知該如何動筆。確實，對很少動筆的人來說，寫作是一件新的、需要去嘗試的事情。但不要給自己加上更重的負擔：要嘛不動筆，一動筆就要像作家那樣一鳴驚人。我們這裡所說的寫作療法與寫作技術無關，只和表達自己有關。這不是作家的工作，而是每個人都可以做的事情。

不要用寫作代替面對面的溝通和傾訴。由於寫作的過程本身具有宣洩功能，因此有一些寫作者把寫作當作唯一宣洩的途徑，越來越依賴於透過寫作緩解壓力、自我療癒，不再向別人傾訴，不再積極尋求與他人的互動，在自己的大腦中完成所有的過程，而不是在現實中去真正解決。這種傾向也不可取，它本身就是一種逃避，況且它也不能真正解決問題。寫作的根本目的是為了與世界良性互動，而不是成為個體的精神避難所。

不要沉迷於自我分析的文字遊戲中。有些寫作者會愛上文字表達中自我分析的酣暢淋漓，把一些理論套用在自己身上，並沉迷於其中，把寫作當作一種文字遊戲。

寫作療法絕對不是文字遊戲。它應該是自我的坦誠溝通。有時那些自我分析恰恰是一種自我防禦，而且是高水準的自我防禦，用專業術語把自己的內心深處不想被碰觸的地方隔絕起來，建起一座水準線很高的堤壩。解決之道就是對自己開放。

寫作是自我成長的一個有效工具

如果還有些人對自己能否寫作、寫作的效用有疑問，覺得這本書作者

的榜樣還不足夠說服自己，建議閱讀一下《踏進這扇門》（嚴文華、付小東等著）。這本書是由 30 多位作者在三個多月內寫下的成長手記彙編而成。這些作者是參加國家二級心理諮詢師培訓班的學員。在參加培訓之初，他（她）們沒有一個人是專業作家，其中有一些人從來沒有寫過東西，他（她）們也沒有做好準備要寫東西。但在我教授指導的實習時，我要求學員們透過文字記錄自己的學習體會、收穫、疑問和感觸，不論長短。兩批學員帶下來，共 40 人左右，他（她）們提交了近 200 篇手記！很多人在最初有艱難的突破，但後來越寫越順暢，有些人一上手就一發不可收拾，開發了自己寫作的潛能……這些動筆寫作的人，最終都有更多的收穫，都與自己的心靈有更深的聯結，對自己的內心有了更多的探索。

見證著這些人的寫作經歷，我越是堅信：寫作可以更好地幫助人們自我成長。比起用網路遊戲減壓、用看電視減壓等方式，書寫自我是更有效、更深度的方法。歡迎你加入這個神奇的旅程，透過寫作來探索自我。

【參考文獻】

Brown, J. D. (2004)，自我（陳浩鶯等譯），北京，人民郵件出版社。

Burns, R. C. (2000)，心理投射技巧分析（梁漢華、黃璨瑛譯），臺灣，揚智文化事業股份有限公司。

Covey, G. (1988)，諮商與心理治療的理論與實務（李茂興譯），臺灣，揚智文化事業股份有限公司。

Hall, E., Hall, C., Strading, P., and Young, D. (2010)，意象治療：心理諮詢中的創造性干預（邱婧婧等譯），中國輕工業出版社。

Oster, G. D., Gould, P. (2002)，繪畫評估與治療：心理衛生專業人員指南（呂俊宏、劉靜女譯），臺灣，心理出版社股份有限公司。

Seaward, B. L. (2008)，壓力管理策略——健康和幸福之道（第5版）（許燕等譯），中國輕工業出版社。

Taylor, S. E., Peplau, L. A., Sears, D. O. (2010)，社會心理學（第12版）（崔麗娟、王彥等譯），上海人民出版社。

嚴文華 (2012)，心理畫 2——畫中有話，臺灣，宇河文化出版有限公司。

嚴文華、付小東等著 (2011)，踏進這扇門，華東師範大學出版社。

嚴文華 (2009)，和自己的心在一起，中國輕工業出版社。

嚴文華 (2012)，心理畫 3——我手畫我心，臺灣，宇河文化出版有限公司。

嚴文華 (2012)，做一個優秀的心理諮商師，臺灣，樂果文化事業有限公司。

張同延、張涵詩 (2007)，揭開你人格的秘密，中國文聯出版社。

【後記】

在團隊中安心地自我成長

書稿全部完成了。當捧起樣本時，才發現它這樣厚重、溫潤。

每一篇稿子都讀過數遍。但每一次重讀，仍然會有感動。我一直在想：為什麼書中故事的主角會有這麼大的成長？

除了他們自身的努力和渴望之外，我想到的一點是他們擁有一個成長性團隊。在他們的文字中，他們或多或少提到了自己的團隊，只是這本書的主題沒有讓大家在這個點上展開。快速自我成長的奧秘就是加入一個心理學的成長團隊。

我想透過一次春遊活動（春季旅遊活動）描述這樣一個團隊的互動。

一個成長團隊的溯溪活動

2010 年春天，歷屆我所帶過的心理諮詢小組又舉辦了例行的春遊活動。老虎照例是號召者，麗君照例是管家。活動的主題是溯溪。我和很多人都想當然地以為溯溪是順著溪流而上去尋找溪的源頭，我們所要做的只是伴著溪水在岸邊逆行，聽著水聲前進。所以，當我們走到溪邊，看到嚮導和教練挽起褲腳踩進水裡時，大夥都在那邊發起了呆：是脫掉鞋子下水呢？還是直接踩進水裡？每個人自由決定，是下水還是不下水，是脫鞋還是不脫鞋。

一開始時，大家一路歡聲笑語，整個小溪流淌的不是溪水，而是我們歡樂。但是，考驗很快來了：越往上游走，溪裡的石頭越多，水深處越多，青苔越多，越難走。很快，大家那種輕鬆的狀態不見了。

取而代之的是全力以赴。溪路越來越難走。不再有人說說笑笑，因為任何說笑間就有可能滑倒在溪水裡。魯克滑了、林娟摔了、五月的包掉水裡了……不時聽到驚呼，準是又有一個人滑倒了。所幸沒有人受傷，最多是一些擦傷。

整個團隊中，最苦的是那些帶小孩的家長。30 個人的團隊中一共有 8 個孩子：阿水、兔子、哲哲、陽陽、小水、晨晨、阿嬌、名名。孩子們有大有小，從 10 多歲到幾十個月不等，大多都需要大人操心。一開始時是家長自己領著、牽著、抱著、背著孩子前進。最厲害的是瓏，一直讓兒子騎在自己的肩上。因為有些地方不時需要手腳並用，所以後來只能背著兒子。他命令兒子兩手緊緊地摟抱著自己的脖子，自己則小心翼翼地一步一步前進。由於身背兒子，他自己高度緊張，所以走得特別費勁。結果還是腳下一滑，跌倒在水裡。兒子和他一起跌進水裡，不僅鞋子濕了，而且身上也濕了，委屈得哇哇大哭。其他的孩子，或多或少都有同樣的故事。

很快，所有的孩子都被集中在一起，大人們自發地組成了一條龍。在水深的地方，孩子們就被大人們遞來遞去，在水淺的地方，孩子們就自己走，所有的孩子都這樣。一開始時，孩子們還挑選：只選自己的父母來幫助自己。後來，不管是誰伸過來的手，孩子們都會信任地把自己交給他（她）。不知孩子們怎麼得到的這個資訊：他們只有無限信任、非常聽話，才能一起走完這條小溪。但他們確實明白了這一點。

有時，我一連接到 7 個孩子，接一個，放在大石頭上，再去接下一個。前面沒有那麼多大人幫助時，我身邊會有 3、4 個孩子，我就

會急，生怕他們亂跑讓我會顧此失彼。沒有一個人亂跑，所有的孩子都非常乖巧，說不動，就站在那兒不動。他們無比遵守紀律，配合著大人。我看到阿嬌被抱起穿過水潭時，身體其實碰到了水，但她沒有叫，也沒有哭，安安靜靜地被一個陌生的叔叔送到了一塊石頭上。

所有的大人，那時不管是誰的孩子，都盡自己的力在幫助。男生人數少，在水流急的地方來不及運送小孩子，阿玉就站在深水裡像個男生一樣，把孩子們一個接一個運過去。不論是哪個大人，每送過去一個小孩，總不忘誇一句：「你非常棒！你真勇敢！」

當我們終於溯溪到源頭時，每個人都鬆了一口氣：身上全部濕漉漉的，分不清是雨水、溪水還是山裡的霧水。每個人都精疲力竭，個個在大喘氣，只有孩子們在開心地笑鬧著。回望那一條彎彎繞繞看不見全貌的小溪，大夥似乎不相信就是這麼一條不起眼的小溪讓自己如此經受考驗。

春遊歸來，大家在網路上發了很多郵件，朱朱說：

親愛的夥伴們，

我想說：有你們真好！

每一次相聚，每一次共遊，我都收穫很多很多，既開心又溫暖。

感謝麗君，忙前忙後；感謝老虎，號召聯絡；感謝哈哈，睡袋暖暖；感謝小朋友，一路上餵我們吃的；感謝所有的夥伴，你們真誠的幫助，幽默的話語，勇敢地挑戰困難的精神都留在了每一個人的心上。

天熱了不要緊，心熱了很美好！祝福你們的每一天都心想事成！

哈哈寫郵件說：

夥伴們：

雖然方式有些老套，但我不知道用什麼形式表示自己的感謝。

這次野營活動很完美地結束了，哲哲重新恢復了自己的學生身分，早上健健康康、開開心心去上學了。睡了一覺，也看不出他的疲憊和腳酸疼了。

其實我明白我們娘倆的身體狀況不是很適合去野營，就算我沒有動過大手術，我想我還是沒有體力和能力去完成野營活動的，看到我們勤勞的小蜜蜂麗君一次一次發來的活動組織情況，特別心動，哲哲也很想參加，實在是太久沒有帶他出來玩了，諮詢小組的活動又是特別的期待，徵詢過老虎的意見和鼓勵後，我報名了，帶著忐忑不安的心情和興奮的孩子，我們參加了這次的野營。

一路上，大家對我和哲哲都給了很多的照顧和關愛，特別是溯溪途中，哲哲完全在大家的幫助下才能完成這次活動，看得出他已經很累了，但他在堅持，他也感受到了大夥的幫助，雖然他沒有用言語表達出來。

第二天的高空訓練，哲哲的心情是起伏波動的，有些事情是他成長路上必須碰到的，必須自己去面對，去消化的，他在哭、發洩的時候，我其實很難受，但，只能去面對，去接受。可能，我是個不負責任的媽媽，心疼在心裡，不為他去解決。堅強，無奈，感恩和獨立不是我說說他就能領會的。真的特別感謝團隊夥伴關注他的成長，陪伴他承受挫折和拒絕。事後，我沒有和他再去討論這些，但回到家裡，家人問他玩的開心嗎。他說開心，足矣！這會是他人生課程寶貴的一

課。

　　無法用言語表達對夥伴的一一感謝，在此，哈哈同時做為哲哲的媽媽，一聲簡單「謝謝」表達我的內心。謝謝團隊所有的夥伴們！

胖墩媽媽寫郵件說：

　　看了哈哈的信我備受感動！

　　這次的活動讓我想起了自己十六、七歲的時候，那時我們會舉辦類似這樣的活動，純真的少年，純真的情感，在大家一起手拉手溯溪時，那種愛的流動，那種純粹的情感，讓我想起了自己的少年時代，此刻都沉浸在這種純粹中。我的兒子名名完全交到隊友們的手中，我絲毫沒有擔心，這是團體的力量給我的信心，這體驗對名名會產生多麼大的積極影響，我現在還不知道，但我相信他內心一定沉澱了些什麼，而這些沉澱一定是有意義的！

　　這次我的準備不夠充分，下次去的時候，我準備把自己當個男人用，成為勇敢地踩在水裡充當大家扶手的那一位，像阿玉一樣，她好棒，我很佩服她！

　　感謝老師，這個小組能夠堅持下來，能夠這麼有吸引力，是因為老師深深的愛，因為有愛，我們大家被愛連結。

　　我一直是一個跟著感覺走的人，我感覺到諮詢小組的那份純粹，正是我心裡想要的。

　　感謝小組裡的每一個人，這兩天的活動，我和名名都非常非常非常的開心！

我給大家寫郵件說：

真是很感動，在疲憊的深夜裡讀到這麼溫暖的信！

在玩的時候不覺得疲勞，但回到家裡，覺得好累啊！一個晚上都沒有醒過來。我和大家一樣，珍惜這個團隊，感恩這個團隊，在這個團隊中成長。所以，哪怕半夜從外地出差趕回來，也要參加這個團隊的旅遊活動！

我拍了一些照片，昨晚瀏覽了一下，每一張照片都有愛的痕跡：每個人都相互扶著、拉著、拽著、笑著、專注著。一雙雙伸出去的手，是把無比信任交給別人。有些照片真的像一幅油畫，每個人都在畫面中有定格動作。嗯，還拍到了好幾個人跌倒的瞬間。

謝謝哈哈、麗君和老虎幫助我們挑選了溫暖的睡袋，謝謝哈哈讓我們有機會幫到哲哲，謝謝各位爸爸媽媽讓我們有機會再次擁抱那些溫軟、可愛的小寶貝們，重新體會當小寶寶媽媽的不易和幸福！

在團隊中安心地成長

讀者可能已在前文中讀到有些人的名字。是的，他（她）們當中有些是前文的作者，他們參加了那次溯溪活動，因為他們是成長團隊的一份子。在這樣的一個團隊中，他們會走得更快、更遠。

我一直非常好奇，為什麼這樣一個團隊對個人的成長會有這麼大的影響。我一直觀察著、思索著。我發現：在進入這個團隊前，其實每個人都有自己的問題，可能不夠關注他人，可能抑鬱情緒濃厚，可能偏執，可能防禦心很重，可能孤僻，但進入這個團隊後，每個人真實的樣子都被接納，不論你處在怎樣的狀態都可以被理解。

這些開放、信任和接納的氛圍創造了奇蹟，每個人內心當中那些積極而正向的方面被激發和碰撞出來，他們接納別人、尊重他人，同時自己也被接納、被尊重、被包容、被認可。更深的安全感建立起來。在更深的信任和安全感基礎上，他們會打開自己更多，會更自然地表達自己的想法，會更自如地和彼此深層次溝通。當他們身上積極和光明的力量更強大時，他們也更能面對那些陰影、傷痛和不完美，整個人就有了成長，團隊就是擁有這樣的成長魔力。

　　在團隊中安心地成長，是一種美好和幸福。

嚴文華

國家圖書館出版品預行編目資料

心理畫中話 / 嚴文華、付小東等著 . -- 第一版 .
-- 臺北市：樂果文化出版：紅螞蟻圖書發行，
2013.05 面； 公分 . -- (樂心理；2)
ISBN 978-986-5983-35-2(平裝)
1. 心理諮商 2. 諮商技巧
178.4   102005920

樂心理 02

心理畫中話

作   者 ／ 嚴文華、付小東等
總   編   輯 ／ 何南輝
責 任 編 輯 ／ 韓顯赫
行 銷 企 劃 ／ 張雅婷
封 面 設 計 ／ 鄭年亨
內 頁 設 計 ／ Christ's Office

出   版 ／ 樂果文化事業有限公司
讀 者 服 務 專 線 ／ （02）2795-3656
劃 撥 帳 號 ／ 50118837 號　樂果文化事業有限公司
印   刷   廠 ／ 卡樂彩色製版印刷有限公司
總   經   銷 ／ 紅螞蟻圖書有限公司
地   址 ／ 台北市內湖區舊宗路二段121巷19號（紅螞蟻資訊大樓）
                    電話： （02）2795-3656
                    傳真： （02）2795-4100

2013年05月第一版　定價／280 元　ISBN 978-986-5983-35-2
※本書如有缺頁、破損、裝訂錯誤，請寄回本公司調換

本著作物經外圖（廈門）文化傳播有限公司代理，由上海社會科學院出版社
有限公司授權出版、發行中文繁體字版。